U0943030

山东省“十三五”高校人文社会科学研究基地
“民商事法律与民生研究中心”资助成果

张迎秀◎著

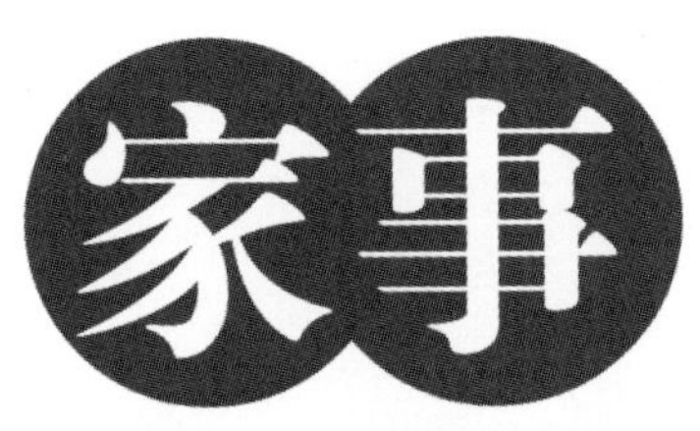

家事法律制度研究

JIA SHI FA LÜ ZHI DU YAN JIU

中国政法大学出版社

2018 · 北京

图书在版编目（CIP）数据

家事法律制度研究/张迎秀著. —北京：中国政法大学出版社，2018.11
ISBN 978-7-5620-8644-4

Ⅰ.①家… Ⅱ.①张… Ⅲ.①婚姻法－研究－中国 Ⅳ.①D923.904

中国版本图书馆CIP数据核字(2018)第248754号

出版者　中国政法大学出版社
地　址　北京市海淀区西土城路 25 号
邮　箱　fadapress@163.com
网　址　http://www.cuplpress.com（网络实名：中国政法大学出版社）
电　话　010-58908435(第一编辑部)　58908334(邮购部)
承　印　固安华明印业有限公司
开　本　650mm×960mm　1/16
印　张　16.25
字　数　218 千字
版　次　2018 年 11 月第 1 版
印　次　2018 年 12 月第 1 次印刷
定　价　45.00 元

前言

家庭是社会的细胞，婚姻是家庭的基础。所谓“一粒沙里看世界，家庭之中知社会”，婚姻家庭的稳定与社会的稳定息息相关。婚姻家庭是人类最普遍的社会关系，是以两性结合和血缘联系为其自然条件的。正是男女两性的结合，形成了为当时社会制度所确认的夫妻关系，由此产生了由父母子女、兄弟姐妹等一定范围内的亲属组成的家庭。婚姻虽然是男女两性的结合，是男女自己的事情，但男女结合后要生儿育女，组成家庭，具有社会意义。所以这种结合必须受到当时社会制度的调整，被当时社会制度承认，才能有效。对于家事生活进行法律调整，事关每一个公民的切身利益，也涉及社会公共利益，世界各国法律无不进行详尽规制。

近年来，我国家事领域出现了许多新情况、新问题，如闪婚、网婚、变性人和服刑人员的结婚等，对于这些特殊婚姻，我国的法律规制不甚明确。对事实婚姻的法律规制、配偶侵权损害赔偿制度亦存在许多漏洞和缺陷。因此有必要从理论上和实务上进行探究，以期为我国家事法律制度的完善，尽一个从事家事法教学31年的普通教师的责任。

本书的研究遵循提出和确定问题—研究文献—调查验证—分析结果—得出结论或提出对策建议的思路来展开。

首先，采用文献研究法。利用数据库及互联网查阅、收集、鉴别、整理、分析现存的文献资料，对过去理论界关于事实婚姻、配偶侵权等问题及研究进展进行梳理和分析，并结合我国目前现状，为问题的妥善解决提供相应的判断依据。

其次，采用比较分析法。在比较对象上，笔者选取了法、日、美等相关制度颇具特色的国家；在比较形式上，有纵向比较与横向比较、宏观比较与微观比较、内部比较与外部比较等，以探讨如何借鉴国外立法经验，完善我国的有关立法。

再次，采用历史分析方法。回溯不同历史时期我国法律对本书所研究相关问题的不同态度，通过历史分析的方法，不仅可以梳理该制度的发展脉络，而且可以剖析其嬗变缘由和发展规律，探求该制度的演进方向和趋势。

最后，采用演绎归纳法。对整本书的内容进行理论上的逻辑论证。针对目前我国家事法的立法缺陷，提出应当完善家事立法，从保护法律关系的层面来制约有关的负面影响，维护家事主体的合法权益。

本书除前言、主要参考文献和后记外，正文分为五章。基本内容如下：

第一章，“闪婚”之法律规制研究。分析了“闪婚”内涵及类型、特点、原因、负面影响，对“闪婚”的法律规制提出了以下几个方面设想：首先是正确解读婚姻自由的本质、增强对婚姻本质的理性意识。其次是树立“反对物质、容貌第一；坚持慎重态度、反对杯水主义”的正确婚恋观。再次是增设协议离婚审批期。最后应明确规定“婚约保证金”协议无效，应当返还交付方。

第二章，网络婚姻法律规制研究。本章分六节。前五节分析介绍了网络婚姻的含义及类型、特征、成因、危害、实务中引致的法律问题，对“闪婚”的法律规制提出了以下几个方面建议：首先是提高公民的道德觉悟和道德素养，培养公民的家庭伦理道德观和法治理念，夫妻间要增强婚姻责任意识。其次是加强人格自律。再次是完善现行立法条款，扩大离婚损害赔偿的过错行为的范围，在《婚姻法》第46条第4款之后增补一款“因其他原因导致离婚的”，无过错方有权请求损害赔偿；把“冷暴力”视为家庭暴力的一种形式。最后是规范“网络婚姻”网站的经营和管理。

第六节单独分析了青少年“网婚”成因、危害，认为应当从以下几方面对青少年网婚进行干预：首先是加强传统伦理道德教育，增强青少年的道德自律意识。其次是组织开发适合青少年的绿色网络游戏。再次是充分发挥家庭教育功能。最后是规范网络婚姻网站的经营和管理。

第三章，特殊群体婚姻法律问题研究。

第一节，变性人婚姻家庭法律问题研究。包括变性人的性别识别、亲属关系、结婚、离婚、生育、配偶权等法律问题。确认变性人性别的科学方法是生理学方法与户籍登记法相结合。变性人享有结婚的权利，但应向对方履行告知义务。应把变性视为婚姻关系终止的单独的一种原因。变性人没有生育能力，子女通过收养和人工生殖技术来解决。自然人享有性别变更权，夫妻互享配偶权。夫妻一方变性后，无法履行同居义务，致使以性生活为主要内容的同居权的实现成为不可能，故性别变更权与配偶权存在冲突。如果夫妻一方患有严重的“易性病”，变性手术前进行了不少于 3 年的心理矫治、精神治疗，但其病态心理仍未矫治好；日常生活中试行异性角色至少 3 年，确感满意并坚持变性要求；年满 25 周岁且具备完全民事行为能力，即应优先保护其变性权。否则，应优先保护配偶权。

第二节，大学生结婚问题研究。分析介绍了大学生结婚的合法性、取消对大学生结婚限制的价值、在校大学生结婚带来的问题，笔者认为应提倡、鼓励大学本科生不结婚、晚结婚；应对本科生的生育作出限制；禁止大学生未婚同居。

第三节，服刑人员结婚问题法律规制研究。梳理了中外关于服刑人员结婚的法律规定，分析了服刑人员婚姻权特征，介绍了服刑人员是否享有婚姻权的争论及服刑人员行使结婚权的价值，对保障服刑人员实现结婚权提出以下建议：首先是转变监管人员和公众对服刑人员的传统看法，树立人性化管理理念。其次是制定操作性较强的法律制度，保障服刑人员结婚权的实现，规范有关机关的执法行为，应由国务院组织公、检、法、司和民政等有关部门协商制定有关法律制度，明确服刑人员有婚姻权利特别是结婚的权利，规范有关执行机关帮助服刑人员实现这一权利的条件、程序及相关义务。如向谁申请，谁来批准，如何亲自到婚姻登记机关登记，可否在监狱办理，是否允许服刑人员征婚，死刑犯在执行前可否结婚等。再次是增加对罪犯离监结婚的规定，对于罪犯可以离监登记结婚的刑期要求亦应该做必要的修改，除了无期徒刑和死缓外，对有期徒刑只应做最低服刑期限的要求，不应再做余刑刑期10年以下的限制；修改《监狱法》，对罪犯的结婚权、同居权做出具体、明确的规定。最后是寻求服刑人员实现结婚权与监狱监管的平衡点，进一步完善结婚登记制度，由民政部门到监管场所现场给服刑人员办理结婚登记将是最佳选择。

第四章，事实婚姻法律规制研究。分析了事实婚姻的特征、现状、成因，介绍了中外有关事实婚姻立法规制的沿革，对我国现行事实婚姻立法进行了检讨，介绍了学术界对事实婚姻立法存在的争议，对事实婚姻的法律规制提出了以下几方面建议：首先应加强法制宣传，强化事前监督。其次应采取以下措施完善结婚登记制度：逐步提高等级婚姻登记机关的比例；扩大结婚登记的管辖范围，放开户籍地登记限制，一方当事人经常居住地的婚姻登记机关也可以办理结婚登记；将颁证仪式列入结婚登记正式程序；实行国家统一婚姻登记员资格考试；对特殊区域实行巡回登记，对特殊人群推行预约上门服务制；杜绝强制晚婚，法定婚龄要依法执行；禁止借结婚登记搭车收费。再次应依法制裁违法行为，有关基层组织或民政部门应当对不登记就“结婚”的双方当事人，进行严厉又严肃的批评教育，指出其行为的危害性和违法性，对虽然没有办理结婚登记，但符合结婚条件的当事人，责令其补办结婚登记；对既没有办理结婚登记，又不符合结婚条件的当事人，勒令其分居。最后有条件的承认事实婚姻：2003年10月1日之前，未办理结婚登记即以夫妻名义同居生活，群众也认为是夫妻关系的，一方向人民法院起诉“离婚”，如起诉时双方均符合结婚的实质要件，可认定为事实婚姻关系；如起诉时一方或双方不符合结婚的实质要件，应认定为同居关系。2003 年 10 月 1 日以后，一律按同居关系对待。

第五章，配偶侵权法律规制研究。分析了离婚损害赔偿制度的立法背景及价值、性质、功能、理论依据、构成要件。有必要适当扩大离婚损害赔偿的违法行为的种类或范围，纳入卖淫、嫖娼、吸毒、赌博或患有艾滋病、性病，故意隐瞒传染给对方等行为。现行法律规定只有“无过错方”才有权请求损害赔偿提高了请求标准，应将《婚姻法》第 46 条的“无过错方”改为“受害人”。其他家庭成员受到侵害时，夫妻一方不能成为离婚损害赔偿的请求权主体。夫妻以外的其他家庭成员不能成为离婚损害赔偿的请求权主体。离婚损害赔偿的责任主体应包括明知故犯的“第三者”。最后分析了未来立法设立婚内损害赔偿制度的必要性及可行性。

由于自己水平所限，学识太浅，书中粗糙乃至错漏均在所难免，诚望专家学者不吝赐教。

张迎秀

2018 年春

目　录

第一章 “闪婚”之法律规制研究

第一节 “闪婚”内涵及类型

一、“闪婚”词源诠释

有人对“闪婚”二字进行拆散诠释，即打散“闪婚”二字：门、人、女、氏、日。一日间迎娶女人过门为其氏（男娶女）；女氏一日间找到了进门的人（女娶男），[1]用风驰电掣的“闪电”来比喻结婚速度快，突出“闪婚”现象的显著特征，具有形象生动、喻意丰富、新颖时尚的特点。[2]“闪婚”一词的流行还在于网络“闪”文化的推动。“闪”文化即FLASH文化。FLASH在英文中的原义是“短暂的，突如其来的亮光”，中文译成“闪烁、闪动”，“动感、快速、让人眼睛一亮”正是FLASH的突出特征。“闪”文化滋生了大量“闪”族新词，如“闪客”“闪邮”“闪信”等，“闪婚”正是“闪”词家族的新成员。它的出现反映出网络词语已经“走下网络，走入生活”，进入日常交际用语。

二、“闪婚”内涵界定及类型

“闪婚”，是“闪电式结婚”的简称，对于“闪婚”的内涵，从

---

〔1〕 参见张兵：“论‘闪婚’的视觉化思维——用视觉思维分析当下社会现象”，载《电影评介》2007年第13期。

〔2〕 参见胡琴：“说说‘闪婚’”，载《语文建设》2005年第10期。

字面上来说，“闪”是闪电的意思，形容速度之快；“婚”即婚姻，从婚姻法律制度上来说，婚姻有广义与狭义之分，广义的婚姻包括结婚和离婚，而狭义的婚姻只包括结婚。因此，“闪婚”内涵亦具有广义与狭义两种界定，广义的“闪婚”包括快速结婚和快速离婚，而狭义的“闪婚”则仅指快速结婚。由于“闪婚”一词出现之后，很快就有了另一个与之相对的新词——“闪离”，即快速离婚。为了避免与“闪离”相混淆，笔者对“闪婚”的界定是狭义的。有人认为，“闪婚”是指先结婚后恋爱并且在确定婚恋对象时男女双方有很大自主权的婚恋形式。从其形成的逻辑序列来看，“闪婚”指的是两人在短暂的认识后，未经过一定时间的交往和相互了解而是历经一段时间的恋爱真空期，在较短的时期内直接跨越至婚姻阶段的一种快速的婚姻形式。[1]笔者认为“闪婚”是指男女双方在极短的时间内从相识、相爱到结婚的一种实质性婚姻模式。

根据当事者产生“闪婚”意念与实施“闪婚”行为的动力源，可把“闪婚”划分为内驱型与外驱型两种。所谓内驱型“闪婚”是指那些受外部环境影响较小，自生强烈的“闪婚”意念，并积极、主动地做出“闪婚”行为的“闪婚”。内驱型“闪婚”包含如下几种类型：其一，感情冲动型。经过几天甚至更短时间的接触，男女双方“感觉不错”，感情迅速升温，很快就完成了一系列情感与法律上的程序，携手走进婚姻的神圣殿堂。其二，心灵空虚型。或者因为感情受过创伤，或者由于有过婚姻失败的经历，一些人在心灵异常苦闷迷惘、感情无处寄托的时候，如果遇到合适的“疗伤”对象，必定会“一拍即合”，加入到“闪婚”的队伍中，其实只是把婚姻当成了可以招之即来的“止疼药”。其三，利益速配型。有专家认为，目前社会发展的速度加快，社会竞争愈加激烈，人们承受的工作和生活压力随之增加，为了谋求更加稳定富足的生活，为了改变

〔1〕 参见施磊磊：“青年农民工‘闪婚’现象的动因探析——以皖北Y村为个案的研究”，载《青年研究》2008年第12期。

现状，为了车、房和绿卡，有些人就通过“闪婚”的办法来快速改变自己的经济地位。其四，从众型。从众是个人在社会群体压力下，放弃自己的意见，转变原有的态度，采取与大多数人一致的行为，“人云亦云”“随波逐流”就是从众的最好写照。因为人们认为跟随潮流总是安全的，不担风险的，所以在现实生活中不少人喜欢采取从众行为，以求得心理上的平衡，减少内心的冲突。那么多人都“闪婚”了，我也“闪婚”呗。这也是一种典型的“闪婚”类型。[1]所谓外驱型“闪婚”是指受外部环境所迫，并非出于自愿，婚姻当事人并不具备婚姻的自主权，也没有把婚姻看成是自主自愿的个体行为，大部分人“闪婚”是在主体意识缺失，个人选择权缺失的情况下在外部环境压力下促成的应邀行为。如中国历史上出于政治需要而产生的“和亲”方式的政治婚姻，奉“父母之命、媒妁之言”的父母命婚，五四运动以后的战争婚姻、政治婚姻等就是典型的外驱型“闪婚”。

三、“闪婚”溯源

“闪婚”并不是现代社会仅有的产物，古已有之，我国奴隶社会、封建社会奉“父母之命、媒妁之言”成亲的父母命婚，即是“闪婚”的始祖。奴隶社会、封建社会的婚姻以家族为本位，将两人的情感结合延伸到复杂的家庭关系、社会关系之中，个人没有婚姻自由。为了家族，甚至是民族的利益，某些婚姻被加上了浓厚的政治色彩，如三国时期的刘备与孙夫人的婚姻，近代的蒋、宋、孔、陈四大家族之间的联姻。正如恩格斯所言：“在整个古代，婚姻的缔结都是由父母包办，当事人则安心顺从。古代所仅有的那一点夫妇之爱，并不是主观的爱好，而是客观的义务；不是婚姻的基础，而是婚姻的附加物。”“婚姻乃是一种政治的行为，乃是一种藉新的联姻加强自己的势力的机会；起决定作用的是家世的利益，而绝不是

---

〔1〕 参见王道勇：“‘闪婚’闪出了什么？”，载《百科知识》2007年第15期。

个人的情感。”

当今社会“闪婚”现象的内涵完全不同于从前，它有全新的社会土壤，即追求“爱”和“自由”。新中国成立后，1950年婚姻法以婚姻自由作为立法精神，一方面反映的是人性自由、个性解放这一世界文化主流大趋势，另一方面则针对几千年封建婚姻制度对人性的压抑和男女不平等的婚姻制度。婚姻自由是人类社会进步的结果，其本质是婚姻的自主性。人们利用主观意识、主观能动性以及人的权力、人格价值来决定在人生道路上的伴侣选择的自由性。

2001年《婚姻法》修正案及2003年的《婚姻登记条例》又对结婚程序、离婚程序进行了简化，结婚不再需要单位出具证明，不再必须进行婚检；协议离婚也不再需要单位出具证明，只要双方当事人对财产分割、子女抚养等问题达成协议就可以办理，并且取消了离婚登记的审查期，当场就可以取得离婚证。更加体现了婚姻自由，尊重当事人意思自治以及人文关怀的特点，同时也强化了婚姻当事人为自己行为负责的理念。此外，在离婚实体问题上，自1980年以来。我国《婚姻法》一直把“夫妻感情确已破裂”作为人民法院准予离婚的法定条件，在中国历史上第一次以法律的形式把婚姻自主权真正的还给了个人，将爱情从政治枷锁下解放出来，“这种对爱情的张扬，发挥了牵一发而动全身的作用，对婚姻家庭的方方面面都产生了深远的影响”。[1]

改革开放以后，西方社会的种种思潮快速涌入我国，并逐渐改变了国人重共性存在、轻视个性发展的思维习惯，人们的权利意识及对婚姻家庭的观念发生了很大的变化，性观念开放，试婚、同居、别居、包二奶、未婚妈妈、代孕、试管婴儿等等逐渐让人们耳熟能详；隐私权的保护使青年人对情感世界的自主有了更充足的理由，在婚恋上更注重自我感受，让爱作主成为新时代婚姻的主旋律。在如火如荼的激情催生下，“闪婚”闪亮登场。

---

〔1〕 郑杭生主编：《社会学概论新修》，中国人民大学出版社2003年版，第173页。

第二节 “闪婚”特点[1]

一、理性

韦斯特马克曾经说：“社会调节婚姻有许多方法，首先是确定选择配偶的规则。”在这些规则里面，基于理性的价值交换的选择便是内驱型“闪婚”的一个显著特征。科尔曼的理性行动理论指出，对于行动者而言，不同的行动（在某些情况下是不同的商品），有不同的效益，而行动者的行动原则就是最大限度地获取利益。行动者根据这一原则，在不同的行为与事务之间进行他认为效用最大化的选择。在婚姻市场上交换理论也将市场上的逻辑应用于伙伴的选择。贝克尔认为：“一个有效的婚姻市场发展了影子价格理论，以便指导婚姻的参加者，这种婚姻将使得夫妇预期福利最大化。”[2]在市场上，人们的交换行为遵循价值规律，并有一个受益大于或至少等于投资的预期。对于内驱型“闪婚”者而言，他们认为传统的婚恋模式与程序需要付出大量的时间、精力，金钱，并且他们在进行这种婚姻的投资时总是期待自己所选择的伴侣给自己一个相等或有利可图的回报。而在寻觅最佳配偶的过程中寻觅的时间越长，耗费的成本越高，从婚姻中获得利益的延迟期也就越长，作为身处风险社会，充满风险意识的理性经济人，他们会尽力降低成本或缩短受益回收期。而闪婚程序简化，不仅节省婚姻的直接成本，还可以降低机会成本，降低沉没成本的风险。在确定结婚对象的时候，他们会通过新增候选人的边际扩张，与感兴趣候选人的边际深化来实现。当边际成本等于边际效益时，他们就会快速地做出结婚的决定，因为继

---

〔1〕 参见薛美青：“内驱型大龄白领青年的闪婚分析”，转引自网易博客，http://meiqingxue316.blog.163.com。

〔2〕［美］加里·S.贝克尔：《家庭经济分析》，彭松建译，华夏出版社1987年版，第144页。

续寻找更好的配偶，追加的成本会超过从这更好的配偶身上得利的预期效益。所以在婚姻市场上，他们寻找的不是最好的，而是较合适自己的。

二、自主自决性

在中国传统伦理中，父母与子女之间一直存在着一种单向的权威关系，子女在生命历程中的重大事件中，在很大程度上都没有自主权，婚姻当事人的自主决策让位于婚姻关系人的干预，造成婚姻当事人自身意愿缺场，而使之完全处于非自主自决的以“顺”“敬”“孝”为名的单向权威关系之中。而内驱型“闪婚”群体一般都在经济上独立，思想开放，将婚姻视为个人行为。他们对自己对法律负责，在法律认可的范围内和谁结婚，何时结婚，以怎样的方式结婚，完全由当事人自己决定，个体有充分的自主权。而婚姻关系人的权威退减并逐渐被边缘化。

三、自律性

哈贝马斯认为，生活世界是许许多多的个人在生存和获得需要满足的过程中构建起来的，在生活世界里，人们从衣食住行、生儿育女到社会交往，所表现的基本特征是以个体家庭为单位的，以及受个人意识的支配。所以生活领域可以说是私人领域。自然状态下的私人领域，个人是自由的，也是自律的，其中，私有财产所有者在生产过程的地位和个人爱好空间构成了私人自律的基础。每一个有理性和自治能力的人，都能为自己的生命存在和生活福利选择较好的行动。他们不需要受公共领域内既定的文化成见与风俗的干预，如果当公共领域内的共同生活的关系与规则干涉了这种选择的自由时，他们就会进行某种形式的抗拒。“闪婚”并不必然导致婚姻当事人责任意识的淡薄化。对于内驱型“闪婚”者而言，他们不再被传统的集体主义观念束缚，所以他们的婚姻行为不再需要对国家、民族、社会家族的利益负责，他们高度的知性、理性，使他们更乐意将婚姻纳入私人领域，并将其视为个体行为，自律的同时，在法律、情感上对自己负责。无论是选择“闪婚”，还是选择“闪离”，这些婚姻的成本由闪婚者自己承担。而对于内驱型闪婚者而言，他们并没把“闪婚”的外部成本推给社会，他们是能够自决自律高度理性的“自我实现人”。

第三节 “闪婚”原因

一、社会的变迁

（一）“闪婚”的出现是文化变迁的结果

一方面，从物质文化变迁的角度看，物质文化的发展使得结婚男女不再把经济条件放在首位。随着物质生活的极大丰富，年轻男女都各有独立经济来源，因为经济地位的独立使他们完全可以决定自己的事情，婚姻也变成一种很个人的行为，因此这就很好理解为什么“闪婚”会在现代社会出现并且流行。另一方面，从精神文化变迁的角度看，精神文化的发展改变了中国传统的婚姻家庭观念。人们的生活方式与传统相比已经发生了很大的变化，传统的婚姻观多定义为责任，而现代的婚姻观则更多的是定义为感情而非责任，只要两个人感情好就可以结婚，结婚变得越来越简单了。婚姻家庭观念的巨大变化是导致“闪婚”的重要原因。[1]

（二）“闪婚”的出现是经济变迁的结果[2]

“一定的文化（当作观念形态的文化）是一定的政治和经济的反映。”[3]“闪婚匆离”现象是改革开放后，社会主义市场经济条件下的一种文化现象，那么它的产生必定有它深厚的经济根源。正如

〔1〕 参见许加明、吴健：“闪婚现象的成因及家庭社会工作的介入”，载《社会工作》2007 年第 22 期。

〔2〕 参见余国辉：“浅析‘闪婚匆离’现象产生的根源”，载《理论界》2008 年第 11 期。

〔3〕《毛泽东选集》（第 2 卷），人民出版社 1991 年版，第 663 页。

马克思在《〈政治经济学批判〉序言》中指出的："人们在自己生活的社会生产中发生一定的、必然的、不以他们的意志为转移的关系……即有与之相适应的现实基础。""不是人们的意识决定人们的存在，相反，是人们的社会存在决定人们的意识。"[1]"闪婚匆离"现象背后所折射出来的人与人之间的经济依附关系的变化，大致可以分为三类：一类是经济地位相对独立的"白领"阶层；一类是经济收入波动较大的"农民工"阶层；另一类是没有固定收入，经济上还处于"空白"的"待业"阶层。

第一，从"男怕选错行、女怕嫁错郎"到"男怕选错行、女也怕选错行"的转变。传统婚姻中存在"女怕选错郎而不是选错行"的现象，是由"男尊女卑"的畸形社会造成的。由于古代女性几乎没有经济权利，她们只得依附于男人，因而不得不忍痛去维系即便不健全的婚姻。但对当今的人来说，尤其是对"白领"阶层来说，他们有独立的且比较稳固的经济收入，因此，他们无须顾虑结婚或离婚前后自己的物质生活会有多大的变化，感情深的兴许会有情感上的波动，要是感情一般或是不好的，可能就会听凭感觉而"闪了再离、离了再闪"。

第二，婚姻已从人性需求异化为工作需求。这种异化现象在"农民工"群体中尤为明显。一些青年农民工常年工作在外，谈婚论嫁只能推到春节期间，"时间紧、任务重"，常常高效率地领取结婚证之后，继续外出务工。据网上资料显示："广州农民工'闪婚'一族在悄悄扩大，不少人选择'多快好省'的实惠方式解决婚姻大事——'时间成本、恋爱成本都低'。"[2]也有些农民工为了能够在城市里立足，便在城市里找对象，以"闪婚"的形式完成终身大事，以求工作上更好地发展。另有一些农民工因工作而错过了结婚的黄金时段，到了最后只能先"闪婚"后"恋爱"，实在不行再"匆

[1]《马克思恩格斯选集》(第2卷)，人民出版社1995年版，第32~33页。

[2] 胡曼筠："反对：一见钟情图多快好省引争议"，载南方网，http://www.southcn.com。

离”，因而婚姻成了工作的“牺牲品”。《人民日报海外版》分析说：“农民工‘闪婚’不同于都市白领时髦的现代爱情观，而是在务工和恋爱不可兼得的前提下的一种现实选择。其中掩藏着多少辛酸和无奈，也许是旁观者所无法体会得到的。”〔1〕

第三、婚姻已从感情欲望异化为物质欲望。“毕业后的首要任务不是找工作而是‘谈婚论嫁’”，这已成为当前许多大学生为躲避社会竞争与压力而喊出的一句时髦口号。他们既迫切希望改变自己在经济上的劣势境遇，但又没有足够的勇气去接受“白手起家”的残酷现实，因而容易出现一些“傍大款”的现象，这在当前“待业”大学生（尤其是女大学生）中较为突出。他们已将婚姻作为一种买卖，“闪婚匆离”是其最佳手段。“不少高校女生，把校园流行的‘男靠家，女靠嫁’视作‘曲线就业’。”另外，“一些婚姻介绍所也投其所好，将‘征婚广告’贴进了高校海报栏”。〔2〕由此可以看出，在极少部分青年人当中，爱情已成为物质欲望的奴隶，为金钱所缠绕。

二、竞争的加剧

现代社会是理性占主导地位的社会，人们在工作的压力之下，在巨大的竞争之下，必须全力地工作，为自己获取更多的成就，以避免被社会淘汰。为了节约时间成本，现在的青年对待爱情和婚姻，不再像以往那样向往轰轰烈烈的爱情，不再要求长时间地相互深入了解。快节奏的社会培育快节奏的爱情，在信息、刺激及选择越来越多的现代社会，外界与自身的变化也日益加快，爱情和婚姻就变得直接而又快节奏了。同时，快节奏的现代城市生活使时间变得更加珍贵，从爱情到婚姻的过程中不仅需要在时间上作出巨大的投入，而且还要求双方做出经济投资，恋爱也要花费双方的精力。这些都

---

〔1〕 赵志疆：“农民工闪婚背后无奈多”，载《人民日报海外版（社会观察）》2006年3月2日，第8版。

〔2〕 高福生：“女大学生别被‘闪婚’忽悠了”，载《青岛早报》2006年2月23日。

增加了爱情和婚姻的“感情成本”。为了节约“感情成本”，更快地实现个人社会流动，于是青年选择了恋爱投资较少的“闪婚”。[1]

三、交际圈的狭小

爱情是一件神圣的事情，每个人对爱情都有一个近乎理想的标准，而实现或接近这种理想标准的一个重要条件就是要有较大范围的选择。而人际圈缩小化成为约束当代青年寻找理想爱情的一个重要原因。一是城市中的传统居住方式被新的城市建筑规划所代替，使得拥有不同文化背景的人混杂在一起，邻里的社会关系日趋松散，传统的超越家庭的社区模式开始消失，导致了地缘性的情感联结性的弱化。而婚姻形成与地缘关系有着密切的联系。这种状况进而影响了青年的人际圈的扩展，极大地影响了青年对婚姻方式的选择。二是由于城市中大多都是上班族，因此在青年的生活中接触最频繁的就是工作单位，单位中形成的业缘关系成为青年的主要社会关系的纽带和来源，而业缘关系却导致了青年社会关系网络的缩小化和疏松化。三是工作的快节奏和压力的增大，迫使青年更加注重事业的发展，而忽略了对感情的要求，难以认识更多的异性，其结果就是城市青年自身的交际圈变小，于是纷纷求助于婚介所，在彼此看好之后选择迅速结婚。如此种种都对青年人的婚姻恋爱观念产生巨大的影响。[2]

四、结婚和离婚程序的简化及社会舆论的宽容

过去人们不敢轻易地结婚和离婚，其中手续繁琐是一个很重要的原因。2001 年《婚姻法》修正案及 2003 年的《婚姻登记条例》对结婚和离婚登记程序进行了简化，结婚不再需要单位出具证明，

---

〔1〕 参见黄火明：“青年‘闪婚’现象的社会学探析”，载《中国青年研究》2007 年第 10 期。

〔2〕 参见黄火明：“青年‘闪婚’现象的社会学探析”，载《中国青年研究》2007 年第 10 期。

不再必须进行婚检；协议离婚也不再需要单位出具证明，只要双方当事人对财产分割、子女抚养等问题达成协议就可以办理，并且取消了离婚登记的审查期，当场就可以取得离婚证，不会像以前那样有的离婚案件要拖上几年甚至十几年才能解决。所有这一切变化均带来了有利于“闪婚”的条件，使得结婚和离婚完全成了个人的选择，公民的谈婚论嫁有了更多的自主权和隐私权，人们完全可以为瞬间的爱情美感，闪一次婚。即便深知“闪婚”的危险性，也依然会选择“闪婚”，因为有“闪离”做保障。同时，随着时代的发展，舆论在对待离婚的态度上变得日益宽容，离婚不再像以往那样受到人们的密切关注，个人选择的自由受到普遍的尊重。特别是社会对离婚女性的歧视也不复存在，女性可以自主地决定自己的婚姻生活，选择自己的幸福，在性和情感方面都可以自主决定。这些都在很大程度上促使女性青年选择“闪婚”，而女性青年的婚姻自主及性观念的开放，也是产生“闪婚”的重要原因。

五、婚恋择偶方式（认识渠道）的多元化

随着时代的变迁，人们的婚恋择偶方式发生着相应的变化：从几千年封建社会时期的“父母之命、媒妁之言”到新中国前后的革命年代的“红色恋人”，再到改革开放初期的“广告征婚”“婚介热线”，一直到当前网络时代的“网络恋爱”“E代情缘”。在过去，适婚青年多数是通过亲缘关系、地缘关系寻找另一半，婚恋对象常常是身边的同学、朋友、同事，或者参加联谊会、交友中心、舞会等活动认识的人，或者由媒人介绍而认识的人。现在，随着人们社会流动性的不断加大，熟人社会渐渐解体，传统的亲缘关系和地缘关系在婚姻媒介中的作用逐渐减弱。随着现代信息网络技术的高速发展，互联网逐渐走入千家万户，网络成为新的恋爱载体，人们的择偶方式逐渐呈现出多元化的趋势。通过网络婚恋交友，正在悄然成为适婚青年重要的择偶方式之一，由于网络的应用在青年群体中本身就代表一种时尚。相比参加由朋友和父母安排介绍的传统相亲，

在网上寻找缘分更具时尚特点。于是，网上婚恋交友凭借其便捷和时尚的特点迅速吸引了一大批忙于工作而又疏于个人事务的适婚青年。这种择偶交友方式正逐渐成为青年人尤其是“90后”生活中的一种流行和时尚。越来越多的青年人在诸如QQ、BBS、OICQ、P2P、Skype、点点通、E-mail、虚拟社区以及各种专门的交友网站上，寻找自己心仪的恋人。网线开始取代月老手中的红线，许多未曾谋面、甚至远隔重洋的男女们通过网络相识、相恋。以中国交友中心网站为例，该网站成立7年来，会员已经发展到了340万人，通过多年追访，初步统计有48万会员进展到了恋爱阶段，最终走到一起结婚的有20万人，约八成是“闪婚”族。[1]有据可查的最短“闪婚”记录为重庆的一对夫妻，他们电话聊天5个小时就决定结婚。[2]可以说网络婚恋交友的便捷择偶方式对“闪婚”的出现起到了推动作用。

第四节 “闪婚”的负面影响

“闪婚”直接冲击了婚姻家庭方面的传统价值观念。千百年来，中外传统的婚姻都是建立在“久经考验”的基础上，不同的是，传统社会考验的是联姻，而现代社会考验的是恋爱和结婚的双方。如今的“闪婚”现象对传统婚恋观进行了彻底的颠覆和摧毁，只是由于它本身的“闪”性，不能彻底替代传统的婚恋模式。“闪婚”是一种建立在情感冲动基础上的婚姻形态，是人们非理性和理性冲突的结果。虽然“闪婚”具备结婚的实质要件和形式要件，是法律承认和保护的婚姻，但我们不能因为“闪婚”披着合法化的外衣，而忽略其引发的一系列法律问题。[3]

---

〔1〕 参见刘晓燕：“情人节前交友网点击率猛增　赞成网恋闪婚者增加”，载《南方都市报》2006年2月14日。

〔2〕 参见谈露洁：“重庆去年离婚人数5年首回落，‘80后’闪婚闪离多”，载《重庆晚报》2009年4月27日。

〔3〕 参见康戈：“试论‘闪婚’现象的成因及引起的法学思考”，载《科技信息》2009年第35期。

一、“闪婚”导致“闪离”

婚姻的基石是爱情，婚姻通常是需要建立在双方相互了解的基础之上的。同时婚姻又是需要营养的，而且这个营养不是一蹴而就，而是日积月累地磨合出来的，这个磨合不仅在婚后，也有婚前的磨合，那就是充分了解。婚姻的成功和稳定，需要感性和理性的双轨发展，只有这样，爱情列车才能行驶得稳定持久。由于青年人特有的生理和心理特点，使得他们在对某些问题作出选择时较容易受非理性的影响。心理学家研究表明随着物质生活水平的提高，中国现代青年人的生理成熟年龄普遍提高，但心理成熟年龄却迟延，特别是独生子女。他们正处于成长中的转型时期，世界观尚未定型，思想尚未成熟，看问题容易片面，对恋爱和婚姻缺乏全面、完整的了解。要拥有和谐美满的爱情和婚姻，单凭冲动的心态而没有相互之间的深入了解，或仅凭一时的感觉是难以获得的。在婚姻的天平上一端放置感情，一端放置时间，为确保感情的质量，通常需要增加时间的砝码。而“闪婚”却打破了这种平衡，一边是感情急剧上翘，一边是时间极度下压。所以“闪婚”不符合婚姻的基本规律，导致当事人婚前的相互了解大打折扣，是青年人过于注重个人一瞬间的相互感觉，用个人冲动的非理性心理取代了理性视角，是以一时的感觉和印象换取一世婚姻心态的反映。同时婚姻中的情感与恋爱时的激情是完全不同的，而“闪婚”却忽略了这种差异。据统计，“一见钟情”的婚姻成功率仅为10%，而“闪婚”是比“一见钟情”更迅速的一种婚姻匹配方式，其成功率自然比“一见钟情”更低。由于“闪婚”支点的不稳固，导致了“短高快”（认识时间短、激情高、离婚快）婚姻的产生，因此中途夭折的几率自然会很大。近几年来，湖北省天门市每年大约有1.2万对新人领结婚证，其中，春节前后一个月占了六成比例。2010年春节前后结婚的有7100对，其中打工返乡结婚的青年超过半数。与此相应的，2002年全年离婚的有200多对，2009年离婚的达到1600多对，其中“闪婚闪离”的约有800多对。近7年时间，由于“闪婚”族的增加，湖北省鄂州市的离婚率大幅提高。据统计，2003年，在民政部门协议离婚的约300对，2009年则在这一数字上增多了四倍。2010年春节期间，湖北省蕲春县登记结婚1580对，其中农村青年占七成以上；离婚284对，农村青年占八成。“闪婚”之后的婚姻关系维持时间短之记录不断被刷新，从一年到一个月甚至一天。目前，有据可查的从“闪结”到“闪离”的时间记录为1个小时。[1]

二、“闪婚”影响社会和谐稳定

婚姻是一种社会制度，其根本目的是为了社会的稳定，是社会责任、法律责任、道德责任和情感责任的综合体。婚姻是产生家庭的基础，而家庭又是社会的细胞，只有家庭和谐稳定了，社会才能和谐稳定。“闪婚”族的“快餐婚姻”是对爱情的一种简化与误读。婚姻是在爱情的基础上建立起来的新的情感与经济生活方式的统一体，它是人类繁衍的方式，以它为基础而形成的家庭是人类组成稳定社会肌体的形式。在结婚后建立的家庭里，人们不仅得到肉欲的爱，还希望能获得心灵上的爱，只有建立在情与欲基础上的婚姻才是真正的、牢固的婚姻，那样的家庭才能和睦长存。而现代青年的“闪婚”却缺少婚姻形成的两个必要条件：一个是爱情，它是婚姻之所以能成功的感情基础；另一个是两个人之间的互相了解及双方在生活方式和心态上的相似性。缺少婚姻形成必要条件的“闪婚”，注定难以形成稳固的婚姻和家庭生活，从而对社会稳定造成一定影响，[2]当“闪婚”使家庭这个社会的细胞失去和谐，呈现不正常状态时，社会就必然会为之付出高昂成本，这与构建和谐社会的要求无疑是背道而驰的。

---

〔1〕参见陆续：“一个小时就把结婚和离婚办了，太奇怪了”，载《新文化报》2010年1月14日。

〔2〕参见黄火明：“青年‘闪婚’现象的社会学探析”，载《中国青年研究》2007年第10期。

三、“闪婚”钻法律空子

婚姻与“一夜情”“性交易”本是完全对立，可是当“闪婚”现象出现后，似乎拉近了婚姻与这些违背道德与法律事物的距离。“闪婚”对婚姻负责，但是不一定对爱情负责；“闪婚”并没有超出法律的规定，但是却又借助法律对社会道德发起了冲击。对于“闪婚”族而言，婚姻成为儿戏，法律成了成年人游戏人生的工具。假如结婚就是为了将来的离婚，那么，男女就没有必要举行一个隆重的仪式，来宣告自己的婚姻成立。草率的结婚、离婚都反映出现代人对婚姻家庭制度认识的偏差或者误解。虽然在现代社会我们不需要每个人都恪守婚姻家庭的约束，但是，我们一定要知道：婚姻是一种社会制度，而不是一个游戏项目。[1]

四、“闪婚”时的“婚约保证金”给法律适用带来了难题

据统计，2017 年全国农民工总量达到 2.87 亿人，由于城乡二元结构、户籍制度的制约，致使城市居民将农民工排除在婚恋选择的视域之外。还由于其工作的繁重性、工作环境的性别结构失衡以及居住结构等原因，从根本上就很少有与异性交往和相处的时间和机会，几乎不可能让他们在城市当中成就一份爱情。因此外出务工的青年农民工只能寄希望于过年回家的机会去寻找自己的另一半，这在青年农民工眼中，不失为一种既省时又快捷的婚恋方式，同时也算为自己更为家人了却了一桩心事。他们回到自身熟悉和信任的乡间场域去寻找伴侣，并且基于理性的权衡跨越了爱河，短时间内就走完了“爱情之路”，直接迈进婚姻殿堂。[2]从媒体关于青年农民工“闪婚”酿成悲剧的报道中也可以看出，大多青年农民工的“闪婚”

〔1〕参见包英华：“‘闪婚’现象引起的法学社会学思考”，载《保定学院学报》2008 年第 3 期。

〔2〕参见施磊磊：“青年农民工‘闪婚’现象的动因探析——以皖北 Y 村为个案的研究”，载《青年研究》2008 年第 12 期。

是利用节假日回乡的短暂时间，在父母安排下，由亲朋好友拉着去相亲。一个青年往往要在一个假期里看几个对象，然后在看过的候选人中选择。若遇有双方不反对的，介绍人就会努力说合，并以男方向女方父母缴纳数千元甚至数万元“婚约保证金”的形式，几天之内迅速确定恋爱、婚姻关系，后一起外出打工、同居，此种实用性十足的“闪婚”正在以更务实的态势演变为农村新“乡俗”。

何谓“婚约保证金”，[1]目前尚无法律界定。司法实践中，2004年江西安义县人民法院石鼻法庭受理的一起于2001年立了字据的“婚约保证金”纠纷案件，字据内容是：“如果五年内不离婚，5000元归男女双方所有，如果五年内离婚，则5000元归女方所有。”

2016年邓州法院受理的一起于2011年签订的“婚约保证金”纠纷案件，协议内容是：小强（男）将现金5万元抵押小丽（女）家，如果男方不愿意和女方生活的话，没收押金；如果女方不愿意和男方生活的话，应退回男方押金。笔者据实践中的实际做法，对“婚约保证金”作如下归纳：“婚约保证金”是指在确定婚恋关系时，男方向女方父母交纳一笔数目不菲的金钱，以此保证婚约的履行，如日后男方不愿意与女方结婚及结婚后一定时间内男方提出离婚，没收“婚约保证金”；如果女方不与男方结婚及结婚后一定时间内女方提出离婚，“婚约保证金”就退还给男方。在男方向女方交付的礼金中，“婚约保证金”是独立于彩礼之外的，换言之，彩礼不包括“婚约保证金”，“婚约保证金”不是彩礼，两者是并行的。

据承办此类案件的法官分析，“婚约保证金”的出现与老百姓的职业有关，大量农村在外创业人员，做生意时都要签合同，签合同很多情况下都会要保证金，时间长了也就把保证金带到了婚姻生活中。现在这种做法已经演变成一种新的“乡俗”，成了双方“愿打愿挨”的事情。交“婚约保证金”的时候要有介绍人在，一般都不

---

〔1〕 有的称之为“爱情金”“爱情保证金”“婚姻保证金”或“爱情押金”“婚姻押金”。

会立什么字据。

“婚约保证金”与买卖婚姻的财物、借婚姻索取的财物、彩礼确有相似之处，但亦有本质的区别。

首先，“婚约保证金”与买卖婚姻财物的区别。买卖婚姻是指包括父母在内的第三者以索取大量财物为目的，包办强迫他人婚姻的违法行为。从一方（一般是女方父母）取得财物看，似乎与“婚约保证金”相同，二者都是交付大量财物。但二者有根本的区别：买卖婚姻是一种强迫包办的婚姻，在根本上违背一方或双方当事人的意愿，违反了我国婚姻法的婚姻自由原则，交纳“婚约保证金”并不违背当事人结婚的意愿；买卖婚姻的财物是一方由于第三者的索取被迫给予的，“婚约保证金”是男方应女方父母的要求自愿交付的。买卖婚姻的财物婚后不会返还给交付人，“婚约保证金”婚后可能会返还给交付人。

其次，“婚约保证金”与借婚姻索取的财物的区别。借婚姻索取财物是指除买卖婚姻以外的其他借婚姻索取财物的行为，这种婚姻基本上是男女双方自主自愿，但一方（主要是女方或女方的父母）把向另一方索要许多财物作为结婚先决条件的行为。同样，从取得财物这点看，亦与“婚约保证金”有相似之处：二者都不违背当事人结婚的意愿，都是交付大量财物。但二者亦有根本区别：借婚姻索取财物是把财物的获得当作结婚的先决条件，不满足就不结婚，是索取方借婚姻向对方索取财物以满足物欲，是对婚姻自由权利的滥用，是被婚姻法所禁止的一种违法行为，对方给予财物是被迫的。“婚约保证金”是男方应女方父母的要求自愿交付的。借婚姻索取的财物婚后不会返还给交付人，“婚约保证金”婚后可能会返还给交付人。

最后，“婚约保证金”与彩礼的区别。彩礼又称聘金、聘礼，起源于西周时期“六礼”[1]中的“纳征”（亦称纳币），是指结婚前男

---

〔1〕“六礼”是我国古代聘娶婚的六个程序：纳采、问名、纳吉、纳征、请期、亲迎。

方按照习俗送给女方的一份礼金或礼物。从取得财物这点看，亦与“婚约保证金”有相似之处：二者都不违背当事人结婚的意愿，都是男方向女方交纳财物。但二者亦有根本区别：从财物的数量看，彩礼可多可少，而“婚约保证金”一般数额较大；彩礼是为了达到结婚的目的，“婚约保证金”是为了达到结婚或不离婚的目的。对于彩礼的返还，最高人民法院已在司法解释中作出明确规定。[1]然而现行法律尚无关于“婚约保证金”的规定，其在法律上还属于空白地带，所以人民法院在审理此类案件时亦无法律依据。各地人民法院对“婚约保证金”纠纷案件有着迥异的处理：在江西安义县人民法院石鼻法庭受理的前述案件中，2004年，女方主动要求离婚，经法院调解后，女方还给男方3000元。而在永州市祁阳县法院受理的案件中：原告张某与被告王某在外地打工相识并相恋。2008年6月20日张某下班后，对王某半开玩笑地说：“经常在外面跑业务，难免花心，你写张欠条吧，保证今后与我结婚。”王某认为是一种浪漫游戏，二话没说就写下“欠张某10万元（婚姻保证金）”的欠条。2009年3月，张某发现王某在外面与另一女子同居，于是向祁阳县法院起诉。法院认为，结婚必须是双方自愿的行为，不允许任何一方强迫对方保证与自己结婚。被告王某并未向原告张某借过钱，原告张某出具的这张欠条是无效的。据此，法院驳回原告张某的诉讼请求。[2]更多的人民法院认定“婚约保证金”为“彩礼”，如下面的案例：原告黄某之子因身体上有缺陷，一直在为寻找媳妇发愁，被告金某之女存在智力缺陷，为寻找婆家亦是父母的一块心病。

---

〔1〕 最高人民法院关于适用《〈中华人民共和国婚姻法〉若干问题的解释（二）》第10条规定：当事人请求返还按照习俗给付的彩礼的，如果查明属于以下情形，人民法院应当予以支持：①双方未办理结婚登记手续的；②双方办理结婚登记手续但确未共同生活的；③婚前给付并导致给付人生活困难的。适用前款第②、③项的规定，应当以双方离婚为条件。

〔2〕 参见黎棠：“男友另结新欢　女子要求兑现十万‘婚姻保证金’”，载中国新闻网，http://www.chinanews.com.life/news/2010/03－05/2153495.shtml。

2012年4月，两家经被告亲友介绍欲结为秦晋之好，于是协商由原告支付“押金”人民币40 000元给被告，该押金用于保证原告之子娶被告之女，待二人结婚、生小孩后再退还给原告并按月息一分计算利息。不久之后原告举办了订婚酒宴，并分两次将40 000元现金交给被告。订婚结束后，原告之子将被告之女接到自己家中居住，一个星期之后被告之女回到娘家，之后原告之子也断断续续的到被告家中居住，二人先后在一起共同生活了一个月左右。后来原告称被告之女智力不行，虽与其子共同生活了一段时间，但却拒绝与其子同房，因此其子便停止了与被告之女来往。原告要求被告返还“押金”，遭到被告拒绝之后，原告诉至法院，要求被告返还礼金人民币40 000元。法院经审理认为，原告与被告协商以支付押金的形式保证原告之子与被告之女婚姻成立的行为，违反了婚姻法有关婚姻自主的原则，为我国法律明文禁止，不具有保证的效力。本案“押金”的性质实为彩礼，原告之子与被告之女未办理结婚登记手续，因此原告请求返还彩礼，符合法律规定，应予支持。鉴于原告之子与被告之女共同生活了一个月左右，且原告与被告在子女婚约缔结过程中均存在过错，应酌情返还部分彩礼为宜。经法院调解，由被告金某返还给原告黄某“押金”12 000元。因此“闪婚”时的“婚约保证金”，给法律的适用带来了难题。

第五节 对“闪婚”的法律规制

一、正确解读婚姻自由的本质

婚姻自由是法律赋予公民的一项权利，是公民的民主权利在婚姻法上的具体体现。在我们社会主义国家，实行婚姻自由的目的是使当事人对婚姻有自主的权利。婚姻的基础是爱情，而爱情只能产生于当事人自己，只能由当事人自己来表示，别人不能替代，我国对表示爱情的权利又用法律加以规定，包括当事人的父母在内的任何第三人，都不能侵犯这种权利。《婚姻法》第2条规定实行婚姻自由原则，第3条规定“禁止包办买卖婚姻和其他干涉婚姻自由的行为”，《宪法》第49条规定“禁止破坏婚姻自由”，这说明婚姻自由是法律确认和保护的一项权利。婚姻自由使更多的家庭建立在自我选择，以爱情为起点的基础之上，同时社会也有了稳定的基础，婚姻自由的最终目的在于建立幸福美满的家庭。

婚姻自由权的行使既要符合法律规定，又要符合社会主义道德的要求。既然婚姻自由是法律赋予公民的一项权利，那么这项权利与其他民主权利一样，是相对的，并不是绝对的、无条件的、不受限制的自由。博登海默说：“自由不是一种绝对的和无限制的权利，任何自由都容易为肆无忌惮的个人和群体所滥用，因此为了社会福利，自由就必须受到某些限制。”[1]人类的自然性如果不能受到社会性的有效制约，那么人类区别于动物的“理性”便不复存在。因此婚姻选择的自由性要受到各种社会性的限制。我国《婚姻法》保障的婚姻自由，对国家来说，既要保障公民依法享有婚姻自由的权利，又要强制公民遵守有关的法律规定；对个人来说，在行使婚姻自由权利的同时，要遵守法律规定。换言之，只有在法律允许的前提下，才能保障和行使婚姻自由的权利。

针对当前青年农民工的大量“闪婚”现象，应强化“恋爱自由，婚姻自主”的观念，逐步消除乡土社会中的封建残余思想。从相关的报道中可以看到，大量青年农民工的“闪婚”是在其家长甚至是家族的劝说或者是逼迫下完成的，“父母之命，媒妁之言”在农村仍然盛行，在婚约保证金、彩礼等物质条件的诱惑下，家长一再给其子女下最后的通牒，让子女在短时间内解决婚姻大事。农民家长应摒弃小农意识，真正为子女的幸福着想，让子女在充分了解对

〔1〕［美］E. 博登海默：《法理学——法哲学及其方法》，邓正来等译，华夏出版社1987年版，第276页。

方的基础上做出明智的选择，而不应为了眼前的物质利益毁了子女的一生。[1]

二、增强对婚姻本质的理性意识

马克思、恩格斯指出：“生活的生产——无论是自己生活的生产（通过劳动）或他人生活的生产（通过生育）——立即表现为双重关系：一方面是自然关系，另一方面是社会关系”。经典作家的论述表明，婚姻具有自然与社会的双重属性。自然属性就是男女两性本能的互相吸引的自然生理差异，这是婚姻的自然方面的基础，其表现为对异性要求的生理本能方面，是构成婚姻的一般性前提；而社会属性是决定具体婚姻的特有因素，表现为对异性要求的条件和选择方面，是构成婚姻的一切社会关系的总和。婚姻的本质不是由自然属性，而是由社会属性决定的。所以按照马克思、恩格斯的观点，婚姻不应被简单的归结为生物学意义上的两性关系，而是一种特殊的社会关系，依存于一定的社会结构，具有丰富的社会内容，与社会诸关系具有多方面的内在联系，承担多种社会职能，对社会的稳定和发展起着能动的作用，形成和支配婚姻的本质力量是社会力量。婚姻是男女两性的结合，虽然是当事人自己的事情，但男女两性结合后，要生儿育女，组成家庭，当然与社会有关，具有社会意义。在当今飞速发展的时代，尽管恋爱婚姻也发生着巨大的变化，但婚姻的本质并没有改变，婚姻不是男女之间的游戏，不是一般意义上的普通朋友，是一种以感情为基础的法律维护的契约，而感情的培养显然不是一朝一夕的事请。俗话说，十年修得同船渡，百年修得共枕眠。两个人要相伴一生，要实现“执子之手，与子偕老”的誓言，怎么说也绝不是一件可以“闪”的事情，它需要足够的时间去

[1] 参见齐桂玲：“青年农民工‘闪婚’的社会学解析”，载《淮海工学院（社会科学版）》2008年第3期。

修炼。婚姻不仅仅是感情，还意味着责任，两人一旦缔结婚姻就要承担生育、相互扶持、相互照顾等责任。光有感情都不够，更何况光有激情？一纸婚书并不能带来当事人渴望的幸福。对待婚姻的正确态度还是要以平常心对待，让爱情自然过渡成婚姻。

三、树立正确的婚恋观

婚恋观是人生观的重要组成部分，属于思想意识范畴。要用无产阶级思想教育青年，树立正确的婚恋观，使他们的恋爱行为符合社会主义道德的要求。

（一）正确掌握择偶标准，反对物质、容貌第一

择偶标准是指择偶主体在选择婚恋对象时的具体要求。婚姻应该以爱情为基础，这是青年人在爱情上首先而且必须解决的。列宁同志曾经说过，对于无产阶级来说，最重要的是在爱情上摆脱物质（钱财）上的要求。选择配偶的标准，不能把物质条件放在第一位，不能把婚姻作为获得金钱、地位、物质享受的手段，否则婚后在获得物质满足之后便会感到心灵的空虚，精神生活的苍白、乏味。选择配偶的标准，也不能把外貌作为唯一的标准。现在社会上一些年轻人在开始谈恋爱的时候，往往倾心于对方的长相，把小伙子是否英俊或姑娘是否漂亮当作挑选对象的主要标准。姑娘对小伙的要求是“高富帅”；小伙对姑娘的要求是“白富美”“拿得出去”。这样的青年男女在谈恋爱的时候，往往以将对方带到亲友、同事面前炫耀为快。爱美之心人皆有之，适当考虑外貌也是人之常情，是美的观念在人们头脑中的反映。但外表美不等于心灵美，相貌的悦人并不意味着精神上就能合拍。以貌取人，只倾注于外表的人，对爱情的理解十分片面。仅仅以貌取人，可能得到的仅仅是“花瓶”，而非朝夕相处的伴侣。俄国文学之父普希金爱上莫斯科第一美人，婚后这位美人生活放荡，普希金为此和情敌决斗，最后，这位多情的才子竟然死于情敌的枪下，年仅30多岁，给俄国文学造成了巨大的损失。所以年轻人找对象时，不能只顾长相，对于容貌，只要双方相

互看上去顺眼就可以了。古时曾有“以色事人者，色衰而爱驰”[1]一语，想必这句话在今日仍有借鉴意义。

（二）坚持慎重态度，反对杯水主义

结婚是人生的一件大事，它不仅关系到男女双方的利益，而且关系到整个社会的利益。结婚必然导致家庭的建立、子女的出生，于是就产生了父母子女、祖父母与孙子女、外祖父母与外孙子女、兄弟姐妹等关系，这些关系具有广泛而深刻的社会内容，对当事人和社会，必将产生一定的影响。因此，每一方都应该以严肃负责的态度，慎重地予以处理，反对轻率态度。正确的婚恋态度应该是：要在相互交往中加深了解，在友谊的基础上再发展爱情，这样的爱情、婚姻才有牢固的基础。同时还要反对“杯水主义”。“杯水主义”是苏联建国初期出现的一种婚恋观，他们把恋爱看成像喝杯水那样平常和简单，把找对象看作是像蝴蝶那样轻易的由一朵花飞到另一朵花上，把恋爱当儿戏。列宁曾不止一次地痛斥过这种理论是资产阶级的要求，是直接违反共产主义道德的行为，不但会腐蚀人们的思想，而且会带来严重的后果。对此，青年人应有充分的认识，切不可草率从事。在这方面，老一辈无产阶级革命家给青年一代树立了榜样。马克思和燕妮之间的爱情，是人类美好高尚的爱情，给后人留下了一部无产阶级的爱情颂歌。周恩来同志，在人们对他的赞誉和敬佩中，他对爱情的坚贞不渝、洁白无瑕，不能不占有重要的位置。二十一世纪的青年人要向这些无产阶级革命家学习，只有树立正确的婚恋观，以严肃慎重的态度正确处理婚恋问题，才能建立幸福美满的家庭。

四、增设协议离婚审批期[2]

2003 年《婚姻登记条例》第 13 条规定：“婚姻登记机关应当对

---

〔1〕《史记·吕不韦列传》。

〔2〕亦有人称之为审查期、冷静期、考虑期、考验期。

离婚登记当事人出具的证件、证明材料进行审查并询问相关情况。对当事人确属自愿离婚，并已对子女抚养、财产、债务等问题达成一致处理意见的，应当当场予以登记，发给离婚证。”这表明《婚姻登记条例》不仅排除了单位、社区对当事人离婚登记前期审查的介入，而且对离婚登记的办理时限未作规定，此种规定使我国成为世界上离婚手续最简便、离婚最快捷的国家之一。这固然体现了政府尊重当事人的婚姻自主权和个人本位的幸福主义家庭伦理的新取向，更具人性化，也更符合现代文明的潮流。然而近几年来，随着青年人“闪婚”现象的流行，加之我国登记离婚手续的简便，登记离婚对双方当事人来说是一种更为简便、自由的离婚方式，除必要的条件和程序外，几乎没有什么限制，只要手续齐全，可以立即办理，这使得很多想离婚的夫妻没有时间冷静考虑，从而加速了许多冲动夫妻的分离，造成闪离现象逐渐增多。如前述的湖北省天门市，2009 年离婚的达到 1600 多对，其中闪婚闪离的约有 800 多对，约占 50%。2010 年 3 月 18 日，青岛一对夫妻上午领了结婚证，中午两人和双方的亲属在酒店吃饭庆祝，因哪一方的父亲坐主座闹起了不愉快，男方说他父亲应该坐主座，女方则坚持她父亲应该坐主座。双方亲属见气氛有点僵硬，便打了下圆场开始吃饭。虽然酒席上两人没有表现得很强硬，但是下午回到家，两人又说起了这件事，依然针锋相对，互不相让。而且，吵架的内容也不断扩大，还互相揭起了对方的短处。两人越吵越厉害，还把两年来遇到的大事小事翻出来，证明自己如何有理，对方如何失误。一怒之下，男方将桌子上的杯子摔碎，吓了一跳的女方脱口而出要离婚，男方接着表示同意。于是，两人当天下午就回到了婚姻登记处去办理离婚。虽然周围的人都劝两人冷静，但是两人依然坚决要求离婚。短短的一天之内，双方身份发生了巨大变化：早上是未婚，中午是已婚，到下午就成离异了。因此这种便捷的离婚手续不可避免的产生一些弊端，如并非双方或一方真实意愿的虚假离婚、欺骗离婚；因当事人双方一时的气愤、感情冲动而急于做出的赌气离婚；一方意愿得不到充分表达和尊重的“胁迫离婚”等。

笔者建议，应改变《婚姻登记条例》对离婚登记的办理时限未作限定的现状，在协议离婚程序的申请与登记之间增设一个月的审批期，让夫妻双方慎重考虑后，再准予离婚。笔者提出此观点，主要是基于以下理由：

首先，增设协议离婚审批期能最大限度的减少“闪离”。对许多“闪婚”族，特别是“双独”“闪婚”族而言，“闪婚”已经既成事实，那就尽量避免“闪离”吧。毕竟离婚是一件重大的事情，对子女和当事人本人都有重大的影响，应当慎之又慎。规定一个月内办理，其目的是给当事人一定的“冷静期”，同时便于亲朋好友、邻里、同事进行劝阻、调解。也可以促进当事人在审查期内对是否该离婚作充分、认真的考虑。

其次，增设协议离婚审批期有利于婚姻登记机关对当事人是否符合离婚条件，是否应给予登记进行充分的审查认定。同时也能避免《婚姻登记条例》将申请、审查、登记基本上同时进行所产生的弊端，从申请到登记发证有一个时间间隔，可以便于婚姻登记机关做深入细致的调解，也可以防止审查流于形式，还可以使虚假离婚、欺骗离婚、赌气离婚、激情离婚、胁迫离婚能够得到一个缓解和补救的机会及反悔的时间，从而保证当事人离婚自由权利的正当行使，挽救许多不应解体的婚姻，构建和谐社会、和谐家庭。

最后，增设协议离婚审批期，符合世界性潮流。有些国家为了尽可能保持家庭的稳定，维护社会的利益，防止轻率离婚和非法意图，在确认协议离婚的同时，规定了一些必要的限制性措施。如要求协议离婚必须从结婚时起，届满一定期限才能提出离婚申请。各国规定的期限有 6 个月到 3 年不等。再如，很多国家为避免夫妻冲动离婚，通过在离婚手续中规定一定的冷静期，给拟离婚夫妻一定的时间慎重考虑，之后才能正式办理离婚手续。有的国家还规定考虑期满后重新提出一次申请。关于考虑期各国规定也不尽一致，短的 3 个月，长的达 1 年。

五、明确规定“婚约保证金”协议无效，应当返还交付方

由于现行法律尚无关于“婚约保证金”的规定，其在法律适用上还属于空白地带，因此人民法院在审理此类案件时亦无法律依据。婚姻自由是我国婚姻法的基本原则，是指婚姻当事人有权依照法律的规定，决定自己的婚姻问题，不受任何强制和干涉。婚姻自由不仅包括结婚的自由，还包括离婚的自由，其中结婚自由是实现婚姻自由的先决条件，是婚姻自由的前提，离婚自由是结婚自由的必要补充，没有离婚自由，就不可能有完整的婚姻自由。结婚必须是男女双方完全自愿的行为，不允许任何一方以任何方式强迫对方保证与自己结婚，当然也不允许任何一方以任何方式强迫对方保证与自己不离婚。“婚约保证金”为离婚自由设置了障碍，这种以交纳“婚约保证金”的形式束缚婚姻的行为明显违背婚姻自由原则，对社会风气和社会主义精神文明建设也将产生不良影响。另据《担保法》规定，保证金作为经济担保的一种方式，不适用于婚姻家庭关系。故笔者建议最高人民法院应出台新的司法解释明确规定“婚约保证金”协议无效，应当返还交付方。

综上，“闪婚”带来一系列法律问题，因此，如何理性对待“闪婚”，应时势的发展变化探索一些具有前瞻性、务实性和可操作性的有效对策对“闪婚”进行规制已成当务之急，这也是笔者今后继续研究的课题，笔者将为之努力。

第二章　网络婚姻法律规制研究

第一节　网络婚姻概述

一、网络婚姻的含义及类型

对于网络婚姻，目前法律尚无准确的界定。在人们的理解中网络婚姻通常有以下四种情况：第一种是网络取代传统的婚姻中介成为新型的婚姻媒介。随着计算机的普及和网络的发展，网络给人们提供了很多交流平台，如 MSN、OICQ、EMAIL 等。人们通过这些网络平台在网络上聊天互相认识互相了解，继而从网上的交流转到现实生活中的见面、约会等，最终结为现实生活中的夫妻。这种以网络为媒介促成的网络婚姻在现实生活中已经非常普遍了；第二种是指有合法的现实婚姻基础，在网上举行婚礼，邀请亲朋好友通过网络视频等方式参加婚礼。这种意义的网络婚姻把互联网当成一种传播工具来使用，这是人们充分利用网络来方便现实生活；第三种是国家的婚姻登记机关，通过互联网进行的婚姻登记。自 2012 年 7 月 24 日起，除港澳台地区之外，全国 31 个省、自治区、直辖市的婚姻登记信息实现联网。民政部已初步建立中央级婚姻登记数据中心，全国 31 个省、自治区、直辖市都建立了省级婚姻登记工作网络平台和数据中心。各地婚姻登记机关实现了在线登记和婚姻登记信息全国联网审查。第四种是在某些网站推出的虚拟社区中组成一个完全虚拟化的网络婚姻。本书所探讨的网络婚姻即是这种。

网络婚姻，简称“网婚”，顾名思义就是在网上组建的一种虚拟的，只存在于网上的，精神上的所谓“婚姻”。网婚的类型主要有两种：第一种是在专门的网婚网站，有意结婚的双方，在社区注册为成员后，可以申请一套“房子”，然后，按照自己的想法布置“新房”。“新房”布置好后，双方要分别发送一份消息给网上登记中心，并注册“申请结婚”双方的昵称，经登记中心认定后，新人公告栏上就会公布双方的名字。然后新人会在网上“发喜帖”“办喜宴”，邀请虚拟的亲戚朋友参加，随份随礼，闹婚闹房。婚后，两人可领养“孩子”，共同“抚养”成人。在这期间，两个人可以通过“工作”养家糊口，共同在一个小金库里存钱，料理柴米油盐之事。如果“日子”过不下去了，感情出现裂痕，打算分手，双方只需在网络社区办理“申请离婚”的手续，之后就可以恢复自由身，随后还可以“再结再离”，也有未离婚再多次结婚的。网络婚姻的世界充满了浪漫和完美，那些丑陋、不得志的人们在那里都可以“变”得高大、成功、才华横溢，一切想象中的事情都有可能在网络婚姻中得到实现。代表性的网婚网站有：网上人家、爱情公寓、第九城市、爱同居等。第二种是网络游戏中的网婚。大多网络游戏都开辟了专门的结婚场景，游戏玩到一定级别，就会有“月下老人”来牵线搭桥。婚前，“月下老人”要给有意结合的双方颁发“结婚证书”，然后在他的主持下两人即可结婚。拥有“合法”身份的两人婚后可以游星际、度蜜月，还可以要小孩，只是这个对于级别的要求更高。由于是二维或三维的场景，网游网婚的真实感也比较强。可结婚的网婚游戏有：传奇、武林外传、梦幻西游、泡泡堂、华夏、侠义道、冒险岛、热血等。

关于网婚的起源，一种观点认为其源于台湾一家女性网站推出的“同居理想国”游戏。该游戏传到内地后，多家网络游戏运营商竞相效仿。自2000年3月“网上人家”开办“虚拟家庭”后，由于“网婚”越来越受人们青睐，许多网站纷纷增加了“网婚”功能，以增强吸引力。据不完全统计，目前具备“网络婚姻”平台功能的网站已有几十家，如“联众游戏网络”“九天之城”等等陆续开辟了虚拟婚姻的社区，参与者数十万人，每家网络社区“网络婚姻”生活的人数少则几千，多则上万。另一种观点认为网婚发源于2001年成立的天涯虚拟社区的“天涯婚礼堂”。

参与此种游戏的人应有尽有，从其群体分类来看，大致可归为：已婚人群、未婚求偶人群、青少年人群。他们大多以婚恋和娱乐为目的，根据其社会功能，我们可将其分为三种类型。类型一：角色认知型。这一类型以青少年为主，在情窦初开之际，怀着对异性朦胧的渴求，将现实的家庭生活演绎为以自我为中心的网络家庭。这一过程是青少年临摹现实、进行社会角色认知的过程。在临摹中，他们会以自我判断为基础，对自身家庭的缺陷加以修正，从而达到社会角色的认同化。类型二：求偶见习型。这一类型以未婚（包括离异型）求偶人群为主，在有意无意之间，通过网络家庭达到对家庭生活的全面理解，如果两人的确情投意合，彼此满意，完全可以回归现实，组成现实家庭，这也是许多网恋者的梦想。类型三：情感补偿型。这一类型以已婚人群为主。由于现实婚姻的不完满或婚姻本身的残缺性，许多人在现实婚姻之外，在网络之中另起炉灶，以弥补现实婚姻的缺憾。其中以一方花心与双方不和的人群居多。[1]

二、网络婚姻的特征

（一）虚拟性与便利性

网络婚姻的一切皆通过网络平台，这种通过网络而存在于真实婚姻之外的，仅仅存在于网上的，局限于精神交流层面的婚姻是对现实婚姻生活在网上的虚拟重现。可以说虚拟性是网络婚姻最本质的特点。在网上结婚比现实生活中的结婚简单、随便得多，双方当

〔1〕参见任建东：“网络家庭兴起的伦理基础及其社会影响”，载《道德与文明》2007年第5期。

事人只需坐在家里对着电脑，手里握着鼠标，点击网站上的结婚申请键、离婚申请键以及找工作、购买婚纱礼服、购买房子和家具等键就可以完成相应的行为，相比较需花费大量的时间和精力以及物力的现实行为而言，实在是方便多了。网络中的虚拟结婚不需要“柴米油盐酱醋茶”，不需要“水电气”，只需一台电脑、一根网线，再加上点甜言蜜语、海誓山盟；网络里虚拟的甜蜜生活中，没有争吵，没有失意，没有挫折，有的只是高大魁梧、闭月羞花、事业亨达、贤淑良德、好合好散，实在是潇洒至极。网络中的情感是由一堆文字堆砌起来，其中掺入个人想象的形象，只要不见面，就永远不会发现对方的某个自己不喜欢的缺点。由于网络婚姻的隐蔽性，网络婚姻的双方在现实生活中即使就是住在隔壁，即使就是一个办公室工作，即使两人在现实生活中低头不见抬头见，也很有可能不知道对方就是自己的网婚配偶，这也给那些背着自己现实婚姻的配偶进行网婚的网民提供了极大的便利性。

（二）不真实性

网络打开了虚拟世界的大门，同时也直接冲击着“面对面”的互动婚恋方式。网络婚姻中的当事人没有面对面的接触，对对方了解的信息来源，仅局限于对方在进入网站时注册的信息。由于没有严格的审核措施，所以注册时所填资料的真假只能凭当事人的自觉。更由于网婚者的注册信息就代表了其身份，网婚者的文字就代表了其状态，因此，网婚者可以把自己打扮成其想要的自己。这种情况下，仅凭网络平台对对方的认识就非常不真实。性别、年龄、职业等等一切都可能是虚构的，具有极大的不真实性。

（三）符号性

网络赋予人们特有的交流方式，使得符号互动达到了空前的发展。网婚者不会采取语音聊天的方式（声音会透露出一种真实性，一般不为玩家所采用），而是诉诸符号。这种符号往往有两种表达：第一种是传统的社会业已形成的文字符号，如汉语、英语等。它可以是来自上网者自己的表达，也可以借用社区内已编撰好的表达。

第二种是网络语言符号，这是一种产生于网络空间，仅限于上网者交流的新的语言符号。许多符号都具有较高的封闭性，只适用于同类上网人群。长期使用符号交流，会使现实社会的语言沟通变得越来越困难。首先，长期不使用有声语言，会对自己的声音产生陌生感，以至于在表达的一开始缺乏一种自信的控制力。其次，长期的符号交流，会对现有符号产生一种依赖性。通过简单的符号就可以表达自己的意思，何乐而不为呢？久而久之会形成一种条件反射，一旦脱离了符号依赖，就会感到无所适从。最后，网络符号在实际生活中的使用，虽然能够起到辅助语言的功能，但符号表达的封闭性会给实际的人际交往造成阻碍。〔1〕

（四）非单偶性

一夫一妻制是我国婚姻法的基本原则，在不同网站制定的网络婚姻法中，虽然也有一夫一妻的规定，但由于网络夫妻双方处于虚拟状态，各自的性别、年龄、婚姻状况等皆可虚拟。个人可以用不同的网名重新登记或在不同的网络社区登记，同时也没有相应的监管措施，因而，网络婚姻中，几乎没有人遵守“一夫一妻制”，网上“重婚”“多婚”的现象极为普遍。因为没有人对你的婚姻状况进行监督，只要时间允许、精力允许且对方同意，尽管可以缔结婚姻关系。所以网络上不存在“重婚”的说法，很多人都是“三妻四妾”，“老公成群”。只要双方你情我愿，结几十次婚也无妨，“一夫一妻”制的婚姻形态在网络里事实上是不存在的。所以“一夫多妻”“一妻多夫”“多夫多妻”等在网络婚姻中比比皆是。例如有网婚经历的18岁大学生小江（化名），一年网婚下来，娶了100多个老婆。〔2〕

（五）夫妻性别的可转换性

在现实生活中，性别本身是不可更改的。而在网络婚姻中，网

〔1〕参见王正平、胡中元：“青少年‘网婚’现象的伦理考量”，载《思想理论教育（上半月·综合）》2006年第9期。

〔2〕参见周萍：“男孩网婚娶老婆一百多，花光大学一年学费”，载《北京晨报》2006年10月27日。

络社区规定的男女双方登记结婚的性别，是以注册登记的性别为准，而注册登记的性别与真实的性别可能相反。据笔者对自己学生网婚情况的调查，在被调查的112个学生当中，有45人是以异性性别登记的，占被调查人数的30.18%。因而，网络婚姻并非就是真实的男女两性的结合，很可能是真实的同性的结合。即使是真实的男女两性的结合，在网络家庭中，夫妇角色互换、男性生孩子的现象也屡见不鲜。这一特色，在现实生活中是绝不可能的。[1]

（六）夫妻生活的无性化

性生活是夫妻生活的重要元素，网络婚姻虽然也进行性生活，但与现实不同，这种性生活不是发生在肉体上，而是一种符号的互动、肉体的神游，充其量也只是声像图文下的性生活模拟。因而，网络婚姻是一种无性化的婚姻生存状态。

（七）商业性

网婚并非“免费的午餐”。提供网婚体验的每个网站都有自定的虚拟货币，会员要用人民币购得虚拟货币后，才能购买网站的虚拟商品。据了解，从开始“申请登记”到“租用礼堂”“购买婚纱”“布置新房”等等，整个过程根据购买物品的价格和豪华程度不同，价格在200元至1000元不等。“婚后”要维持一个家还需要不断地投资，购买各种家庭生活必需品。例如有网婚经历的18岁大学生小风（化名）也因网婚花光了大学一年的学费。[2]

（八）现实人伦关系的消匿性

现实中的婚姻家庭生活受到传统伦理道德的制约，其存在的基础是血缘关系、地缘关系等。而在网络婚姻中既不存在血缘关系也不存在地缘关系，人与人之间也缺少评价机制。在不同的网站，结婚条件各不相同。有的要求在线3个月以上，有的要求发帖数量200

---

〔1〕 参见任建东：“网络家庭兴起的伦理基础及其社会影响”，载《道德与文明》2007年第5期。

〔2〕 参见周萍：“男孩网婚娶老婆一百多，花光大学一年学费”，载《北京晨报》2006年10月27日。

个以上便可成为成年男女，从而谈婚论嫁。“第九城市”的手续更为简单，只要双方分别发送一份消息给登记中心，注明申请结婚双方的昵称，登记中心就认定他们成婚，并在新人公告栏刊出双方名字。这使得网络婚姻完全不受现实年龄、性别以及人伦关系等因素的限制，而在网络婚姻的匿名中，同性相婚、隔辈相恋，乃至直系血亲成为夫妻的事不在少数[1]。现实的人伦关系被彻底抛弃。同时现代婚姻中的家庭责任感在网络婚姻中也荡然无存，网络婚姻可以随时解体，甚至简单到用鼠标轻轻点一下就可以做到，因此现实婚姻家庭中的伦理关系在网络婚姻中是不存在的。

三、网络婚姻和现实婚姻的区别

婚姻法学理论通说对现实婚姻的法律概念表述为：婚姻是男女双方以永久共同生活为目的，以夫妻的权利义务为内容的结合。这一结合在法律上将产生身份法与财产法上的效力，并由当事人承担由此所产生的法律上的权利义务关系。如前所述，网络婚姻是指在网上组建的一种虚拟的，只存在于网上的，精神上的所谓“婚姻”。

网络婚姻和现实婚姻具有同质性：婚姻主体自主性的个人行为；婚姻主体旨在建立亲密关系的情感交流方式；婚姻的主体都有选择配偶的标准；婚姻的过程存在不确性等等。网络婚姻和现实婚姻之间亦具有异质性。下面从结婚条件、结婚程序、婚姻本质和婚姻存在方式四个角度将网络婚姻与现实婚姻进行比较。[2]

（一）结婚条件比较

现实婚姻的结婚条件包括必备条件和禁止条件。其中必备条件为：男女双方完全自愿、达到法定婚龄（目前我国规定男的结婚年龄22周岁，女的结婚年龄20周岁）、符合一夫一妻制等。禁止条件为：直系血亲和三代以内的旁系血亲及患有医学上认为不应当结婚

---

〔1〕 参见张科：“网络婚姻与现实婚姻的比较分析”，载《社科纵横》2005年第3期。

〔2〕 参见张科：“网络婚姻与现实婚姻的比较分析”，载《社科纵横》2005年第3期。

的疾病的人不能结婚。

网络婚姻的结婚条件则根据各网站而不同。例如：有的虚拟社区声明：凡是发帖数量在200个以上者，便可成为成年男女，可以自由选择一个结婚对象结婚，依次类推，直至N个。有的网站规定凡是相识、相知、相恋，直至决定“相守一生”的俱乐部会员均可到婚姻中心申请办理网上婚礼等等。总之网络婚姻的结婚条件是结婚主体通过某种方式达到了成为“网络成人”的标准，并且双方自愿结合。然而由于网络的虚拟性和匿名性，使得这些在网络中的“成人”在现实生活中却可能是未成年人，也可能是已婚的人，甚至不具备现实婚姻结婚实质条件的人。也正因为网络婚姻的结婚条件如此宽松，以至出现了不少闹剧，如现实生活中的直系血亲、同性等等结成了网络夫妻。

（二）结婚程序比较

结婚程序是婚姻成立的法定手续，又称婚姻的形式要件。我国法律对现实婚姻规定：要求结婚的男女双方必须亲自到结婚登记机关进行结婚登记，符合法律规定的才予以登记，发给结婚证书。登记的程序分为申请、审查和登记三个步骤。其中审查是网络婚姻与现实婚姻之间最大的区别，现实婚姻会由婚姻登记机关对申请结婚主体的结婚条件按照法律规定进行审查。网络婚姻的登记则没有那么复杂，如：第九城市的结婚手续非常简单，只要双方分别发送一份消息给登记中心，上面注明申请结婚双方的昵称，登记中心就认定他们已两情相悦，然后在日报的新人公告栏上刊出双方的名字，登记就大功告成了。如果想再“隆重”一点，还可以在某个聊天室举行婚礼，届时会有专人为他们“主婚”。

（三）婚姻本质比较

现实婚姻关系认可的是夫妻间的权利和义务，即现实婚姻是具有社会意义的法律关系，它背负着一定的法律责任和伦理责任，不能凭人们的自我感受、情感需要，不断地组合、解体，重新选择，不能只寻求自我的幸福与满足，过分注重自身的权利而忽略了对对方、对社会的一种义务。网络婚姻是以现代网络空间及其电子媒介物为主要沟通手段的感情互动的产物。它远离了肉体、性器官以及生育过程，仅靠思想和文字传递双方的感受。网络婚姻的主体之间没有真实的权利和义务，并且由于其虚拟性和隐匿性，可以装扮性别、年龄、性取向、容貌特征等从而易诱发人的本能情感。

（四）婚姻存在方式比较

现实婚姻以性为生理保障、以感情为精神基础、责任和义务为内容。它存在于双方生活的物理现实空间内。网络婚姻的存在方式主要具有如下两大特性：其一，虚拟性。婚姻主体交往的空间是经由网络相连的电脑使用而体验到的一种共感幻觉，是电子网络空间。其二，符号互动性。人们在网络婚姻的交往中必须依赖各种各样的网络图标或象征符号作为交往的中介。

通过对现实婚姻和网络婚姻从结婚条件、结婚程序、婚姻本质和婚姻存在方式四个方面的比较，可以看出网络婚姻与现实婚姻有很大的差异。网络婚姻由于基于网络这一特殊媒介，因而与现实婚姻相比更具剧化性、神秘性、开放性、偶遇性、无为性、非理性、泛爱性等。

第二节　有配偶者网婚的成因

参与网婚的人群既有有配偶人群、也有无配偶人群（包括未婚者、离异者、丧偶者）及青少年人群。本节以探讨有配偶人群为主。

一、社会转型时期家庭功能的弱化及伦理危机

我国目前正处于社会转型时期，一切都发生着深刻变化。传统的家庭是一个融政治、经济、文化、教育等诸多社会功能及生育、生理、心理等自然功能为一体的社会组织。在社会生活的不断变迁中，家庭功能被社会分工不断地替代。而现代社会中，家庭生活往往更多地集中于维系情感、生育子女和满足性需求三大功能上，而

这三种功能在网络家庭中皆可能实现，只是不必得到社会的认可。改革开放以来国内经济发展呈现前所未有的活力。政治制度及法律的日趋完善，生产关系更加适合生产力的发展。社会进入一个大的制度转型时期，但人们在关注法律制度政治制度这些和经济发展有直接关系的上层建筑时，却忽视了伦理道德的重构。随着社会体制的改革，家庭结构和人们的婚姻家庭观念也发生了很大的变化，家庭伦理关系和婚姻道德标准也较过去有很大的不同。近年来，改革开放和现代化建设取得了巨大成就，但社会的转型、文明的冲突以及精神文明建设滞后的情状却使现代家庭道德建设面临着许多严峻的问题。具体表现在社会转型带来家庭伦理关系的显著变化，人们对原有道德规范被一再逾越表现出越来越宽容的态度。特别显著的、应予重视的就是非道德化倾向。非道德化首先表现为拒绝道德判断，“道德法庭”自行消失，人们不再问谁是谁非，只要与己无关，会被认为是个人私事；其次为对自己进行道德解脱，如在调侃和解嘲中使越轨行为合理化；再次用法律、心理调节技术驱逐道德调节，主张凡是法律未明令禁止的都是可为的，无须问是否道德。〔1〕

在目前，中国社会正处在由传统社会向现代社会的转型时期，随着人们主体意识的觉醒，个人主义思想又有了新的发展势头，中国人的伦理精神正在发生历史性的嬗变，传统的道德约束相对松弛，道德观念宽容性逐渐增加。在社会的日益进步中，人们不再会因为生活琐事而“上纲上线”，不再将情感问题与道德问题、政治问题划等号。人们更强调家庭的情感基础，而不以维系家庭结构的完整为目标，虽然个人生活应受社会道德观念的制约，但关乎私人的生活领域却成为相对独立的空间，人们并不过多地干预与强求。目前在婚姻观念、性行为、家庭生活方式上出现的种种越轨和失范现象，揭示了现存的家庭道德的伦理价值基础的某种不适宜性。一方面，传统的家庭伦理面临着现代化的挑战而陷入深刻的危机，另一方面，

〔1〕 参见吴国盛主编：“社会转型中的应用伦理”，华夏出版社2004年版，第392页。

市场经济催生出来的新的家庭伦理道德由于与传统的家庭伦理相冲突而引起人们的质疑。新的价值观念和道德观念正在形成，新的道德约束力尚未被人们普遍接受和发生效用，出现了价值取向的多元化，道德观念的利益化。随着婚姻家庭的不断解体和传统道德观念的淡漠，许多以中国传统文化为基本导向的道德行为无所适从，使家庭道德领域存在着种种失范现象，这严重影响着整个社会的基本道德风貌。[1]新的道德规范还只是处于探索阶段，从而导致人们对某些新现象的评价标准出现混乱和不一的状态。在传统家庭向现代家庭的变迁中，过去那种以经济共同体为动因和目的的婚姻关系已向以满足夫妻双方感情要求为主导的"心理文化群体"的转变。其特点是，家庭内部关系的轴心从血缘关系、家庭关系转向夫妻关系。这意味着，婚姻的缔结、维系或解体，外部条件的制约性大大减弱，而夫妻本身的精神、文化和心理情感等内在因素，特别是婚姻诚信与夫妻忠实义务这些因素，在决定婚姻关系美满、家庭存亡问题上，起着至关重要的作用，应当引起人们足够的重视。[2]

二、社会压力大

互联网心理学理论认为，逃避现实、释放压力是网民通过网络进行交往的主要心理动机。[3]社会压力虽不具有强制的性质，对于个体却是一种难以违抗的力量。现代人物质生活丰裕，但竞争压力大，心理负荷重，学习时成天考级拿证，工作后整日为谋生忙碌，可大多数人日子还是过得紧巴巴的。现实婚姻建立在责任的基础上，如衣食住行、养育后代、照顾老人等，当这些压力积累到一定量的时候，就迫切需要找到一个释放的途径。可是，社会并没有提供足

---

〔1〕 参见朱巧香："论家庭伦理道德的失范及建构途径"，载《江西社会科学》2002年第4期。

〔2〕 参见贾丽、许丽颖："婚姻诚信的法律与道德思考"，载《内蒙古财经学院学报（综合版）》2004年第1期。

〔3〕 参见［美］Patricia Wallace：《互联网心理学》，谢影、苟建新译，中国轻工业出版社2001年版，第66～68页。

够的机会和方式。在已婚者眼里，网婚的出现正好弥补了这一缺憾，网络婚姻无异于世外桃源，剔除了现实生活中的责任，网婚时可以忘却现实中的烦恼，尽情享受虚幻带来的轻松，心理上不需要承受任何现实的重压。也有一些人则可能在遭遇婚姻危机时，不愿面对而躲进了虚拟港湾。在那里他们可能得到现实婚姻所得不到的理解、同情、平等、尊重和情感支持。从而实现了精神上的自尊，人际互动正向，不需要考虑现实生活中人际交往的种种技巧，没有现实中诸如“背景”、“形势”和“举止方式”等物质性东西，通过虚拟的情感交流方式，释放压抑的情感，缓解压力，放松自己。

三、厌倦真实婚姻

对于许多已婚者来说，网婚不仅是为了缓解压力，而且还因为厌倦了现实中的婚姻。现实婚姻中双方相处时间久了容易产生审美疲劳，他们在现实生活中，想寻找另外的婚姻，又不可能得到百分之百的满足，因此寄希望于网络。女性受传统观念和原有生活模式的影响较大，比较压抑自己，更多地把精力和时间用在家庭以及教育孩子方面。男性关注社会生活方面的精力较多，更愿意寻找网络婚姻。网络婚姻中的对方给已婚者一种神秘感，使其产生探究的动力、期待和了解的冲动，进而追求虚幻又浪漫的婚姻理想王国，自认为能给现实生活增添亮色。在这些已婚者中，一部分纯粹是为了寻找新鲜感，使生活不要太平淡，还有一部分就是为了寻找第三者，网络婚姻只是出轨的前奏。

四、补偿虚拟人格

虚拟人格可能本来就存在，只是现实生活没有表现的机会。进入“网络婚姻”，便拥有了双重生存空间和身份，网络的匿名性和虚拟性很好满足了那些不满现实或是不希望受到现实约束的角色扮演者的要求。网络主体和网络身份具有强烈的创造性，可以任何面目和多种身份出现，或勇敢，或聪慧，或体贴，或帅气，或威猛，或富有，自我充分张扬的同时，获得别人的羡慕甚至崇拜。情绪状态依赖于自我感觉的性质，当自己成为现实中可望不可及的形象时，自尊心和自信心将得到极大的满足，成就感、力量感由此产生。人格的发展动力是补偿，补偿是对于心理自卑的对抗，补偿的体验被整合、积累到现实人格中，成为推动个体追求优越目标的基本动力。个体在现实生活中受压抑程度越大，对某一特性憧憬程度越高，越会倾向用虚拟人格得到满足。自卑感越强，归属感和受人尊重的潜在意识就越强，沉浸在自己构筑的世界里，会体验到无与伦比的轻松自在，并对虚拟人格产生依赖。这也是导致网络婚姻的原因之一。〔1〕

五、推崇后现代情感

情感同社会性的需要密切联系。后现代社会，情感出现了共同的特征。美国社会学家罗宾科恩、保罗肯尼迪在《全球社会学》一书中首先提出“后现代情感”的概念，这类情感特性是真实情感的流露、情感表达方式的匿名性等。后现代情感的产生原因是后现代社会强调独立生活，很多人都戴着一副面具，很少在别人面前流露自己的真情实感与内心想法，造成社会情感单薄。情感需要表现为不愿意被孤立、被隔离，需要别人关心，需要友谊，需要爱情，需要别人的许可和接受，需要别人的支持和合作，人们既想发泄内心深处的不安全感，渴望社会生活，同时又不想被伤害，恐惧陌生人群中随时出现的欺骗与不信任。

网络婚姻是一种崭新的情感表达方式，建立在活生生的、形象的情感联系基础上，为精神体验要求高的人提供了流露内心真挚感情的机会。因为距离，才能畅所欲言，没了面对面的羞涩，才有文字上随意挥洒“我爱你”的大胆。因为虚幻，才没有顾虑，可以倾诉所有的苦恼、无奈、疲惫，毫无保留地释放自己的心情。因为不

〔1〕 参见肖诗鸣：“‘网络同居’热背后的心理学分析”，载《中国青年研究》2006年第3期。

真实，才有柏拉图式的浪漫，与角色融为一体的炽热激情呼之欲出。因为让孤独的灵魂享受了虚拟的群居生活，才能愉悦人群，达到了与“熟悉的”陌生人群交流沟通的需求。[1]

第三节　有配偶者网婚的危害

因网络技术的要求，网民一般应具备一定的电脑操作及读写能力。这意味着网络群体是一个知识层面的社会存在者，是社会生活中具有较高文化层次的族群。中国互联网络信息中心（CNNIC）2017年8月4日发布第40次《中国互联网络发展状况统计报告》显示，截至2017年6月，我国网民规模达到7.51亿。网络婚姻的盛行对社会现实婚姻家庭生活产生巨大影响。

一、网络婚姻对婚姻家庭伦理的影响

（一）有悖于传统伦理道德和社会公序良俗原则

网络时代的道德已从传统的封闭型转向了开放型，网络世界中的道德是一种多元化的道德，是各种道德的聚集地，这使得网婚者在处理网络婚姻的伦理道德问题时变得迷茫。家庭是社会的细胞，也是社会生活的基本结构形式，同时担负着多种社会功能。不论在何种社会形式下，人们都非常重视对婚姻家庭的保护和维系。因此，要求人们在对待婚姻家庭的态度上一定要严肃，决不能把婚姻大事当作“儿戏”，无论是结婚还是离婚都一定要三思而后行。而网络婚姻把现实的婚姻生活变成了一种游戏，在网上虚拟结婚、离婚都是“弹指一挥间”的事，毫无理性和责任感可言。俗话说：“岂能把婚姻当儿戏?”马克思主义历来提倡婚姻的严肃性，反对婚姻问题上的轻率态度和杯水主义思想。马克思说：“真正的国家，真正的婚姻，

[1] 参见肖诗鸣：“‘网络同居’热背后的心理学分析”，载《中国青年研究》2006年第3期。

真正的友谊都是牢不可破的。”恩格斯也曾指出：“婚姻决定了两个人终生的肉体和精神的命运”，我国人民历来所赞美的“婚姻乃终身大事”“白头偕老”，都反映了社会对婚姻的要求。而网上这种对待婚姻生活的游戏态度很容易被带入现实的婚姻生活中来，对传统的家庭伦理形成了冲击。

虽然参加网络婚姻的人年龄不等，但在网络婚姻浩浩荡荡的队伍里，大、中学生是其中的“主力军”，其次则是 20 ~ 35 岁的年轻网民，[1]网婚者已呈现出低龄化的特征。网婚者的交谈中，往往也充斥着“性”语言和极具挑逗性的词语，这些都远远超出了一般游戏娱乐的范畴，有悖于我国传统伦理道德、公序良俗原则。

网络婚姻承继了网络本身隐秘安全、不承担后果的特点，对于一些心理健康和承受能力较强的成年人，在某种程度上可以缓解精神压力；而对于未成年的学生，网络婚姻的危害则很大，在孩子思想还不够成熟的阶段，自控自律能力弱，辨别事物好坏能力不足，他们在网络游戏里的道德防线、是非观念等多少会影响他们将来对人生和婚姻等问题的价值取向。对于缺乏一定控制力与认知力的人来说，易把虚拟的东西与现实混同，导致其行为方式、思维方式等混乱，久而久之，对他们的思想和观念会造成不好影响，也会对现实婚姻家庭伦理道德带来不好的影响。

（二）家庭观念产生变异

从对家庭观念的影响看，首先表现为人伦关系的淡出。传统家庭是一个全方位的立体人伦关系组合体，夫妻一体、父慈子孝、兄友弟恭，形成一个长幼有序的人伦准则。现代社会核心家庭的凸显，使已有的许多人伦关系渐渐地淡出。网络家庭的出现，使得这一趋势有增无减，加剧了骨肉亲情的疏离化。骨肉情深似乎不如网友的关怀，家庭人伦关系被边缘化。人伦关系的边缘化，将意味着现实

---

〔1〕 参见周海燕、吉启雷：“网上结婚学生竟是主力”，载《扬子晚报》2007 年 02 月 03 日。

家庭伦理的彻底消解。其次表现为家庭责任的衰退。长期的“网络家庭生活”，使得参与者在潜移默化中不断接受网络家庭的规则。网络家庭游戏增进了男女平等、夫妻平等等观念，但其最为突出的特征却是家庭责任的退化。网络家庭中的夫妻双方几无真实的权利与义务可言，一旦不悦，即可解除婚姻。视家庭如游戏，随结随离，完全不考虑其后果。这有可能使家庭这一社会和谐稳定的细胞裂变为社会不和谐、不稳定的重要因素。这里我们不能不考虑到，如果青少年一族习惯和认同了网络家庭游戏，将是对现实家庭及其家庭观念的巨大冲击。[1]

二、网络婚姻对现实婚姻的影响

（一）对婚姻行为的影响

从对婚姻行为的影响来看，首先是婚姻形式多样化。网络婚姻一方面创造出一种新的婚姻形式，使不同婚姻取向的人可以自由地结合，另一方面也为另类婚姻关系创造了条件，诸如同性婚姻关系。在现实中这是法律不允许并为社会所歧视的，但网络却为它开辟了“合理”场所，满足了他们的需求。其次，使性关系更为随意。长期的“网络婚姻生活”，无话不谈的网络活动空间，乃至性生活的模拟，使双方可能失去应有的心理防线。一旦在现实中相遇，往往会突破现实的界限，进而发生肉体的交流。有随机调查表明，在12位被访问者中，有4人6起曾与网恋对象见面，其中，有2起是见面后感到失望，即“见光死”，另有3起见面后与对方发生了性关系，之后也减少了联系直至淡出，[2]这种情况下性关系发生率之高是可以预知的。这一情形使得现实性行为趋于随意。一方面，一些已婚者将其作为婚外性关系的桥梁，使得婚外性关系愈来愈多；另一方面，青少年的加入使得性行为的发生年龄趋于下降，这对于处于青

〔1〕 参见任建东：“网络家庭兴起的伦理基础及其社会影响”，载《道德与文明》2007年第5期。

〔2〕 参见张雪梅：“网络婚外恋状况初探”，载《重庆工学院学报》2005年第9期。

春期的青少年来讲，对其心理与生理都是莫大的伤害。可以说，网络婚姻对性观念的冲击，比改革开放初期西方“性自由”观念仅以理论的形态而出现所产生的影响，对我国社会所造成的冲击更大。[1]

（二）破坏现实夫妻感情

对于已婚者参与网络婚姻，不能简单得把它理解为一种网络游戏，因为网络婚姻会伤害现实生活中配偶的感情。从某种意义上说，网络婚姻中具有同现实婚姻相似的情感。笔者认为这就是婚外恋在网络时代的一种新的形式，其与婚外恋除了没有见面等现实接触外，在感情的本质上没有太大区别。因为虽然这种虚拟的婚姻不是真实的，但双方当事人却是真实存在的，每天进行的都是真实的感情沟通；虽然家是虚拟的，但感情却是真实的。这种虚拟的婚姻已经对现实中的夫妻生活造成了伤害。婚姻是以爱情为基础的，而爱情是具有排他性的，因此不管他们是否在现实生活中有过交往，任何人都不愿意配偶同其他人分享这种原本应该只存在于夫妻之间的情感。

（三）影响到家庭的稳定和婚姻的维系

许多已婚的参与者因为迷恋网络情人，就不自觉地疏远了与现实生活中家庭成员的交流，从而造成了家庭成员情感的缺失和淡化，以致影响到家庭的稳定和婚姻的维系。许多网婚者因为现实夫妻感情不和，或者不满足于现实生活的平淡转而把对对方的感情、对家庭的希望寄托于网络婚姻。这种情况下，网婚者对现实中的矛盾采取了消极的逃避态度，这样不仅无助于现实婚姻问题的解决，反而由于网婚者把大量的时间和精力投入到网络婚姻中去，对配偶缺乏必要的关心和体贴或者有意无意的怠慢、冷落，减少了对现实婚姻的付出和与配偶之间的交流，从而让配偶在心理上感受到冷落，也就是目前理论界比较关注的一大热点问题即“冷暴力”。实际上，这种隐性暴力有时对双方的伤害比显性暴力更大，甚至会造成精神

---

〔1〕 参见任建东：“网络家庭兴起的伦理基础及其社会影响”，载《道德与文明》2007年第5期。

隐疾。

（四）导致现实婚姻破裂

网婚的感情发展到一定程度，就可能在生活中找着陆点，他们移居网下，导致一夜情或者变成露水夫妻，从而直接导致现实婚姻破裂。“第九城市”的“婚姻登记处”有一项调查问卷：是否要举办一次“夫妻”见面会，揭开虚拟婚姻的面纱，使网络生活更具真实？竟有60%以上的投票者表示赞成。网络上的成年人，不是小孩子“过家家”，谈不了几句就会涉及性爱，从精神出轨演变为一夜情。据《新周刊》中国情爱报告调查：在被问及“你跟什么样的人发生过一夜情”时，参与调查的6263人中，32.22%的人承认是网友；另据一项名为“网络10大罪状”的网上民意调查公布的结果显示，网络外遇为网络十大罪状之首。[1]天津市婚姻登记部门对2008年离婚人员的统计表明，因“网恋”“网婚”等诱发的离婚人数呈增长的趋势，一些网民因为互联网引发夫妻间相互猜疑，从“网恋”“网婚”甚至发展到现实中的婚外恋，已成为婚姻破裂的新诱因。

第四节　网络婚姻在实务中引致的法律问题

一、网络婚姻是否构成法律意义上的现实婚姻

（一）网络婚姻与现实婚姻的概念不符

目前在婚姻法学界，对婚姻的一般概念大致表述如下：婚姻是为当时的社会制度所确认的男女两性的结合。[2]对婚姻的法律概念大致表述如下：婚姻是男女双方以永久共同生活为目的，以夫妻的权利义务为内容的结合。[3]尽管两种意义上的表述不完全一致，但

---

〔1〕参见吉梦喆、魏永利：“网婚在现实婚姻家庭中出现的原因及影响”，载《佳木斯大学社会科学学报》2006年第6期。

〔2〕参见巫昌祯主编：《婚姻家庭法新论——比较研究与展望》，中国政法大学出版社2002年版，第27页。

〔3〕参见杨大文主编：《亲属法》，法律出版社2004年版，第66页。

都反映了婚姻具有以下特征：首先婚姻是男女两性的结合。这就排除了同性结合成为婚姻的可能；其次婚姻是以永久共同生活为目的男女结合；最后男女的结合必须为当时的社会制度所确认，才具有配偶身份并受到相应保护。

而网络婚姻则只是网民利用网络虚拟婚姻的一种网络行为。在虚拟的网络婚姻世界里，双方就依靠面前的一台电脑、一个鼠标、一根网线在网络中进行点击就可“登记”结婚了。网络婚姻的主体双方有可能是异性，也有可能是同性，因为网婚者都是在电脑前以虚拟身份进入网络的，包括性别在内的一切信息皆可虚拟。男性可以女性身份进入，女性也可以男性身份进入。据笔者对自己学生网婚情况的调查，在被调查的112个学生当中，有45人是以异性性别登记的，占被调查人数的30.18%。因而，网络婚姻并非就是真实的男女两性的结合，很可能是真实的同性的结合。所以，从双方的性别来说，就已经是有可能不符合婚姻的首要条件了。

网络婚姻的主体网婚目的是通过这个虚拟的网络世界获得情感的慰藉。对不满现实婚姻的已婚男女来说，梦幻而甜蜜的网络婚姻有着强大的吸引力，它理想而完美，因为距离感的保持，在双方的距离靠近过程中，两个人之间悄悄产生一种完美的模式化情感，已婚网民通过童话般的网络婚姻城堡，理想化了自己的感情世界，妄图以此来弥补自己现实婚姻的情感缺陷，寻求一种现实生活以外的寄托，是无聊时候的消遣。除极少数无配偶者通过网络走入了现实婚姻外，绝大多数网婚者没有与对方永久共同生活的目的。

我国现行婚姻法并不认可这种在虚拟的网络世界里的结婚形式。因此网络婚姻也不能被我国现有的社会制度所承认。

（二）网络婚姻不符合现实婚姻的法律构成要件

根据我国《婚姻法》的规定，现实婚姻合法成立必须具备法定的实质要件和形式要件。实质要件有男女双方完全自愿、达到法定婚龄、双方均无配偶等。直系血亲和三代以内内的旁系血亲及患有医学上认为不应当结婚的疾病的人不能结婚。形式要件要求结婚的男女双方必须亲自到婚姻登记机关进行结婚登记。网络婚姻中的结婚，更多是精神上的东西，它没有实质要件的限制，不管是男是女，也无论年龄，只要双方表面上是出于合意，符合各网站的要求，就可以“结婚”，更没有禁婚亲的限制。关于形式要件，虽然网络婚姻也实行注册登记，但是它的登记机关是虚拟的，这种虚拟登记不会得到法律的确认。

（三）网络婚姻不具备现实婚姻的本质和社会功能

自婚姻产生以来，在婚姻的基础上形成的家庭是社会的缩影或者说是社会的细胞，它从产生时起就担负着实现人口再生产的社会功能，同时也是组织生产和消费的基本单位，而且更重要的是它还承担着教育的社会功能，从而才能使得人类进一步发展进化。而网络婚姻只是虚拟的，网婚双方到底是否为一男一女，退一步说，就算是一对男女，可实际上，除极少数男女在网络上结婚后会在网络下见面外，绝大多数男女都不愿意在网络下见面，因此网络婚姻双方也难得有机会在一起真正的同居生子，就更谈不上能实现社会人口再生产和进行家庭教育的社会功能了。[1]

综上所述，网络婚姻并非是法律意义上的现实婚姻。

二、有配偶者网婚是否构成重婚

我国法律规定，重婚是指有配偶者又与他人结婚或明知他人有配偶而与之结婚的行为。重婚行为具体包括以下几种：其一，有配偶者又与他人办理了结婚登记；其二，有配偶者又与他人以夫妻名义同居生活；其三，无配偶者明知对方有配偶而与之办理结婚登记或以夫妻名义同居生活。从前述内容可知，网络婚姻并未到法定的婚姻登记机关进行登记，也没有在现实生活中以夫妻名义共同生活。所以，就网络婚姻本身而言，它不具有法律意义，不是现实法律调

---

〔1〕 参见段媚媚：“网络婚姻的法律问题探微”，载《湖南公安高等专科学校学报》2007 年第 6 期。

整对象。网络婚姻既然不具有现实的法律意义，那么它就不能成为重婚中所称的第二个婚姻，也就不构成法律意义上的重婚。因此有配偶者网婚并不构成重婚。当然如果凭借网婚作为媒介，而双方走到现实婚姻当中，那性质就应另当别论了。

三、有配偶者网婚是否违反忠实义务

我国现行《婚姻法》第3条规定："……禁止有配偶者与他人同居……"第4条规定："……夫妻应当互相忠实……"尽管它是宣言性的规定，并没有作为夫妻的一项权利义务加以强制性规定，但在婚姻法学界普遍认为：夫妻互负忠实义务（抑或夫妻互享忠实请求权），忠实义务是配偶权的重要内容之一。夫妻互负忠实义务是婚姻关系的最本质要求，两性关系限于合法婚姻之内，是个体婚姻的本质要求，也是一夫一妻制与其他婚姻形态的最大区别。在一夫一妻制下，婚姻的稳定与家庭和睦，很大程度上取决于配偶双方是否相互忠实。夫妻相互忠实，是子女血缘清白的保证，是保护配偶身心健康的需要。婚外性关系将危及婚姻关系及后代健康。配偶不忠对于婚姻的打击，可与配偶死亡相比。基于此，外国法普遍规定有夫妻互负忠实义务。如《法国民法典》第212条规定："夫妻负相互忠诚、帮助与救助的义务"。《意大利民法典》第143条规定："依婚姻，发生贞操、精神的及物质的扶助、为家族的利益的合作及同居的相互义务"。《瑞士民法典》第159条规定："配偶双方互负诚实及扶助的义务"。英国、美国的许多州立法也多要求夫妻互负忠实义务。

对于"忠实义务"的具体内涵，法律尚未作出明确的界定。理论上对"夫妻忠实义务"的理解主要有狭义和广义之分，狭义理解专指性生活的忠实，即不为婚外性行为；[1]广义的理解还包括不得恶意遗弃配偶他方，不得为第三人的利益而损害或牺牲配偶他方的

〔1〕参见杨遂全等：《婚姻家庭法新论》，法律出版社2003年版，第113页。

利益。

从狭义上分析，夫妻忠实义务在法律上的理解主要指的是“身体上的不背叛”，也就是“行为上的不背叛”。从前述网络婚姻的概念和特征可以看出，有配偶者与网婚对方并无性关系，仅是“精神上的背叛”，因此，从狭义上说，有配偶者网婚并未违反忠实义务。但从广义上分析，有配偶的网婚者，把大量的时间和精力投入到网络婚姻中去，把部分或一大部分的感情倾注在一个虚拟的或是真实的对象身上，减少了对现实婚姻的付出和与配偶之间的交流，很难再有时间和精力履行应尽的配偶义务。从而让现实生活中的配偶在心理上感受到冷落，也就是我们现在经常听到的“冷暴力”。所谓“冷暴力”是指夫妻双方在日常生活中，漠不关心或冷落对方，将语言交流降到最低限度、停止或敷衍性生活、懒于一切家庭工作等隐性暴力行为。事实上，这种“冷暴力”对配偶的伤害有时比“热暴力”更大，必然使配偶的身份利益受到损害，这已经是“为第三人的利益而损害或牺牲配偶他方的利益”了。因此，从广义上说，有配偶者网婚违反忠实义务。

综上所述，从狭义上说，有配偶者网婚并未违反忠实义务；而从广义上说，有配偶者网婚违反忠实义务。

四、网婚能否成为准予离婚的法定事由

依现行的《婚姻法》第 32 条第 3 款规定，准予离婚的法定事由包括以下五项：①重婚或有配偶者与他人同居的；②实施家庭暴力或虐待、遗弃家庭成员的；③有赌博、吸毒等恶习屡教不改的；④因感情不和分居满 2 年的；⑤其他导致夫妻感情破裂的情形。前四项是现生活中常见的、多发性的离婚原因，第五项属于兜底性、也属于补漏性的规定。因离婚是一种复杂的社会现象，造成夫妻感情破裂的原因是多种多样的，法律无法详尽列举夫妻感情破裂的具体原因，列举式的法律规定永远不可能穷尽现实存在，做出这一兜底性规定，是为了填补列举立法与现实存在之间总会有距离的不足，

将立法时尚未发生而将来有可能会发生的夫妻感情破裂的情形囊括在内，以适应社会发展变化的需要，从而为人民法院在基于各种各样的原因提出的离婚诉讼中认定夫妻感情破裂提供依据。

前文已经分析过，网络婚姻不是法律意义上的现实婚姻，所以单纯的网络婚姻并不构成“重婚或有配偶者与他人同居”。如果由于网婚导致了夫妻感情的彻底破裂，当事人以“重婚或有配偶者与他人同居”为由提起离婚诉讼，则不会得到法律支持。但可以适用《婚姻法》第32条第3款第五项“其他导致夫妻感情破裂的情形”的规定而准予离婚。所以网婚可以成为准予离婚的法定事由。

五、网婚是否构成离婚损害赔偿的过错行为

《婚姻法》修正案第46条将提起离婚损害赔偿的过错行为以列举的方式法定化，即只有重婚、有配偶者与他人同居、实施家庭暴力、虐待、遗弃家庭成员四种，如果配偶一方具有这四种行为之外的其他过错行为，受害方不能提起离婚损害赔偿。从前述内容可知，有配偶者网婚并不构成重婚，其在网上更不可能有同居事实发生，至于家庭暴力和虐待、遗弃家庭成员就更谈不上了。所以网婚并不是离婚损害赔偿的过错行为，受害方不能提起离婚损害赔偿。当然，如果有配偶的网婚者从虚拟的网络世界移居网下，在现实生活中着陆，进而走向现实生活中的结婚或同居，那就应另当别论了。

第五节　对网络婚姻的法律规制

由于法律的相对稳定性、社会的无限变动性、历史认识的局限性，决定了滞后性是法律的一个特性；更由于网络婚姻是一种新生事物，导致现行法律对于这种虚拟婚姻的规制存在着立法的盲区和执法的困惑。近几年来，随着互联网的普及，网婚已成为婚姻破裂的新诱因。因夫妻一方沉溺“网婚”而造成夫妻感情破裂、家庭关系恶化的案件呈上升趋势。更有甚者，有的从网婚发展到现实中的

重婚、同居，这不仅对现实婚姻家庭造成严重危害，而且违反我国现行法律甚至可能构成犯罪。因此有必要探索一些具有前瞻性、务实性和可操作性的有效对策对网婚进行规制。

一、提高公民的道德觉悟和道德素养，培养公民的家庭伦理道德观和法治理念，夫妻间要增强婚姻责任意识

“爱情作为两性间特定关系的范围，同时包含着主观情感和客观义务两个方面，是两性间互相爱慕的情感和彼此自愿承担义务的有机统一。…事实上，在任何人的真正爱情生活中，主观情感和客观义务这两个方面，不仅是相辅相成的，而且是相互促进的。因此随着爱的权利的行使，也就产生了爱的义务，这就是婚姻责任。”〔1〕责任是婚姻幸福的核心。互相忠实是夫妻之间的第一责任，是双方在彼此平等、彼此信任的基础上彼此爱恋的专一不二。从深层来看，忠实意味着一种责任承担，既是对本人的负责，也是对对方的负责，它包括行为上的忠实和情感上的忠实两个方面。从这个角度而言，已婚者网婚无疑是对现实婚姻的迷失、偏离甚至是背叛，游戏网婚者只会弱化婚姻责任。因此，已婚者应以对家庭、配偶、子女应尽的责任和自身家庭角色的尊严、形象为重，尽量避免、杜绝网婚。

二、加强人格自律

由于网婚所凭借的中介及其运行规律的独特性，在网上建立有效的网婚控制机制也相当不易，因此着眼于内在控制机制则不仅有必要，而且更为现实。自律，具体表现为在缺少监督的隐秘空间要做到不做昧良心的事，及时清除自己思想中不正确不健康的东西，面对充满欲望和诱惑的网婚，要认清其实质，坚决从思想上、行动上进行抵制，简言之，要始终如一地保持善良正直的人格风范，不

〔1〕 樊晓芳：“网络婚姻的法律思考”，载《法制与社会》2008年第31期。

管是虚拟人格还是现实人格。[1]

三、完善现行立法条款

（一）扩大离婚损害赔偿的过错行为的范围

依据《婚姻法》第46条的规定，可以请求离婚损害赔偿的过错行为包括重婚，有配偶者与他人同居，实施家庭暴力，虐待、遗弃家庭成员。此规定将离婚损害赔偿的过错行为以列举的方式法定化，亦即只有法律规定的过错行为属于可以赔偿的过错，如果配偶一方具有这四种行为之外的其他过错行为，例如吸毒、赌博、通奸、卖淫、嫖娼等，则在离婚时不适用损害赔偿。[2]笔者认为，这种限制性的列举方法虽然明确具体，可操作性强，然过错行为的范围太过狭窄，且过于刻板，使得离婚损害赔偿责任成为一种严格的责任。现实生活中，对夫妻一方造成严重伤害的过错行为远非列举的四种，而且有的过错行为所造成的伤害，要远远大于法律列举行为所造成的伤害，如长久的沉溺于网婚、长期的通奸行为，就比一般的虐待、遗弃对配偶一方造成的伤害更大，法律对过错行为的严格列举，限制了离婚损害赔偿制度的适用。严格地说，离婚损害赔偿制度是对过错行为破坏婚姻家庭关系并导致婚姻破裂结果的赔偿制度。这种过错，不论是何种形式，只要违背了婚姻法的基本原则，达到一定程度，导致婚姻破裂，都应予以赔偿。但《婚姻法》第46条以例示的方式对众多的过错予以较大的限制，仅列举了4种情形，远远不能包含离婚过错赔偿的范围，这不能不说是立法瑕疵。这种将其他过错行为推归于道德调整的限制不仅在理论上缺乏说服力，在现实生活中也缺乏相应的支撑。

综上所述，笔者认为，对包括网婚在内的其他过错行为引起婚姻关系破裂的，应当灵活使用道德和法律手段进行调整，对重大的、

---

〔1〕参见吉梦喆、魏永利："网婚在现实婚姻家庭中出现的原因及影响"，载《佳木斯大学社会科学学报》2006年第6期。

〔2〕参见杨遂全等：《婚姻家庭法新论》，法律出版社2003年版，第262页。

情节和影响严重的其他过错行为，也应适用离婚过错赔偿制度，以体现法律的公平性，体现裁判的公正性。建议在《婚姻法》第46条第4款之后增补一款“因其他原因导致离婚的”，无过错方有权请求损害赔偿，便于司法机关在审理此类案件时能灵活把握并作出公正合理的裁判。

（二）“冷暴力”也应视为家庭暴力的一种形式

2001年《婚姻法》修正案是我国第一部将禁止家庭暴力上升到立法高度的法律，全国人大法制工作委员会在修改《婚姻法》时没有对家庭暴力的定义和构成予以明确界定。依照《反家庭暴力法》第2条规定，家庭暴力是指家庭成员之间以殴打、捆绑、残害、限制人身自由以及经常性谩骂、恐吓等方式实施的身体、精神等侵害行为。此概念表明行为人的暴力方式是以暴力动作为主要表现方式的积极的作为，此即所谓的“热暴力”。然而，对以不作为的方式实施的“冷暴力”却没有加以明确界定。目前具有代表性的提法或描述有如下几种：其一，家庭“冷暴力”是指夫妻在产生矛盾时，不是通过殴打等暴力方式处理，而是对对方表现较为冷淡、轻视、放任和疏远。其最明显的特征就是漠不关心、语言交流降到最低限度、停止或敷衍性生活、懒于做一切家庭工作。〔1〕其二，“冷暴力”是以言语为主要工具的，或是减少甚至停止夫妻之间的语言交流，或是用讽刺挖苦、侮辱性的言语来发泄自己的情绪、伤害对方的自尊心。〔2〕还可能表现为财产经济虐待，如对个人财产的毁坏、扣留钱款、拒绝支付各种日常开支账单等。〔3〕家庭暴力有身体暴力、性暴力及精神暴力三种形式，“冷暴力”是一种精神暴力，尽管身体暴力或性暴力的同时也包含有精神暴力的成分，但它们是通过伤害躯体

〔1〕 参见张文霞、朱冬亮：《家庭社会工作》，社会科学文献出版社2005年版，第281页。

〔2〕 参见仰滢、马建青：“家庭‘冷暴力’的主要特征与成因分析”，载《山西高等学校社会科学学报》2007年第2期。

〔3〕 参见凌世敏：“家庭‘冷暴力’的危害及防治对策”，载《中共桂林市委党校学报》2005年第3期。

进而伤害精神的，而冷暴力一开始就是指向精神的。有资料显示，正是这种容易被人忽视的暴力形式其发生率却为三种暴力之首。广东省妇联对广州等11个市、城乡共1589个家庭的入户抽样调查结果显示，有29.2%的家庭存在不同程度的家庭暴力。“中国夫妻冲突多以冷暴力的形式出现，其中65%的家庭主要是丈夫不理睬妻子。”[1]中国法学会对全国3500多个家庭暴力现状的一项社会调查表明：“在发生矛盾的家庭中，有88%会出现夫妻双方互不理睬的现象，在发生矛盾的家庭中，六成以上的家庭都出现了丈夫不理睬妻子的现象，还有的丈夫长期拒绝和妻子过性生活，阻挠妻子和异性朋友来往，对妻子实行经济上的控制。”从调查数据我们可以看出冷暴力在现代家庭暴力中所占的比重越来越大。

“家庭冷暴力”作为一种隐性的暴力形式，给对方的伤害比显性暴力更大，甚至还会造成精神隐疾。家庭冷暴力正日益成为破坏现代婚姻家庭肌体的重要“病毒”，因此有人称家庭冷暴力为“都市家庭新杀手”。家庭冷暴力给家庭成员造成的危害是相当严重的，一方面，家庭冷暴力是对受害者精神、心理的极度摧残。许多受害者长期生活在家庭“冷暴力”的阴影下，她们的身心受到严重损害，这也是诱发受害者犯罪，造成社会不稳定的原因之一。另一方面，家庭冷暴力是影响现代婚姻家庭稳定和未成年子女学习成长的重要因素，长期受“冷暴力”侵害的家庭，以爱情为基础的婚姻关系就会受到损害、扭曲，直接影响着家庭的幸福，是造成家庭破裂的重要原因。有的发生“冷暴力”的家庭虽未破裂，但并不幸福，不过徒有外表而已。有的人把对配偶的不满发泄到孩子身上，打骂、伤害孩子，致使生活在家庭“冷暴力”环境下的未成年人，大多性格孤僻、行为怪诞、心理变态，难以与人沟通，严重的会诱发违法犯罪。在违法犯罪的青少年中有相当一部分青少年是由于父母间的冷漠，进而对自己冷落或施暴而离家出走，被社会上的不良之徒引诱、

〔1〕 参见项光荣：“不见拳脚的‘家庭冷暴力’”，载《检察风云》2005年第8期。

利用，从而走上犯罪道路的。此外，家庭“冷暴力”还会危害社会安宁与稳定，长期遭受“冷暴力”侵害又不懂得用法律手段保护自己合法权益的受害者，有的寻求自杀解脱，有的嫖娼、卖淫、找情人、赌博、吸毒，甚至为报复对方而伤害对方，从而给社会稳定造成一定影响。[1]

据了解，在诸多由网婚导致的离婚案例中，网婚者把大量的时间和精力投入到网络婚姻中去，对现实配偶缺乏必要的关心和体贴，减少了对现实婚姻的付出和与配偶之间的交流，使配偶在心理上感受到怠慢、冷落。而从心理学方面来看，需求的不满是导致离婚的重要原因之一。在需求不满中，就包括一方或双方的正当感情需求如温存、体贴等得不到满足。而这种不满足的情况将会导致心理的痛苦并对对方丧失信心，这样的婚姻使另一方从感情上无法接受，对其而言，这与现实中的婚外恋已经没有什么实质性的差别了，无过错方的权利实际已被侵害，亦即“网婚”者的“冷暴力”行为，对另一方已构成了侵权。

现行法律对“冷暴力”立法的缺失直接导致司法实践的无法可依，常常使受害者在主张权利、请求保护时于法无据。同时导致法院审理涉及“冷暴力”的案件难度大：一是界定难。是否具有主观恶性、是否具有较为严重的损害后果等在判断上存在明显的主观局限性；二是受害人举证难。“冷暴力”发生在家庭特定成员之间，具有一定的私密性，而“冷暴力”所造成的伤害更具有隐蔽性和不确定性，因而受害人取证非常困难，因缺乏证据导致处罚亦难的现象时有发生。三是追究法律责任难，因为法律对此根本没有规定。倘若把“冷暴力”也视为家庭暴力的一种形式，那么无过错方即可援引《婚姻法》相关的“家庭暴力”条款，[2]请求法律救济，以维护

---

〔1〕 参见成元君：“‘家庭冷暴力’防治与社会工作干预”，载《江西行政学院学报》2007 第 3 期。

〔2〕 家庭暴力是《婚姻法》第 32 条规定的准予离婚的法定理由、第 46 条规定的离婚损害赔偿的法定情形。

自己的合法权益。

四、规范“网络婚姻”网站的经营和管理

目前经营网络婚姻的网站如雨后春笋般出现，相关部门必须认定它们的合法经营权。网站经营者应加强自律和诚信，合法、正当地经营，规制网络婚姻上的“性语言”或具有挑逗性、刺激性等其他对社会有不良影响的语言，明确设立“警示”等语言和标识。应尽量减少“网络婚姻”游戏的色情成分，着力培养网婚参与者牢固的社会责任感和家庭责任感。对网婚参与者每天的上网时间加以控制。有些“网络婚姻”网站的服务使用条款上，已注明“未满12周岁网友不宜浏览，12周岁以上未满18岁的网友需父母或师长辅导浏览”，但是实际注册过程并不要求提供有效身份证件及年龄证明。加入网络婚姻的原则是成年并且完全自愿，“网络婚姻”网站必须明文规定“未满18岁人士谢绝入内，已婚者慎重参与”，注册时实行实名游戏制，要求参与者提供有效证明。

目前网婚参与者的身份参差不齐，但“网络婚姻”这种游戏并非适合所有的人。青少年人格尚未成型，自我认知界限不清，辨别现实与虚拟的能力不足，感情体验通常比较深刻，如果在网络世界过早建立和体验成年人的人际关系，在难辨是非真伪或受不良信息诱导的情况下，会毫无防备地受到身心侵害，对其性格养成及心理健康造成伤害，很容易变得整天想入非非。对于已经结婚的人，没征得配偶的同意参与“网络婚姻”，很可能导致家庭矛盾出现。对于确定恋爱关系的人，虽然有保留的选择权，但也要考虑交友中的真诚度。中小学生玩“网络婚姻”游戏有百害无一利，所以要坚决劝其退出。[1]

---

〔1〕参见肖诗鸣：“‘网络同居’热背后的心理学分析”，载《中国青年研究》2006年第3期。

第六节　青少年“网婚”危害及干预对策

在当今网络无孔不入的 e 时代，“网婚”以其独特的“魅力”征服了数以万计的青少年，在浩浩荡荡的“网婚”队伍里，青少年是其“主力军”，“网婚”者已呈现出低龄化的特征。有的初中生拥有 N 个网络妻子，过着有模有样的网络婚姻生活，包括虚拟的性生活。“网婚”的低龄化，必将危害青少年的身心健康，如何解决和消除这种危害已经迫在眉睫。

一、青少年“网婚”成因

（一）好奇心理的驱动

人人都有好奇心理，青少年尤甚。处于青春期的青少年，迫切渴望与人交流，对婚姻、家庭乃至性等充满好奇，由于学校和家长都不愿与他们坦诚地谈论婚姻和两性问题，这使得婚姻对他们来说充满了神秘；同时社会环境又让青少年过早地对婚姻有了一知半解，正是这种不成熟的认识，他们开始在心理上产生对异性的渴望，进入情感需求阶段，这是社会化的一个必要过程。而网络是现实的延伸，网络空间的广博性、随意性，恰恰可以满足青少年对于婚姻和性的猎奇心理，满足他们对未知事物认知的渴求和追求“刺激”“好玩”的心理。大多数青少年把“网婚”等同于父母儿童时代玩的“过家家”，有父、有母和孩子的游戏，只不过现在这个游戏发生在虚拟的网络空间里。他们觉得这种结婚游戏，相比单纯的网络聊天好玩多了，青少年在现实生活中无法满足的情感需要，却在网络中得到了实现。另外网络上的虚拟结婚场景全面、逼真，让他们能体验到成年人的生活，从而满足了青少年好奇的心理需求。

（二）宣泄压力来获得交往的需要

在我国实行计划生育国策的背景下，现在的青少年大多都是独生子女，日常生活缺少玩伴，在父母等家人的呵护下，缺乏跟外界交流的机会，人际交往相对欠缺。有的父母忙于工作，忽略了与子女的沟通交流，诸如农村留守儿童与父母的沟通交流更是少得可怜；抑或有的家长教育方式不对，因此多数独生子女内心孤独感更为明显。青少年还要承担学习、就业等带来的压力，单调枯燥的生活使得青少年渴望与朋友倾诉，与朋友分享快乐和烦恼，得到朋友的认同和理解。所有的这一切都使他们渴望逃避现实生活，并寻求释放压力的空间。由于交往活动的有限或人际交往的不足，现实无法满足这种需求。“网婚”作为一种网络游戏，一方面满足了青少年交往的需要，更主要的是他们在“网婚”中感受到了别人的关爱、别人的尊重，这些都让青少年的心理得到极大的愉悦。

（三）对与异性交往的渴求

女孩从10～12岁、男孩从12～14岁开始进入青春发育期，性别倾向开始明显，心理上已开始萌发性意识，对异性有着很强的好奇感，渴望了解异性，得到异性的关注和肯定。一些孩子甚至会表现出对异性莫名的好感或者在异性面前努力表现自己以吸引异性注意。加之受媒体对成人爱情生活、婚姻生活渲染的影响，使他们对两性关系和婚姻生活更是充满好奇。而“网婚”给他们提供了隐形而安全的平台，让他们不再有挫败感，尽情地扮演未来的理想角色。

（四）社会其他多种因素的相互作用

人是社会的人，因而人的行为或多或少会受到社会中其他因素的影响，青少年的“网婚”行为也不例外。首先，互联网的开放性和信息流通的快捷性，使得使用互联网的青少年很容易接触“网婚”。其次，由于当今社会仍缺乏相关的网络法规的限定，缺乏网络伦理的正确引导，从而使青少年很有可能接触并尝试“网婚”。此外，青少年的“网婚”行为还受到家庭环境的影响。研究发现：家庭气氛“好”，可以提高孩子对真实世界和真实生活的参与度与满意度，而家庭气氛“差”的家庭中的孩子容易在虚拟世界中寻求情感补偿。[1]

二、青少年“网婚”的危害

（一）曲解婚姻家庭观、缺失责任感

爱情的持久稳定贯穿着人的一生，强烈的情感是爱情持久稳定的基础之一。“真正的爱情在个人生活中是永恒的，它排斥昙花一现的钟情，也排斥另觅新欢的轻率。”[2]尽管“网婚”是虚拟的，但却包含了所有的婚姻要素，让青少年提前体验到了全面而逼真的婚姻生活。“网婚”的结婚、离婚非常随意，鼠标轻轻一点，就可以“结婚生子”；鼠标轻轻一点，又可以“离婚”或者“再婚”；鼠标再轻轻一点，还能够“一夫多妻”“一妻多夫”，再轻轻一点鼠标就有“婚外恋”“一夜情”了……给人最直接的心理反应就是对婚姻产生“也不过如此”的无谓感。尽管这一切都是虚拟的，然而，存在决定意识，虚拟的网络也同样会以其存在决定人的意识。[3]青少年对婚姻正处在“一知半解”阶段，在这样随心所欲、缺乏道德控制的“婚姻”中反复轮回，必然潜移默化地对自我道德心理的形成产生不利的影响。而“网婚”的无需忠诚专一、多次重复性等，经过无数次模拟，会使“网婚”中的行为在日常生活中固定下来。当青少年把“网婚”这种错误的婚姻经验移植到现实生活之时，他们将轻率而毫无顾忌地选择婚恋对象，甚至犹如网络婚姻那样频繁更换“爱人”、随意地离婚。把婚姻看作是一场游戏，必将曲解忠诚、专一和健康向上的婚姻爱情观。

弗罗姆在《爱的艺术》中总结道，爱要包含四个要素，即关心、责任、尊重和了解，其中责任是最为核心的因素。“爱情作为两性间

---

〔1〕 参见欧阳卿：“青少年‘网婚’引发的伦理反思”，载《商业文化（学术版）》2007年第9期。

〔2〕［苏］瓦·阿·苏霍姆斯基：《青年一代的道德理想教育》，湖南教育出版社1984年版，第106页。

〔3〕 参见唐小艳：“论‘网婚’对青少年婚姻家庭道德观的影响”，载《中国青年研究》2007年第6期。

特定关系的范围，同时包含着主观情感和客观义务两个方面，是两性间互相爱慕的情感和彼此自愿承担义务的有机统一。”“事实上，在任何人的真正爱情生活中，主观情感和客观义务这两个方面，不仅是相辅相成的，而且是相互促进的。因此随着爱的权利的行使，也就产生了爱的义务，这就是婚姻责任”。[1]责任是婚姻幸福的核心。“网婚”因其根深蒂固的游戏性质，使得“结婚”和“离婚”十分随意，“一夫多妻”“一妻多夫”“多夫多妻”等在网络婚姻中比比皆是。例如有“网婚”经历的18岁大学生小江（化名），一年“网婚”下来，娶了100多个老婆。[2]“网婚”一方面利用所有新技术来实现婚姻的虚拟化，将现实婚姻涉及的有关内容尽可能吸纳其中，希望“网婚”者能实际感受婚姻生活；另一方面“网婚”对婚姻所需承担的责任却无从体现，这样很容易让青少年曲解婚姻的本质。在婚姻生活中，婚姻双方是需要为对方的人生发展承担责任的，然而在模拟现实生活的“网婚”当中，孩子们并无机会发展为生活承担责任的能力，长此以往，其很容易将在网络婚姻中发展的婚姻态度和行为方式移植到现实婚姻当中，而影响将来正常的婚恋生活。[3]

（二）出现早恋

在参与“网婚”游戏的人群中，未成年人和成年人的“网婚”群体紧密融合在一起，而成人网络婚姻往往渲染婚姻的性生活过程，“网婚”生活中会出现大量带有性意味的言语及描述，接触并使用这些语言将催化未成年人的性意识，由于网络世界对身份的隐匿性，使得未成年人在网络中更多地暴露本能性行为，这极有可能撼动未成年人的性意识及性观念的健康发展过程。[4]网络婚姻以敏感的视

---

〔1〕 罗国杰主编：《伦理学教程》，中国人民大学出版社1985年版，第26页。

〔2〕 参见周萍：“男孩网婚娶老婆一百多，花光大学一年学费”，载《北京晨报》2006年10月27日。

〔3〕 参见余喜、夏欧东：“网婚现象的社会心理学分析”，载《中国中医药现代远程教育》2009年第4期。

〔4〕 参见刘玎、卢宁：“学生‘网婚’行为的心理学分析”，载《预防医学情报杂志》2006年第6期。

角吸引着青少年，其随意地谈情说性，对正处于青春期的少男少女们来讲，极易造成对爱情及性的向往和冲动。也催发了他们的早恋情结，“网婚”可以说是早恋的前奏。有的“网婚”青少年已从虚拟的网络世界移居网下，在现实生活中着陆，过早地步入初恋，进而出现婚前性行为、早孕等一系列问题。这不仅影响学习和身心发育，而且极易被一些不法分子利用，甚至遭到伤害。由于少男少女涉世不深，思想单纯幼稚，一些居心叵测的不法分子常常利用网络骗情骗色骗财，造成恶劣的社会影响。而网络家庭又是造成这一现象的温床，也是这一行为的最为集中的高发区。据《华西都市报》报道，有8名女中学生迷恋网上交友而被一犯罪团伙诱骗轮奸最终遭到杀害。此类事件已屡见不鲜，常见于媒体报端。[1]

（三）形成不良性格

青少年时期正是他们认识世界的黄金时期，过多地沉溺在虚拟的网络世界里，缺少与社会的接触，慢慢就会丧失了在现实中的交往能力，形成网络依赖症，极容易形成内向、孤僻的性格。青少年也容易将虚拟网络的情况误认为是现实，一旦走入现实生活，他们就会因为巨大落差产生失望等不良情绪。同时过早接触这类成人游戏，极易导致青少年的“早熟”，甚至会扭曲他们的心灵，对他们的世界观、价值观、思维方式和行为模式的形成产生不良的影响，使他们的人格发生裂变，不利于他们的正常成长和身心健康。[2]

（四）贻误学业

有关研究表明，玩电脑游戏的时间越长，大脑就会分泌出越多的多巴胺，身体就会越来越适应大剂量的多巴胺，同时又反过来更加需要不断刺激大脑以分泌更多的多巴胺，于是就表现为更长时间的玩欲，如此，恶性循环，最后导致上瘾。青少年的自制能力弱，

〔1〕 参见任建东：“网络家庭与青少年的成长”，载《北京邮电大学学报（社会科学版）》2006年第2期。

〔2〕 参见李东：“透视青少年‘网婚’”，载《科技信息（学术研究）》2007年第10期。

一旦痴迷于“网婚”游戏，便不能控制，上网在玩，退出后则会满脑子游戏的内容，严重影响学习效率。因“网婚”同现实婚姻一样需要精力和时间去经营，对未成年的青少年来说，花太多的时间在虚拟世界里构筑自己的家，势必会占用他们很多的学习、休息时间，就会没心思学习，不能集中精力听课，不能按时完成作业，成绩下滑，直至旷课、逃学，有的甚至厌学、辍学，有的被学校勒令退学、开除。

（五）引发超前消费

网婚并非“免费的午餐”。不仅上网需要付费，参与游戏费用更高。模拟生活中的所有费用都需要通过用人民币购买虚拟货币的形式来完成。提供“网婚”体验的每个网站都有自定的虚拟货币，会员要用人民币购得虚拟货币后，才能购买网站的虚拟商品。如有的网站规定，“结婚双方要交纳一定的可用分作为版块的备用资金，备用资金将全部用于版块活动。”“论坛可用分 999999（税前）。申请书、照片及详细资料在婚嫁版发帖提交，66 万论坛可用分作为办证费用，可用分直接捐到亲亲一家人帮派里，留着做版面活动资金。”要维持网络上的家庭活动费用动辄需数百元，花数百元买一张游戏卡，再用游戏卡上的虚拟钱币购买新房、添置家具、为新娘购买结婚戒指、邀请红娘举办婚礼。据了解，从开始“申请登记”到“租用礼堂”“购买婚纱”“布置新房”等等，整个过程根据购买物品的价格和豪华程度不同，价格在 200 元至 1000 元不等。“婚后”要维持一个家还需要不断地投资，购买各种家庭生活必需品。平时还要送礼物等，费用自然不少。免费的当然有，但漂亮点的礼物等都得用游戏卡上的虚拟钱币买。这大大超出了青少年的消费能力，也使其养成大手大脚、铺张浪费的习惯。有的青少年苦于无钱上网，采取偷盗、抢劫、敲诈勒索、绑架等手段，走上违法犯罪道路。

三、对青少年网婚的干预对策

（一）加强传统伦理道德教育，增强青少年的道德自律意识

虽然“网婚”是虚拟性的，但交往双方却是现实中的人，因此

即使是在虚拟交往过程中也应以现实交往中的伦理道德规范来评价、指导、制约两者之间的交往关系。要引导青少年保持虚拟社会道德人格和现实社会道德人格的一致。学校应对青少年开展网络道德教育，对青少年的网络行为进行合理、及时的道德评价和思想品德方面的指导。可以采用主题班会、师生大讨论等青少年喜闻乐见的方式，向他们宣传“网婚”行为的危害，对他们进行思想道德教育，以帮助青少年树立正确的人生观和婚恋观。还可以多给青少年提供健康的活动项目，如组织各种体育比赛、益智游戏、才艺展示、素质教育培训等活动，培养青少年多方面的兴趣，提供青少年自我展示的舞台，帮助青少年学生将兴趣逐渐从虚拟的网络世界转移至现实生活中适宜的事物及活动之中，在群体活动中体验团队归属感，建立同伴关系，发展同伴友谊。对于那些已经“网婚”成瘾的青少年学生，因其生理、社会功能及心理发展已遭受相当程度的破坏，则需要心理健康工作者给予专业干预，通过心理咨询和心理治疗，帮助其戒除网瘾，同时促进其再社会化过程，逐渐恢复正常社会生活功能。

引导青少年唤醒“善良意志”，在虚拟世界中加强道德自律，自觉遵守道德规范。康德认为，“当一个人把建立在普遍有效的规范基础上的道德义务当作行为的唯一动机时，他才具有‘善良意志’。”[1]也就是说，当一种行为可以成为所有有理性的人的共同选择时，这种行为才是道德的。试想当所有的青少年都选择“网婚”，那么将来每个人都会有现实的爱人和网络爱人，而且可能不止一个，那我们这个社会在十年二十年之后就会退回远古的群婚时期，而家庭也将不复存在，这是无法想象的，也是决不允许的。因此，“网婚”行为不具有存在于这个社会的善良属性，将被撕去新奇的虚幻外衣，并最终被越来越理性的青少年所抛弃。而当这种向善的道德规范被青少

〔1〕［美］汤姆·L. 彼彻姆：《哲学的伦理学——道德哲学引论》，雷克勒等译，中国社会科学出版社1990年版，第174页。

年所接受，形成一种情感、意志和信念时，道德将会体现出最有机的运行法则。诚实的交往态度、认真的交往行为将会成为未成年人在网络世界中的一种内化的道德要求，并在监督机制尚未建立的网络世界里，自动地成为青少年判断道德行为的标准和抵御不良思想侵蚀的武器。[1]

（二）组织开发适合青少年的绿色网络游戏

网络服务供应商应重视信息技术产品对消费者和社会的道德责任，坚持网络伦理的"无害原则"，即"人们不应该用计算机和信息技术给他人造成直接的或间接的伤害"。[2]网络服务供应商所提供的包括游戏在内的网络产品要符合公众利益和青少年健康成长的需要。同时，还应加强对网站的管理，对出现在网站上的不良言行，要及时删除。针对青少年游戏者的心理特点，政府应当组织开发适合青少年的绿色网络游戏，设计更多的让他们喜闻乐见的游戏作品，给他们适当的释放压力的空间。学校也可以利用青少年对网络的偏爱，多组织具趣味性、易于青少年接受、融民族精神、爱国主义、社会法制的游戏开发和竞赛活动，这不仅能从一定程度上防止沉迷网络，而且也能达到寓教于乐的目的。学校还要通过各种途径提高青少年上网的安全意识，引导青少年有效鉴别、利用网络资源，让互联网成为他们开阔视野、增长知识的良师益友。各地教育主管部门还应该专门开辟中学生网站，开发适合中学生成长的资源，为他们创设一个良好的学习和娱乐环境。

（三）充分发挥家庭教育功能

家庭是温馨的港湾，青少年成长过程中的各个阶段，家庭都是重要的教育场所，由于家庭成员之间的血缘联系、感情联系以及经济联系十分密切，使得家庭教育有着其他教育所不能替代的优势。

---

〔1〕参见王正平、胡中元："青少年'网婚'现象的伦理考量"，载《思想理论教育（上半月·综合）》2006年第9期。

〔2〕［美］理查德·A. 斯皮内洛：《世纪道德——信息技术的伦理方面》，刘钢译，中央编译出版社1999年版，第53页。

日常生活中，父母应为孩子营造一个良好、舒适的生活环境，多给孩子一些精神关怀和理解，以减少他们的孤独感。还应加强平等的亲子沟通，多与孩子交流，以便更好地了解他们的内心世界和行为倾向，及时给孩子正确的道德引导。扩大孩子的视野，帮助孩子建立他自己的朋友圈、交往圈。对于已经涉足“网婚”的孩子，一方面，家长不要震惊，更不要粗暴地阻止与责骂，而应加倍关怀，加强沟通，使他们认识到“网婚”的危害，引导他们走出“网婚”误区。另一方面，父母应积极体验新事物、学习新知识，减少和孩子们的代沟，甚至可以和孩子一起上网，了解他们在做什么、交什么样的朋友，给孩子正确的指导。

（四）规范网络婚姻网站的经营和管理

针对网络的虚拟性和无针对性等特点，相关管理部门应该建立专门的管理机构加强对网络信息的有效监管。制定严格的法律、法规，引进先进的网络技术手段，倡导网络文明，严格控制不良信息的接受和传播。目前经营网络婚姻的网站如雨后春笋般出现，相关部门必须认定它们的合法经营权。网站经营者应加强自律和诚信，合法、正当地经营，规制网络婚姻上的“性语言”或具有挑逗性、刺激性等其他对社会有不良影响的语言，明确设立“警示”等语言和标识。应尽量减少网络婚姻游戏的色情成分，对网婚参与者每天的上网时间加以控制。有些网络婚姻网站的服务使用条款上，已注明“未满12周岁网友不宜浏览，12周岁以上未满18周岁的网友需父母或师长辅导浏览”，但是实际注册过程并不要求提供有效身份证件及年龄证明。加入网络婚姻的原则是成年并且完全自愿，网络婚姻网站必须明文规定“未满18岁人士谢绝入内，已婚者慎重参与”，注册时实行实名登记制度，要求参与者提供有效证明，采用技术手段核准用户身份，克服主体在网络社会中的隐匿性、随意性和身份多重性等弊端，保持个人在现实社会和网络社会中身份的一致性。统一“网婚”者在网络社会中的身份。目前“网婚”参与者的身份参差不齐，但网络婚姻这种游戏并非适合所有的人。青少年人格尚未成型，自我认知界限不清，辨别现实与虚拟的能力不足，感情体验通常比较深刻，如果在网络世界过早建立和体验成年人的人际关系，在难辨是非真伪或受不良信息诱导的情况下，会毫无防备地受到身心侵害，对其性格养成及心理健康造成伤害，很容易变得整天想入非非。中小学生玩网络婚姻游戏有百害无一利，所以要坚决劝其退出。[1]

综上，青少年“网婚”行为需要我们认真面对，社会、学校、家庭都有责任给青少年的“网婚”行为以正确的道德评价和价值导向，恰当地引导他们走出“网婚”误区，给青少年一片纯净而美好的情爱世界的心空。

〔1〕参见肖诗鸣：“‘网络同居’热背后的心理学分析”，载《中国青年研究》2006年第3期。

第三章 特殊群体婚姻法律问题研究

第一节 变性人婚姻家庭法律问题研究

一、变性人的性别识别

（一）性别变更权之法理分析

性别承载着人类繁衍、主体角色辨认和特定秩序维持的重要功能。司法实践中，表明自然人基本情况的信息主要有：姓名、性别、出生年月、籍贯、民族、文化程度、职业、住址等，性别是仅次于姓名的能表明自然人基本身份的重要标志，是区别自然人男女身份的要素。依传统民法理论，自然人只有生命、身体、健康、姓名、肖像、名誉等人格要素，与之相对应的是自然人享有生命权、身体权、健康权、姓名权、肖像权、名誉权等具体人格权。在人身权方面，性别只具有身份意义，尚未被赋予人格内涵，性别之法律价值仅在于表征一种社会意义上的角色定位，并且由此区分不同的亲属身份和权利义务关系。因性别生而有之，并且其本身也具有不可侵害性，故现行民事法律没有通过人格及人格权对其进行立法安排，没有将其纳入到人格权体系范畴。[1] 换言之，现行法律对“性别权”没有规定，自然人当然也就不具有性别变更权。但从民事法理上来说，性别之于自然人，不仅在身份领域发生效能，在人格领域

〔1〕 参见李绍章：“变性手术亟待规则介入”，载东方法眼网，http://www.dffy.com。

也有其法律效能。就其本质而言，性别当属自然人的人格要素，它是人人享有的、用来判断人之性身份的基本要素。正是因为性别具有人格特质，所以才能够在法律身份领域发生诸如亲属称谓的效能，在法律行为领域发生诸如结婚条件规制的效能。性别对于自然人的人格法律意义，在法律确认之前属于自然权利，在法律确认之后则属于法律权利，即性别权。[1]

而性别权一旦上升为一项法律权利，即与生命权、身体权、姓名权、肖像权等权利共同构成自然人的具体人格权。在这一法律环境下，自然人即具有性别变更权，正如姓名变更权一样。因而变性行为，从自然权利的角度来说，是人行使自然权利的表现，只要没有明确的禁止性法律规定，即视为当事人有权行使这一权利；从法律权利的角度来说，是人行使法律权利的表现，其依据即是自然人所享有的性别权。[2]在当下性别权尚未被法律确认的情况下，对自然人性别变更权的解释，只能是一种法理上的阐释。然而，社会生活中一些具有法律意义的行为，从法源分析，并不都具有唯一性。性别变更权的法理解释即是如此，当性别权尚未被法律确认、不能通过性别权分析时，可以借助现有法律规定和法理通说探寻他种解释。自然人选择性别的权利和改变肖像的权利一样，只能采取变更的形式，即通过医疗手段对已有性别或肖像进行变更。这就涉及对身体的处置，如整容、换脸、器官摘除、再造等，因此，变性的合法性可通过自然人的身体权进行阐释，即自然人有权对其身体进行依法支配与合理处分。[3]

（二）变性引致的法律问题

1. 婚姻家庭领域

（1）亲属关系方面。变性后的亲属身份和称谓必然要发生颠覆性变化。例如：子变女、孙子变孙女、兄弟变姊妹、侄子变侄女、

---

〔1〕 参见："生命法哲学"，载法律博客网，http://fyfz.com.cn。

〔2〕 参见李绍章："变性手术亟待规则介入"，载东方法眼网，http://www.dffy.com。

〔3〕 参见陈焕然、陆利平："变性手术立法刍议"，载《科技与法律》2002 年第 1 期。

外甥变外甥女等，或者反之；已有晚辈直系血亲的人变性，晚辈直系血亲对其称谓尤其尴尬：以男变女为例，子女本来称其为父亲，现在父亲变成了女性，子女应对其如何称谓？自古以来的性别文化里，“父亲”一词总是与男性相联系，变为女性的“父亲”，继续称其为父亲显然不合适；如果改称母亲，那么子女就有两个母亲，况且他本来就是子女的父亲。难道把他看成是孩子的女性父亲？果真如此，子女将与女性父亲交往，面对父母是同性即两个母亲这种角色错位的尴尬和困惑，无判断、识别能力的子女心里会产生“为什么我的爸爸是女性”的疑问，这对未成年人的身心健康无疑是不利的。现实中，我国第一位变性人结婚者章琳，变性前已经生育，变性后面对女儿的困惑，告之仍以父亲相称。迄今我国年龄最大的变性人，51 岁的东北农民陈某于 2007 年 4 月变性后称其与女儿是朋友关系，但在辈分上，仍是女儿的父亲，已大学毕业的 22 岁女儿称其为姑姑。近几年司法实践中亦发生了由变性手术引起的法律尴尬：因父亲做了变性手术，9 岁的儿子遭遇到无法确认与变性人的亲属关系是父子关系还是母子关系的尴尬。变性人如何处理好与其子女的身份关系，使孩子幼小的心灵不受伤害，保证孩子们的健康成长，是变性带来的不容忽视的问题。

（2）婚姻方面。变性人是否享有结婚自由权；我国婚姻法结婚条件中关于“男女”的判断标准如何掌握，是采用变性前标准还是变性后标准；结婚后一方提出变性申请时，配偶及其子女是否具有同意或者拒绝的权利；变性人结婚登记时，对变性事实有无告知义务；如果变性人婚前故意隐瞒变性的事实，对方在不知情的情况下与变性人结婚，婚后发现与自己结婚的人是变性人，那么在另一方提起离婚诉讼的情况下，法院应如何认定该婚姻的效力；允许变性人结婚，能否引发同性婚姻合法化问题等。有配偶者变性后与原配偶的婚姻关系如何处理？如果双方都不愿意解除婚姻关系，就这种婚姻状况，法律应如何作出评价，能否强制他们解除呢？凡此种种都是变性带来的不容忽视的问题，需要在法律上加以确立。

（3）配偶权侵权方面。夫妻互为配偶，并以两性差异和两性生活为其生理基础。在婚姻关系存续期间，夫妻一方擅自做变性手术，改变了婚姻的两性结构，使另一方被动丧失了性生活条件，其行为是否侵犯了另一方的配偶权。如果构成侵权，受害人能否要求变性人进行损害赔偿。

（4）继承方面。丧偶儿媳或女婿对公婆或岳父母尽了主要赡养义务，如果在公婆或岳父母死亡前变性，对公婆或岳父母的遗产是否还有继承权，这就产生了如何判断“丧偶儿媳或女婿”的问题；变性者与原配偶相互之间是否还有继承权，一种情况可以肯定，即变性者与原配偶已经离婚，毫无疑问没有继承权；但如果变性者与原配偶没有离婚，例如东北陈某，他们之间是否还有继承权，这又是一个法律盲点问题。

（5）生育方面。男变女或女变男都没有生殖能力，但变性人仍有与正常人一样的享受天伦之乐的愿望，在目前的科学技术尚不能使变性人完全实现其生育功能时，变性人的生育权如何实现，能否通过收养和人工生殖技术来解决。变性人是否具备收养的主体资格，如果答案是肯定的，那么变性后的男性收养女性的，是否也应该受收养法第 9 条收养人与被收养人的年龄应当相差 40 周岁以上的限制。换言之，对变性后的男性收养女性的，是否应该对收养法第 9 条的规定作出适当调整。变性人能否给被收养的儿童提供正常的成长环境。孩子长大成人后，能否面对父亲或母亲是变性人的现实，并承受周围人群的异样眼神和排斥行为等等。

在婚姻家庭领域的其他方面带来的法律问题还有：《妇女权益保障法》有关妇女权益保障的法律条款是否也应当平等地适用于变性后出现的新女性，对于变性后的女性新成员，妇联组织是否应该接纳等。

2. 刑事领域

刑事诉讼方面，以性别为主要差别的容貌是人的稳定特征，也是侦破案件及缉捕犯罪嫌疑人的主要依据之一。利用变性逃避侦查通缉，无疑给犯罪嫌疑人增加了一种逃避打击的途径，并成为国际上犯罪分子反侦查的重要手段之一，当今很多恐怖分子就是以这种方式来逃避反恐组织的侦查。保加利亚公民斯雷科伊什卡夫为了逃脱牢狱之灾，便是这一手段的实践者。开庭之前，伊什卡夫做了变性手术并改女性名字阿尔贝亚娜　米哈伊洛夫。开庭审理时法官没有冒昧判处已经不是被告的被告有罪，因为无论从生理上，还是从法律上，她都变成了一个绝对不同的人。法官裁判认为一个女人为什么要替男人犯的罪承担责任呢？因此阿尔贝亚娜不必为伊什卡夫所犯下的罪过承担后果。最终法庭宣布被告失踪，其犯罪文件被归档，阿尔贝亚娜被当庭释放。无独有偶，北京和上海警方也已发现犯罪嫌疑人利用变性逃避通缉的案件，犯罪嫌疑人易某逃亡期间做变性手术，不仅增加了公安机关的抓捕难度，而且抓捕后的羁押方式也给执法人员带来了困惑。[1]

刑事方面，假如某男人在变性后但在有关部门正式认定其为女人前，或者因为手术不成功而在生理上没有变为女性时被强奸，对犯罪嫌疑人的行为该如何定性；又假如其被拐卖，对拐卖人的行为该如何定性；再假如变性人从事卖淫活动抑或有人组织变性人从事卖淫活动，这些又该如何定性；变性人因为手术的不成功而在生理上没有真正改变性别，却以他（她）所期望的性别进行欺诈，如利用订婚索要财物，其行为应该如何定性和处罚等等。

3. 宪法、劳动法等其他领域

宪法、婚姻法中关于保护妇女合法权益的款项、劳动法中关于用工不能歧视妇女及妇女休产假的规定、男子年满 60 岁退休、女子

---

〔1〕 2002 年 1 月 2 日凌晨，北京市东城公安分局刑警赴上海抓捕两年前逃逸的犯罪嫌疑人易某。刑警叫开易某的房门后愣住了，因为他们追捕的易某应是一个小伙子，而出现在他们眼前的“易某”却是一个长发披肩、体态轻盈、女性装束的姑娘，原来易某在逃逸期间做了变性手术，给刑警办案增添了不少困难。北京东城区人民检察院的检察官说：“第一次审理易某的案件时，其变性手术还没有做完，只是外观上是女性，生殖器官还是男性，因此他只能关在独立房间，至于定罪后是关在‘男号’还是‘女号’都是个问题。”

年满55岁退休的规定，对变性人如何落实，女职工权益保护法的相关规定对变性人如何适用；变性人在公共场合究竟该进男厕所还是女厕所，目前确实很难决断。如果进男厕所，其已经不具备男子的基本特征，会被男子嗤笑；如果进女厕所，知情的女子能不能接受，会不会以其骚扰、扰乱社会治安甚至要流氓向公安机关报警；变性手术中出现医疗事故是否属于保险赔偿的范围；另外变性在户籍管理、教育、就业、反性别歧视、服兵役等方面，也会遇到相应问题。

总之，凡是在涉及性别判断的法律领域，均会因变性而带来一系列问题。这些问题的解决需要进一步深入探讨，但其最关键和最直接的解决上述问题的方法是对变性人的性别进行识别。只要变性人的性别确定了，许多问题就会迎刃而解，所以必须对变性人的性别识别作出法律上的规制。

（三）变性人的性别识别

1. 域外法律考察

关于变性人性别识别问题，国外一般采用三种方法：生物学方法、生理学方法和心理学方法。

（1）生物学方法。生物学方法是指以变性人的染色体性别确定其变性后的性别。就现有的医学技术看，目前变性手术尚不可能使易性病患者成为生物学意义上的男性或女性，变性手术改变的只是易性病患者的生理性别，其染色体性别是无法改变的。男变女的变性人，拥有的只是女性的外貌和生理特征，仍然保持男性的染色体结构。所以从生物学意义上看，易性病患者的性别未改变，仍是变性前的性别。

生物学方法最早出现在1983年英国的 *Corbett v. Corbett* 一案中，英国普通法有关婚姻的基本定义是，一个男人和一个女人排除任何其他人的自愿地终生结合，这表明婚姻的本质在于异性的结合。在该案中，一个男人娶了一个经过手术后由男变女的变性人（male-to-female，MTF），法院认定该婚姻无效。审理该案的法官认为，要判断一个人是男人还是女人，主要取决于三个生物学上的因素，即染色体、性腺和生殖器。根据这个标准，本案中的变性者从法律角度看仍是一个男性，因此，该婚姻是无效的。2001 年 7 月判决的“贝林杰案”，一位变性女性因高等法院拒绝承认其婚姻的有效性而上诉，伦敦上诉法院以 2∶1 的表决结果维持高等法院的判决。主张维持原判的 2 名法官认为，并没有充分证据表明贝林杰一直是一名女性或“她”在接受治疗后已不再是男性。

美国堪萨斯州利文沃斯县的巡回法庭于 2007 年 3 月 21 日审理的“变性美女申请结婚案”，在确定变性美女加斯特的性别时采用了生物学方法。美国堪萨斯州法律明文规定：只有真正的女人才可以与男人结婚，同性结婚或变性结婚均属非法。审理该案的法官们坚持认为：变性女人不是真正的女人，加斯特是一个“特殊的女人”，即做了变性手术的女人。这已经超出了“自然法则”。[1]因此驳回了加斯特的结婚诉求。

泰国、马来西亚、南非在确定变性人的性别时亦是采用生物学方法。在泰国，男变女后仍然保持法律上的男性身份，即变性后，他们的出生证、身份证和护照显示他们还是男性，他们不能与男性结婚。马来西亚拒绝变性人婚姻。沙捞越州一男子经三次手术变为“女子”，双方家长同意举行了婚礼，没有申请结婚证，按马来西亚现行的婚姻法案，两人结合无效，因为结婚要持身份证登记，身份证上有出生时的性别，不可更改。南非在实践上、法律上均不承认性别变更。因此，变性人是根据出生性别来确认的。

（2）生理学方法。生理学方法是指以变性人的生理性别确定其变性后的性别。易性病患者变性后，虽然染色体结构不能改变，但在外貌、生理上却具备了另一性别的特征，法律应承认变性后的性别。日本议会上院在 2003 年 7 月 2 日通过的《性同一性障碍者性别特例法案》规定，变性人要改变身份证上的性别必须通过变性手术；被诊断为性同一性障碍者在满足了以下几个条件后，可以由家庭法

〔1〕 参见苏殿远：“美国变性美女酷争婚姻权”，载《法律与生活》2007 年第 11 期。

院裁决对户籍上的性别进行变更：20 岁以上、尚未结婚没有子女、因变性手术而没生殖能力、外生殖器官类似于变性后的人。德国 1980 年 10 月颁布的更名和性别身份变更特别法案（即《变性人法案》）第 2 条规定：确立手术后，法官可以授权变性和更改法律性别，但要求申请人未婚且不能生育。意大利、荷兰、巴西、土耳其、中国台湾等国家和地区，易性病患者在变性后都可以通过法律获得其术后性别证明，也即术后性别得到了法律承认。

（3）心理学方法。心理学的方法是指在判定一个变性人的性别时，他（她）的心理倾向应起决定作用，即应根据他（她）的意愿来确定他（她）的性别。目前英国即采用了心理学方法，其在 2004 年 2 月 10 日出台的《性别识别法案》中，对变性人采取了比较宽容的态度：允许那些饱受性取向混乱之苦的人不必做变性手术，可以在法律上更改自己的性别，获得新的出生证，并以新的性别结婚。[1] 但必须提供证据，证明他们打算完全以新的性别永久生活下去。西班牙政府 2006 年 6 月 2 日通过一项新提案，允许性倒错者在不必接受变性手术的情况下，获得法律认可的变性身份。根据这项提案，性倒错者不必接受变性手术，就可在政府民事部门登记变更性别和姓名。不过，性倒错者想获得变性身份还需一些附加条件：必须有医生诊断、必须以想要的性别生活了相当长时间、还必须接受性激素或其他医学治疗以配合其身份变化。

笔者认为，上述国外采用的性别识别方法都失之偏颇。特别是依生物学方法，变性人的性别永远是原来的性别，不可能变为异性，因为无论怎样变性，一个人的性染色体是不会改变的。如此一来，变性人想变性的目的永远无法实现，变性无任何意义；而依心理学方法，变性人的性别完全依照他本人的意愿确定，按英国上院在 2004 年 2 月 10 日出台的"性别识别法案"，一个人想改变自己的法律性别，连变性手术都不用做，只要提供"证明他们打算完全以新

---

〔1〕 参见高建伟："变性人法律问题初探"，载《中国卫生法制》2005 年第 5 期。

的性别永久生活下去”的证据即可，如此一来，一个人就可以随便改变自己的性别，他（她）想是男性就是男性，想是女性就是女性，这也未免太过于随便，严重影响婚姻家庭和社会关系的稳定。

2. 变性人性别识别之我见

易性病患者的变性手术一旦成功，原来的那个自然人就不复存在，取而代之的是具有不同性别的“另一个”自然人。无论道德、习惯、伦理、法律还是宗教，都不允许一个人具有两种性别，也不允许一个人以两种不同的性别存在于社会上，否则将会给社会带来许多麻烦和管理上的混乱。其实，一个正常的人[1]不会要求、也不会同意以两种性别或者以与自己实际不符的性别存在于社会。易性病患者在接受手术后，必然会要求变更原来在有关部门所作的登记，改变性别，以另一个人或者说以另一种性别存在于社会。[2]因此，变性后性别的识别就成为必须。换言之，法律必须对变性人性别的识别有明确的规定。

（1）自然人性别识别现状。从我国现实情况看，自然人的法律性别是依据在户籍管理机关登记的性别确定，户籍管理机关登记的性别均源于出生医学证明，出生医学证明是接生医师根据新生婴儿外生殖器官性别特征来判断的，在体表特征不明显时，再依据内生殖器官来判别，只有在特殊情况下才进行染色体性别的测定。可见法律上自然人性别的确认一般采用的是生理学方法，而不是心理学方法，这是绝对合理的。其一，由于自然而生的性别差异，社会逐渐形成了特定的性别文化形式和法律结构。在传统社会性别制度下，要判断一个人的性别，首先考虑的是他（她）的生理性别，因为现行社会的法理、伦理、道德框架都构建于生理性别基础之上，例如法律规定同性不能结婚，这个同性的“性”，指的正是生理性别。其二，从我国人口登记制度来看，公民在出生后的很短时间内就完成

---

〔1〕 这里说的正常的人包括普通的健康人、接受变性手术后的易性病患者。

〔2〕 参见陈焕然、陆利平：“变性手术立法刍议”，载《科技与法律》2002 年第 1 期。

了登记手续，登记时公民还是一个婴儿，心理性别无从考证，也无从谈起，因此，登记时的性别无疑是而且应该是生理学性别。其三，世界各国法律在户籍管理制度中采取的基本上都是外观主义，即生理学性别决定了户籍上的公民的性别，国籍法、居民身份证管理条例等法律法规，不可能去求证一个公民的心理性别和解剖学性别是不是完全一致。其四，户籍登记中的性别决定了一个公民在社会上的对外实施各种行为的性别，而且这种性别有公民的体貌外观作为佐证，具有真实性，并可以辨别。其五，一个公民只有以生理性别作为法定性别，才能在两性共同生存的社会中正常地存在，不至于发生管理上的混乱。[1]

（2）变性人性别识别现状。对变性人性别的识别问题，我国现行法律尚无明确、具体规定。只是在实际操作中，一些地区在此方面已做了有益探索：2002 年 11 月 5 日，河南省公安厅、卫生厅联合发文，要求所辖市的公安、卫生部门对公民实施变性手术后，申请变更户口登记性别项目的，须出具地市（含外省）以上医院为其成功实施变性手术的证明，经县市公安机关审核后，公安派出所应予办理性别项目变更手续；公民在国外，或国内县级（含外省）以下医院实施变性手术的，须经各省辖市卫生行政部门指定的医院出具性别认定证明，经县市公安机关审核后，公安派出所应予办理性别项目变更手续。派出所为其办理变更性别手续后，重新为其编制身份证号码，并在“常住人口登记表”背面的登记事项变更和更正记载栏内注明变更情况，其中已经申领居民身份证的，公安机关予以收缴后注销，重新为其办理居民身份证。[2]

尽管在实际操作中，像河南等一些地方的公安部门根据性别置换手术的实际情况，出于尊重变性者个人意愿及方便他（她）们今后生活的目的，对身份证、户口本以及工作证上的性别一栏做了必

---

〔1〕 参见陈焕然、陆利平：“变性手术立法刍议”，载《科技与法律》2002 年第 1 期。

〔2〕 参见邓志辉：“变性之后期待社会认同”，载《人民公安》2003 年第 1 期。

要的修正，对其变性后的性别予以确认。例如，四川变性人章琳在拿到医院出具的证明后，到公安部门对其身份证上的性别作了更改，根据新的身份证明，她和杨启成到民政部门办理了结婚登记。但这种情况只是个例，毕竟没有法律保障，并不能保证所有公安部门都能这么做。曾有变性人在做完变性手术后的十多年，其户口、身份证上的性别仍没得到变更，这严重影响了他们的工作及生活，常常将他们置于尴尬的境地。

（3）变性人性别识别应采用生理学方法与户籍登记法相结合的方式。以生理学方法与户籍登记法相结合来识别变性人的性别有其法理基础并且具有现实期待性。就法理基础而言，自然人性别的确定有自然属性标准和法律属性标准，自然属性标准表现为体貌、外生殖器官等特征，而易性病患者变性后，在体貌、穿着打扮、音容笑貌、言谈举止、兴趣、爱好等方面无不带有异性色彩，从而得到了社会对其变更后的性别的普遍认同。法律属性的标准，是以自然人在户籍管理机关登记的性别为准，而户籍登记的性别又是以出生时的生理性别为依据的。笔者在前文已经分析了赋予易性病患者性别变更权的法理基础，理论逻辑上相关法律就应当给予变性后性别的法律确认。就现实期待性而言，首先，从现有医学技术看，变性手术改变的只是易性病患者的生理性别，其染色体性别无法改变，男变女的变性人，拥有的只是女性的外貌和生理特征，仍然保持男性的染色体结构。如果不以生理性别为标准，则难以确认变性手术是否成功。其次，易性病患者通过变性手术，达到了生理性别和心理性别相一致的目的，其中付出了很大的努力，忍受了巨大的痛苦，从人道主义精神出发，应该承认易性病患者手术后的性别，否则将会置变性人于不男不女的尴尬境地，使得他（她）们在以后的生活中遇到因为性别不符带来种种麻烦，包括人格的受歧视和隐私权不能维护。最后，既然现行法律是以生理性别划分男女性别的，法律在变性前承认他（她）的生理性别，那么，在变性手术后就不应该回避这种改变了的生理性别，应该以变性后的生理性别来确定其性别，以保持法律规定的统一，以免造成社会上性别划分的混乱。[1]

因此，法律应该承认易性病患者变性后的生理性别，变性人应尽快持有医院出具的变性手术证明，到户籍登记管理机关进行性别更改，之后再对身份证、工作证、学生证、军人证、教师证、档案、护照、结婚证、技术等级证、驾驶证、毕业证、学历学位证、医疗证、居留证等国家颁发的或政府认证的其他标志着其身份的有效证件予以性别变更。在此后，当事人便可以以户籍登记上变更后的性别进行社会活动，享受法律权利，履行法律义务。

二、变性后的亲属关系

亲属是一种以婚姻和血缘为纽带而产生的人与人之间的社会关系，亲属之间具有固定的身份和称谓，例如，生育自己的称父母，自己所生育的称子女；同源于父母的称兄弟姐妹，同源于祖父母、外祖父母的称堂兄弟姐妹、表兄弟姐妹，这是亲属关系与一般社会关系的最明显的区别。这种固定的身份和称谓是自然形成或法律规定的，具有永久性和长期性，任何人无权自行变更。然而，一个人变性后，在亲属身份和称谓上会产生重大的变化。

（一）变性人与长辈直系血亲、旁系血亲的亲属关系的变更

长辈直系血亲、旁系血亲的身份以及变性人对长辈直系血亲、旁系血亲的称谓不会发生变化，即变性前后都称父母、祖父母、外祖父母、兄弟姐妹、叔伯姑姨舅等，而变性人的身份以及长辈直系血亲、旁系血亲对变性人的称谓要发生变更：在身份上，变性前其是长辈直系血亲、旁系血亲的子、女、孙子、孙女、兄弟、姐妹、侄子、侄女、外甥、外甥女等，变性后就变为女、子、孙女、孙子、姐妹、兄弟、侄女、侄子、外甥女、外甥等；在称呼上，变性前长辈直系血亲、旁系血亲称其为子、女、孙子、孙女、兄弟、姐妹、

---

〔1〕参见梁晓琴等："易性癖诊治前后的几点思考"，载《医学与哲学》2007年第8期。

侄子、侄女、外甥、外甥女等，变性后改称其为女、子、孙女、孙子、姐妹、兄弟、侄女、侄子、外甥女、外甥等。对这种身份和称谓和的变化，人们还是能够接受的，亲属关系不会由此引起混乱，与伦理道德也不发生冲突。

（二）变性人与晚辈直系血亲的亲属关系的变更

晚辈直系血亲的身份以及变性人对晚辈直系血亲的称谓不会发生变化，即变性前后都称为子女、孙子女、外孙子女。但变性人的身份以及晚辈直系血亲对其的称谓会非常尴尬：以男变女为例，本来子女称其为父亲，现在父亲变成了女性，子女该称其什么呢？一提到“父亲”一词，人们自然会想到父亲应是男性，继续称其为父亲显然不合适，因为他已变成了女性；如果改称母亲，那么子女就有两个母亲，况且他本来就是子女的父亲。难道把他看成是孩子的女性父亲？果真如此，无判断、识别能力的子女心里会产生“为什么我的爸爸是女性”的疑问，这对未成年人的身心健康无疑是不利的。为了避免孩子面对自己的父母是同性即两个爸爸或两个妈妈的角色错位的尴尬和困惑，可暂保密变性一方的身份，待孩子成年后再告知，或由孩子的父母事先以书面形式约定一个适宜的解决方案。[1]由此可见，变性会对亲属制度形成严重挑战。

变性人与亲属间的权利义务不会发生变化，因为依照我国目前的法律规定，任何公民不分男女，对父母都有赡养扶助义务，在一定条件下对祖父母、外祖父母都有赡养义务，对子女都有抚养教育的义务，在一定条件下对兄弟姐妹都有扶养的义务。

三、变性人的结婚问题

（一）婚姻的含义

通观我国《婚姻法》和《婚姻登记条例》以及相关的民事法律

---

〔1〕参见张伟：“变性人婚姻家庭面临的法律问题”，载《法制日报》2005年10月16日。

法规，均未明文规定婚姻的概念。关于婚姻的含义，在婚姻法学领域主要有以下观点：婚姻是男女双方以永久共同生活为目的，以夫妻的权利义务为内容的合法结合[1]；婚姻是指为当时社会制度所确认的一男一女互为配偶的结合[2]；婚姻是一定社会制度认可的男女两性结合的社会普遍形式。[3]这些关于婚姻的具体论述虽然略有差异，但对婚姻主体要素的揭示却是完全一致的，即婚姻必须是一男一女的结合，亦即异性的结合，惟有异性的结合才能构成法律意义上的婚姻。我国《婚姻法》第5条规定："结婚必须男女双方完全自愿"；第8条规定："要求结婚的男女双方必须亲自到婚姻登记机关进行结婚登记"；《婚姻登记条例》第4条规定："内地居民结婚，男女双方应当共同到一方当事人常住户口所在地的婚姻登记机关办理结婚登记"。根据上述法律的立法精神，同性之间禁止结婚，我国婚姻登记机关也不会给同性办理结婚登记。

（二）变性人享有结婚的权利和自由

依传统的婚姻观念，上述法律所称的"男"和"女"是指基于自然出生、生物学上的男性和女性。在人类历史上，婚姻制度是以男女两性生理差异的存在为基础的，婚姻承担着满足性生活和人类自身繁衍的两大功能。这是由婚姻的自然属性所决定的。但是婚姻并非只由自然属性决定，它还将借助这些自然属性、条件而形成新的社会关系，因此，婚姻作为社会关系的特殊形式具有一定的社会内容。[4]变性人变性后虽然不具有生育能力，但其确实具有了另一种性别的生理特征。这时变性人可以以哪一种性别与他人结婚，完全取决于其法律性别。变性人在更改了户籍和身份证上的性别后，只要符合结婚的实质要件，是可以与异性结婚的。申请结婚登记的

---

〔1〕 参见杨大文主编：《婚姻家庭法》，中国人民大学出版社2000年版，第3页。

〔2〕 参见巫昌祯主编：《婚姻与继承法学》，中国政法大学出版社2001年版，第26页。

〔3〕 参见扬遂全、陈红莹：《婚姻家庭法新论》，法律出版社2003年版，第8页。

〔4〕 参见巩沙、郝惠珍主编：《以案说法新版——婚姻家庭法篇》，中国人民大学出版社2005年版，第32页。

当事人，只要户籍和身份证上的性别登记为一男一女，婚姻登记机关就应给符合结婚实质要件的当事人办理结婚登记手续。[1]正如中国人民大学婚姻法专家杨大文教授所指出的："当人的自然身份和户籍证明一致的时候，登记结婚在法律上就没有问题。变性人通过变性使得自己的自然身份发生了改变，同时他们也通过合法的手续改变了户籍证明上的性别登记，两者只要保持一致，结婚就是正当的。法律主张现实存在，当婚姻主体是一男一女时，他们当然可以结婚。"[2]

（三）允许变性人结婚，能否引发同性婚姻合法化问题

有人认为允许变性人结婚等于间接地承认了同性婚姻。中国人民大学婚姻法专家杨大文教授表示："这两者毫无关系。同性恋者的性取向是同性，所以不存在一个同性恋者通过变性手术达到结婚这一问题。"笔者认为，应从两个方面考虑：如果是先同性恋，为了达到与对方结婚的目的，作变性手术后与原同性恋对象结婚，就会变相地引发同性婚姻合法化问题，至少有使同性婚姻合法化的嫌疑；如果是先变性，后与异性恋爱结婚，此时结婚双方的生物学性别虽然是同性，但法律性别却是异性，符合婚姻的含义，不会引发同性婚姻合法化问题。

（四）变性人的告知义务

变性人有结婚的权利和自由，但是变性人要求结婚的，首先应向对方履行告知义务，让对方知道自己是变性人，以便让对方作出是否与其结婚的选择。对方在知情的情况下仍然同意与变性人结婚，就等于自愿承担了风险，认同了变性人的差异和特性，这也充分体现婚姻自由原则。如果变性人婚前故意隐瞒变性的事实，对方在不知情的情况下与变性人结婚，婚后发现与自己结婚的人是变性人，那么在另一方提起离婚诉讼的情况下，法院应如何认定该婚姻的效

---

〔1〕 参见巩沙、郝惠珍主编：《以案说法新版——婚姻家庭法篇》，中国人民大学出版社2005年版，第33页。

〔2〕 2003年9月12日北京晨报。

力呢？有一种观点认为应是无效婚姻。笔者认为，按目前法律规定，此种情形不属于无效婚姻的法定情形，只能按照离婚来处理，且人民法院应当把此种情形认定为“其它导致夫妻感情破裂的情形”，准予离婚。

变性人可以登记结婚，又一次体现出法律的宽容精神。正如法律专家所指出的：对少数人的群体及其生活方式的宽容与尊重，是一个社会真正走向文明、开放和进步的标志。从人对自己的幸福生活的理解、感受和追求来看，生活方式的多样性选择是正常的。因此，一个社会应该顺应人的这种本性，并容忍其公众独立自主地进行生活方式与生活道路的多样化选择。这表明了我们当今社会对“变性”公民的人格尊严及其正当的平等权利的充分尊重。[1]

四、变性人的“离婚”问题

（一）对民政部《关于婚姻当事人一方变性后如何解除婚姻关系问题的答复》及相关观点的评价

对于如何解决变性人的婚姻问题，2002 年民政部经商最高人民法院和公安部，印发了《关于婚姻当事人一方变性后如何解除婚姻关系问题的答复》（民办函［2002］127 号，以下简称《答复》）。《答复》指出：“（当事人）在办理结婚登记手续时符合结婚的实质要件和形式要件，结婚登记合法有效，当事人要求登记机关撤销婚姻关系的请求不应支持。如果双方对财产问题没有争议，登记机关可以参照协议离婚处理，离婚效力自婚姻关系解除之日起算，双方因财产分割发生争议起诉至人民法院的，人民法院在解除当事人婚姻关系的同时一并解决财产问题。”笔者认为，此《答复》内容与法理相悖，与婚姻关系的本质不符，有违于我国的传统习惯、伦理道德及现行立法。我国《婚姻法》第 31 条规定：“……男女双方自愿离婚的，准予离婚……”《婚姻登记条例》第 10 条规定：“内地

---

〔1〕 2003 年 9 月 12 日北京晨报。

居民自愿离婚的，男女双方应当共同到一方当事人常住户口所在地的婚姻登记机关办理离婚登记”。根据上述法律规定，即能推论出离婚的当事人必须是男女不同的性别。换言之，法律关于离婚主体的规定是指“男女双方”，而不是“男男双方”或“女女双方”，两个男人或两个女人是不能提出离婚的。

如前所述，婚姻的主体要素是男女两性，不管是婚姻关系的建立还是婚姻关系的解除，都只能是发生在异性之间，这为世界上绝大多数国家所肯定，虽然目前少数西方国家如荷兰、比利时、加拿大、挪威及美国的部分州相继立法承认了同性婚姻，其他欧洲国家如法国、意大利和西班牙的某些地区也陆续出台了与同性婚姻有相似意义的家庭伴侣法，但是我国是不会认可同性婚姻的，现行立法也只承认异性结合的婚姻形式。如果变性人与配偶的婚姻关系参照离婚办理，就等于变相承认同性婚姻，造成同性离婚的结果，如此就会与我国现行法律相矛盾，陷入一种法理上和伦理上的困惑和尴尬：一方面，我们不承认同性婚姻，一方面又要让他们按离婚程序解除婚姻关系。[1]还有一个尴尬的问题是：有配偶者变性后，如果双方都不愿意解除婚姻关系，能否强制他们解除呢？众所周知，在当今社会主义制度下，不适用中国封建社会特有的“义绝”离婚制度。[2]婚姻关系的解除是以当事人的请求为前提的，没有当事人的离婚请求，任何人不能强制当事人解除婚姻关系。如果变性者与配偶没有提出解除婚姻关系的请求，他们就会继续像变性前一样生活，这便意味着实质性的“同性婚姻”的存在。如此一来，又等于变相地承认了同性婚姻，造成合法的异性婚姻与非法的“同性”婚姻并存的尴尬局面。法律的盲点，又使法律对由变性产生的“同性婚姻”

〔1〕 参见张伟：“变性人婚姻家庭面临的法律问题”，载《法制日报》2005年10月16日。

〔2〕 义绝是我国古代所特有的一种强制离婚制度，是指如果夫妻之间、夫妻一方与他方的特定亲属、双方特定亲属间出现了一定的事件，经官司处断后，认为夫妇之义当绝，强迫离异，若不离异，即予处罚，这反映了封建统治阶级对婚姻家庭的直接干预。

的处理陷入了束手无策的境地。现实生活中已有活生生的例子：51岁的东北农民陈某2007年4月变性后说："我不会离婚的，这是我的责任"，陈某和妻子选择不离婚，认为家可以由两个"女人"组成，至今陈某与妻子以姐妹相称生活在一起。

有一种观点认为，此种情形可参照婚姻关系终止原因中的死亡（包括宣告死亡）的精神办理，这是婚姻关系终止的自然原因，而离婚则是婚姻关系终止的人为原因，即夫妻中一人做了变性手术后，其赖以存在的婚姻属性和法理基础就不存在了，我国婚姻法规定，男女双方自愿离婚的，准予离婚，即离婚的主体是一男一女。既然我国不承认同性婚，就应视为他们双方的婚姻关系已自然终止，推定一方为自然死亡，且发生与自然死亡同等的解除婚姻关系的效力，无需再去履行离婚的法定程序。[1]笔者认为：此观点固然可以解决"变性人与配偶的婚姻关系参照离婚办理"带来的尴尬，但其不符合法理基础。按此观点，夫妻一方变性就推定其自然死亡，换言之，变性等于自然死亡，这显然是讲不通的，配偶一方死亡是婚姻关系终止的自然原因，而变性不是自然原因，而是人为原因。

（二）应把变性视为婚姻关系终止的单独的一种原因

在近现代的绝大多数国家法律中，都把死亡和离婚视为婚姻关系终止的两个基本原因。我国亦采用此种立法例。然而在人类历史的发展过程中，婚姻关系终止的原因并不是一成不变的，在不同时代的法律中是有所不同的：如在罗马法中，与奴隶制相适应，导致婚姻关系终止的原因除一方死亡和离婚外，还包括一方发生"人格大减等"即因受奴役而失去罗马公民权；[2]又如在寺院法中，由于实行禁止离婚主义，配偶一方死亡成为婚姻关系终止的惟一原

〔1〕参见张伟："变性人婚姻家庭面临的法律问题"，载《法制日报》2005年10月16日。

〔2〕参见杨大文主编：《亲属法》，法律出版社2004年版，第146页。

因。[1]然而随着科学技术的迅猛发展，在婚姻家庭领域，越来越多的新情况新问题得以涌现，必然会对人类社会的伦理、道德、法律制度等形成巨大的冲击。法律应该紧跟形势、与时俱进，及时对一些新型社会关系用法律加以调整。有配偶者选择了变性，就意味着婚姻关系的解体，婚姻关系是一种民事法律关系，一方“变性”这个法律事实足以导致婚姻关系的终止，但不是推定变性人自然死亡，而是把变性视为婚姻关系终止的单独的一种原因，如此，前述的尴尬和困惑问题就会迎刃而解。变性人变性后应及时向公安部门申请性别变更登记，变性人与配偶的婚姻关系自批准性别变更登记之日起终止。

（三）变性人婚姻关系终止在亲子法上的效力

1. 变性后的父母子女关系

如前所述，尽管变性人的身份以及晚辈直系血亲对其的称谓会非常尴尬，但这并不影响变性人与子女的权利义务关系。这是因为，父母子女关系是基于子女的出生而发生的客观事实，这种自然的血亲关系是客观存在的，不因性别的变化而改变，除非一方或双方死亡，不可能人为地解除，离婚或变性都不可能解除父母子女关系。

2. 变性人婚姻关系终止后子女直接抚养方的确定

婚姻关系的终止不改变父母子女关系，但抚养子女的方式会发生变化，父母双方同时与子女共同生活成为不可能，因而必然产生子女由哪一方直接抚养的问题。为了保护子女的利益，尤其是保障未成年子女的健康成长，从“子女最高利益原则”出发，可由未变性一方直接抚养未成年子女，变性一方承担子女的抚养费，直到其独立生活时为止。即使未变性一方丧失监护能力，为避免子女面对父亲是女性或母亲是男性的尴尬，亦不宜由变性方直接抚养子女，子女可与其他有抚养义务的人共同生活，抚育费仍由变性一方承担。

---

〔1〕 参见巫昌祯主编：《婚姻家庭法新论——比较研究与展望》，中国政法大学出版社 2002 年版，第 294 页。

另外，也可考虑构建未成年子女抚养费的信托制度，即由变性人一方作为委托人，将抚养费等财产权利交付受托人（原配偶）控制与支配，确定未成年子女为信托受益人，使受托人为受益人的利益而持有抚养费等财产，为共同受益人（子女）服务，而子女享有受益所有权。[1]如果是离婚后又变性，而在离婚时确定的子女直接抚养方是变性者，那么子女的抚养关系也应相应地发生变更，子女直接抚养方变更为未变性一方较为适宜。

3. 婚姻关系终止后，变性人对未成年子女的探望权问题

探望权是离婚父母对未成年子女享有的一项法定权利。尽管变性和离婚都不能解除父母子女关系，变性后的父母子女关系与离婚后的父母子女关系是一样的。但变性毕竟不同于离婚，故变性人对未成年子女的探望权与离婚父母对未成年子女的探望权不能完全相同。笔者认为，变性人对不满10周岁的未成年子女享有探望权，有关内容可以参照法律关于离婚父母对未成年子女的探望权的规定。变性人对10周岁以上的未成年子女的探望问题，应考虑该子女的意愿。10周岁以上的未成年人是限制民事行为能力人，对事物有一定的辨别能力。子女是否愿意让父母探望，应征求子女意见，由子女作出选择，变性人应尊重子女的意愿。

五、变性人的生育问题

变性人变性后不具有生育能力，当变性人履行了告知义务，对方在知情的情况下仍然同意与变性人结婚，就认为他放弃了自己与变性人的生育权。生育是家庭的基本职能，人类社会自个体家庭出现以来，人口的再生产就是通过家庭来实现的。子女是家庭幸福快乐的源泉，变性人婚后仍有生儿育女的愿望，仍有与正常人一样的享受天伦之乐的愿望。随着现代社会生育观的进步和科学技术的不

---

〔1〕 参见张伟："变性人婚姻家庭面临的法律问题"，载《法制日报》2005年10月16日。

断发展，人们在生育方式上发生了一些变化，尽管传统的自然生育方式仍居主导地位，但性与生殖的分离是现代生育观念的一个显著特征。目前的科学技术尚不能使变性人完全实现其生育功能，男变女或女变男都没有生殖能力，因此，子女将主要通过收养和人工生殖技术来解决。[1]

(1) 生物学性别是两个女性的一对夫妻，亦即丈夫是女变男，妻子的生物学性别是女性，由于两人的性染色体都是XX，不可能自然生育子女，妻子可以通过实施异质人工授精的方法生育子女，亦即使用第三人提供的精子对妻子进行人工授精。

(2) 生物学性别是两个男性的一对夫妻，亦即妻子是男变女，丈夫的生物学性别是男性，由于两人的性染色体都是XY，不可能自然生育子女，更由于我国法律明确禁止任何形式的代孕技术，所以不可能通过实施人工授精的方式生育子女，只能收养子女。

(3) 生物学性别是一男一女的一对变性夫妻，亦即丈夫是女变男，妻子是男变女，虽然夫妻二人的性染色体一个是XX，一个是XY，但妻子没有自然女性的内生殖系统，法律又明确禁止任何形式的代孕技术，所以亦不可能通过实施人工授精的方式生育子女，只能收养子女。

关于养子女的法律地位，我国收养法有明确具体的规定，变性夫妻收养子女的有关问题，严格按收养法的有关规定办理即可。关于人工受精所生子女的法律地位，我国婚姻法没有作出明确规定。1991年7月8日，最高人民法院在《关于夫妻关系存续期间以人工授精所生子女的法律地位的复函》中指出："在夫妻关系存续期间，双方一致同意进行人工授精，所生子女应视为夫妻双方的婚生子女，父母子女间的权利义务关系适用《婚姻法》的有关规定。"据此，只要夫妻双方协商一致，同意进行人工授精的，不论所生子女是否与父母有血缘关系，都应视为夫妻双方的婚生子女。关于"双方一

[1] 参见杨毅："'特殊婚姻'法律问题前瞻"，载找法网，http://www.findlaw.cn。

致同意”的形式，理论上来讲，可以是书面的，可以是口头的。但在审判实践中，已发生过这样的案例：开始夫妻协商一致，丈夫同意妻子实施异质人工授精，孩子出生后，丈夫又否认与妻子达成过接受人工授精的协议，拒绝承担抚养子女的义务。为了体现“子女最高利益原则”，也为了保护子女的合法权益，尤其是保障未成年子女的健康成长，笔者建议，应建立人工生育子女协议公证制度，在实施人工受精手术前，变性人和其配偶，应事先达成双方同意实施人工授精的书面协议，且必须经过公证，以作为今后发生纠纷时的法律依据。这样就避免了孩子出生后一方反悔，拒绝抚养的窘境，减少和化解相关纷争的产生，促使变性父母承担抚养子女的法定义务。

六、性别变更权与配偶权的冲突及解决途径

（一）夫妻互享配偶权

配偶是当代亲属法中的亲属类别之一，是具有合法婚姻关系的夫妻相互之间的称谓。配偶权乃“夫对妻以及妻对夫的身份权”，[1]即基于婚姻关系而享有的为夫为妻的权利。关于配偶权的内容或者配偶权内含的各种派生权利，尽管学术界意见纷呈，见仁见智，[2]但有一点是达成共识的，即同居权（或者称为同居义务）是配偶权

〔1〕 参见张俊浩主编：《民法学原理》，中国政法大学出版社 1991 年版，第 161 页。

〔2〕 第一种主张，认为配偶权的内容包括：①同居权；②贞操请求权；③感情联络权；④生活互助权；⑤离婚权；⑥其他权能。例如：扶养权、财产管理权、日常家事代理权、监护权、收养子女权、住所商定权、行为能力欠缺宣告权、失踪宣告权、死亡宣告权、继承权。参见张俊浩《民法学原理》，中国政法大学出版社 1991 年版第 161 页。第二种主张，认为配偶权的内容包括：①姓名权；②同居义务；③住所决定权；④忠实及协助义务；⑤选择职业的自由权；⑥抚养教育子女的权利和义务；⑦代理权；⑧夫妻订约权。参见李志敏：《比较家庭法》，北京大学出版社 1988 年版，第 101 ~ 108 页。第三种主张，认为配偶权的内容包括：夫妻姓氏权；同居义务；忠实义务；住所决定权；职业、学习和社会活动自由权；日常事务代理权；相互扶养、扶助、救助权；及生育权和计划生育义务。参见杨立新：《人身权法论（第三版）》，人民法院出版社 2006 年版，第 761 ~ 770 页；第四种主张认为配偶权的具体内容为：夫妻姓名权、住所决定权、同居义务、贞操忠实义务、日常事务代理权。参见马强：“试论配偶权”，载《法学论坛》2000 年第 1 期。

内容之一。关于同居的含义，《现代汉语词典》做了以下解释：一是同在一处居住；二是指夫妻共同生活。夫妻同居权，是指在婚姻关系存续期间，夫妻一方以配偶的身份要求对方与自己共同生活的权利。“共同生活”的内容不仅包括夫妻共同居住于婚姻住所，而且还包括共同的物质生活、精神生活和夫妻性生活等内容，其中夫妻性生活是其重要的内容。性是婚姻的基础因素之一。婚姻作为人类一种社会性的行为，应以性作为前提。性不仅是婚姻的基础，也是婚姻的主要内容，这是性与婚姻的本质联系。性在婚姻中的价值是同性在人性中的价值联系在一起的。日本学者津贸宏曾经形象地指出，“性永远是窥视人性存在的重要窗口。”性权利的充分享受程度，是其生活质量的一个重要标志，也是婚姻质量好坏、婚姻关系能否存续和家庭能否稳定的关键。〔1〕

婚姻家庭法学理论认为，婚姻的性质包括自然属性和社会属性，虽然社会属性是婚姻的根本属性，但它并不排斥婚姻的自然属性，自然属性是婚姻赖以形成的自然因素。这些因素是与生俱来、客观存在的，因而自然属性是婚姻内在的、固有的因素，失去了自然属性的婚姻就不是真正的婚姻了。男女两性的生理差别和人类固有的性本能，是婚姻关系建立的自然基础，是人类生存和发展的必然要求。因此，同居是基于婚姻的自然属性而产生的夫妻间的本质性权利和义务，是婚姻成立的当然后果及婚姻关系得以维持的基本要件。夫妻互享配偶权，从结婚时起，缔结婚姻的当事人双方都明白婚姻的缔结就意味着夫妻共同饮食起居和相互间的性生活。这就是说，结婚就意味着夫妻双方共同选择了同居的权利义务。〔2〕同居权是夫或妻一方的权利，同时也是彼此的义务，同居义务作为配偶权的内容，是法定义务，是夫妻双方共同的、平等的义务，非有正当理由，

〔1〕 参见阙敏：“论婚内性权利及其维护”，载《苏州科技学院学报（社会科学版）》2004 年第 4 期。

〔2〕 参见周悦丽：“配偶权、忠实义务与隐私权保护——承认配偶权前提下分析”，载《政法论丛》2005 年第 6 期。

夫妻任何一方不得拒绝履行。

（二）性别变更权与配偶权的冲突

夫妻互为配偶，并以两性差异和两性生活为其生理基础。在婚姻关系存续期间，夫妻一方变性，改变了婚姻的两性结构，无法履行夫妻同居义务，另一方即被动丧失了性生活条件，造成配偶的性利益丧失，进而以性生活为主要内容的同居权的实现成为不可能。由此可见，性别变更权与配偶权存在冲突，保护了一方当事人的性别变更权就势必会侵害对方的配偶权，支持了一方的配偶权反过来就会侵害另一方的性别变更权。对此，必须明确以下观点，才能处理好两者的冲突问题：

第一，性别变更权是《宪法》赋予公民的人权。我国《宪法》第 33 条第 3 款规定“国家尊重和保障人权”。法理上性别变更权是公民的人格权，是与生俱来的自然权利。性别变更权作为一种特殊的人身权，其重要性与生存权等价。在法治社会，性别变更权与生命权几乎融为一体，是公民最基本的权利，受国家法律保护，是神圣不可侵犯的。

第二，夫妻同居权是基于《婚姻法》的规定，受《婚姻法》的保护，是缔结婚姻关系所产生的配偶身份权，对维系婚姻生活、家庭幸福、稳定社会起着极其重要的作用。恩格斯在《家庭、私有制和国家的起源》中论及“婚姻是以性爱为基础的，没有性爱的婚姻，是不道德的婚姻”。可见，夫妻同居是婚姻生活中最基本，也是最重要的内容。

那么，缔结婚姻后，妻子享有配偶权，是否就可以否定丈夫的性别变更权；或者强调丈夫的性别变更权，就可以剥夺妻子的配偶权。笔者认为，这两种观点都是错误的。性别变更权主张和夫妻同居权的行使都是法律赋予的权利，对夫妻双方来说，这两个权利至少应该是平等的，不应该厚此薄彼。变性是自然人选择性别的权利，同居是夫妻一方以配偶的身份要求对方与自己共同生活的权利，两项权利在民法上均属于以人身利益为客体的权利，并列存在于人身权体系。一般来说，当两项属于同一体系的权利发生冲突时，除非有法律的明确规定或者当事人的特别约定，是不能以牺牲一项权利来保全另一项权利的。

（三）解决途径

针对上述分析，笔者认为，预解决性别变更权与配偶权的冲突，最关键的是要在二者之间找到一个最佳平衡点，如果夫妻一方有下列情形，即应优先保护变性权，否则，即应优先保护配偶权。这既是世界各国立法发展的趋势，也是我们正确处理性别变更权与配偶权冲突的关键所在，它既能保障夫妻一方配偶权的实现，稳定婚姻家庭生活，又能充分保障夫妻一方性别变更权的实现。

1. 患有严重的“易性病”[1]

易性病（transexuals）是性身份严重颠倒性疾病，绝大多数病人自童年期开始即表现出了易性行为。典型的易性病患者，3~4岁萌发想法，4~5岁对性别产生蒙蒙意识，青春期剧变，认定自己是异性。十六七岁开始，病程加重，确认自己错生性别，持续地感受到自身生物学性别与心理性别之间的矛盾或不协调，男的认为自己应该是女人，女的认为自己应是男人，强烈地要求改变自身的性解剖结构，衣着、举止、爱好、志向都出现异性化，回避人群，且不进澡堂、公厕，持续而强烈地要求变性。在易性要求得不到满足时，常因内心冲突而极度痛苦，甚至导致自残、自戕。[2]根据著名的“易性病”现象研究专家何欧尼格在1964年的概括，易性病的特征为[3]：①深信自己内在是真正的异性；②声称自己是异性，但躯体

---

〔1〕 在医学界易性病通常被称为易性癖，而癖是指“积久成习的嗜好”，是指后天养成的一种习惯。众多的病例资料表明，易性病是与生俱来的，并非积久成习，医学专家们认识到这是一种性心理障碍范畴内的心理疾病，属于疾病的范畴，并非积久而成的嗜好，将它称为“癖”是对易性病的误解，因此命名为易性病较妥。

〔2〕 2007年08月17日重庆晚报报道，河北省青县人郭希康，已婚，女儿14岁，2007年08月15日晚11点10分左右，在重庆市急救中心旁街心花园自残，剪掉了他的阴囊和阴茎。

〔3〕 笔者理解易性病的特征亦即易性病的诊断标准。

发育并非异性，亦非两性畸形；③要求医学改变躯体，成为自己所体会的性别；④希望周围人按其体验到的性别接受自己。

目前我国关于易性病的临床诊断标准，几乎是医院及医生自己掌握，没有通行、可信服的规范化的法律、行政法规和规章确定的标准。为保证患者利益、填补法律空白和预防医生本身的法律风险，建议应当由国家卫生部门会同相关部门，邀请性心理、内分泌、精神病、泌尿、整形、妇产科和法律方面的专家组成的专门委员会，在参考国外诊断标准和我国变性手术专家们的临床做法的基础上，讨论确定我国“易性病”诊断的医学标准。一方面是对病患的高度负责，另外也是对社会关系即将发生的变化之高度重视。通过建立这样的规范性标准，医生判断既容易也准确，病患及家属有参照，即使将来发生医疗纠纷也有可供判断的可靠性依据。[1]由于易性病的临床诊断标准是一个医学问题，笔者作为一名法律工作者，在此不敢多加妄言。

2. 变性手术前进行了不少于3年的心理矫治、精神治疗，但其病态心理仍未矫治好

2009年6月16日卫生部印发了《变性手术技术管理规范（征求意见稿)》，第三条“手术前患者必须满足的条件”中规定“术前接受心理、精神治疗1年以上且无效。”笔者建议改为3年。医学专家们认为易性病属于心理疾病，要求变性的人，从医学角度来看是心理变态的人，其要求变性的心理属病态心理。一个正常的人是不会有这样的要求的。正因为要求变性的人是心理变态的人，不是心理正常的人，所以我们就不能像对待正常人那样对待他（她）们。对有变性要求的人，在变性手术前，应首先对他们进行心理治疗，矫正其病态心理，把他们的心理疾病治好。如果能矫治好，那是最理想的，这是对他（她）的生命健康权最大的保护。笔者认为应设

〔1〕 参见陆俊杰：“法哲学视野下变性权利的期待与规范分析”，载《中国卫生法制》2007年第5期。

立心理矫治机构，对易性病患者进行心理矫治，如果经过不少于3年的心理矫治后，其病态心理仍未得到矫正，仍然一如既往强烈要求变性的，就应该尊重和保护患者的自主选择权，满足其变性要求。

3. 日常生活中试行异性角色至少3年，确感满意并坚持变性要求

变性手术是易性病患者以牺牲健康肌体为代价，获得自己所认同的性别，满足自己的心理需求。然而，在学习、就业、婚姻等方面要获得整个社会对他（她）们新性别的认同，却需要更长的时间。如果说，他们在变性手术之前经历的是“灵魂”与“肉体”分裂的矛盾挣扎，那么他们在变性手术之后所面对的是重塑的性别角色与社会主流文化的冲突，特殊的“性别身份”常常为他们招来异样的目光和尴尬的处境。他们必须重新确定自己的角色，重新去适应整个社会。这对于患者来说是一个巨大的挑战。当他们真正做到身心合一的时候，出现在他们面前的并不是期待已久的蓝天。尽管变性手术使一些易性病患者的悲惨生活有所改善，但是，大部分变性人得到的仍是拒斥与不解，他们找回了“自我”却失去了整个“世界”。美国人马丁诺曾经调查了100名作过变性手术的患者，发现94%的患者因为不能被认可而搬迁，过起隐姓埋名的生活，70%的患者在治疗过程中就搬到了郊区人烟稀少之处，只有20%的患者愿意留在城市里。可以看到，即使在美国，社会对变性人的舆论压力也是非常大的。[1]据瑞典1986年的一项实验报告显示，瑞典曾对13例变性手术进行平均12年以后的追访，结果大部分人对手术不满意，其中8人术后性心理没有改变，4人后悔，1人要求重新改变性别。根据中国医学科学院整形外科医院陈焕然博士掌握的资料，60%的病人完成变性手术之后，生活都不幸福。中国目前还是一个“乡土社会”，即熟人社会，群众都有好奇心，大家街头巷尾的议论容易给变性人的生活带来一定的压力。不难想象，在中国这样一个

〔1〕 参见李红娟：“非常男女——走在性别夹缝中的变性人”，载中国人民大学性学研究所网，http://www.sexstudy.org。

深受“男女有别”传统文化观念影响的国家，人们对变性人的误解与偏见在短期内是无法改变的。[1] 美国第一位变性人的自传小说《变性人》中的一段叙述是耐人回味的：“不是亲身经历过变性的人，决不会理解到一个男性女性兼备的，并且阴阳倒置的人身体上所受的煎熬。被这种什么都具备又什么都不明确的两性禁锢的人，身体上和精神上所遭受的是无止境的非难和屏弃，以至由此产生的绝望。”国外医学统计资料显示70% ~80%以上的变性人手术后心理并未改变，出现精神分裂等不适应症，由此患者对手术的心理期望值与手术的实际效果之间的差距可能引发当事人的后悔。当事人对变性手术后的社会角色与社会认同艰难的适应过程中，当不能顺利担当新的社会角色时也会引起当事人的后悔。[2] 许多手术前对未来生活缺少打算又没有一技之长的变性人，最终都沦落到社会的最底层，或是卖苦力，或是从事性交易，或是走违法犯罪的道路。[3] 所以在变性手术前，通过至少 3 年的完全公开进入易性角色的社会生活，本人确感满意并坚持变性要求，以此作为考虑是否施行变性手术的参考依据。

4. 年满 25 周岁且具备完全民事行为能力

2009 年 6 月 16 日卫生部印发了《变性手术技术管理规范（征求意见稿）》，第三条“手术前患者必须满足的条件”中规定“年龄大于 20 岁，是完全民事行为能力人。”笔者建议改为年满 25 周岁。理由有两点：其一是变性属于自然人重大的身份变化，行使性别变更权更是一项重大的决定，变性行为不仅涉及患者疾病的治疗，更涉及患者今后生活方式的选择。易性病患者必须充分认识到变性手术是不可逆的，把自身的性解剖结构变成异性结构，从现有性别角色变为异性角色，这是人生所有改变中最激烈的改变。可以说，对

[1] 参见李绍章：“变性手术亟待规则介入”，载东方法眼网，http://www.dffy.com。

[2] 参见舒钰琳：“变性手术的法律争议”，载中国法院网，http://view.qq.com。

[3] 参见陈晶晶等：“变性人 60% 不幸福”，载《大江周刊（城市生活）》2007 年第 5 期。

任何一个自然人，除了生存权本身以外，几乎没有其他的个人权利比性别变更权更为重要。依我国《民法通则》规定的精神，公民的民事行为能力是以人的认知能力为根据，而人的认知能力又与人的智力、年龄和健康状况密切相关。所以，变性决定只能由具有足够意识能力和智力能力，了解变性实质意义的完全民事行为能力的患者本人做出。其二是从生理学角度来看，变性手术应在生理发育完全成熟以后进行最为恰当，因为国内外均有儿童期作了变性手术，然而到青春期却出现相反性别表现的报道。世界卫生组织将青春期年龄范围定为10到24周岁，我国一般把青春期年龄范围定为10到20岁，前文已有“变性手术前进行了不少于2年的心理矫治”和“日常生活中试行异性角色至少3年”的建议，因而变性手术的年龄就应当年满25周岁。

综上所述，变性作为另一种生活方式，虽然在人类群体中的比例不大，但它对婚姻家庭的影响却是巨大的。我们应理性、宽容、务实、平等地对待变性人，创造一种真正的宽容、理解和尊重多元化社会的价值观，在法治的架构内，充分尊重和保护他们的各项权利。但毕竟变性会带来诸多的社会、伦理道德、法律等复杂问题，亟需运用法律等多种手段预先防范和规制，亟待在理论上深入研究，观念上创新，立法上日臻完善。

第二节　大学生结婚问题研究

关于在校大学生能否结婚问题，在我国经历了漫长而曲折的过程。长期以来，人们一直认为，大学生是天之骄子，应以学习为重，结婚会牵扯大量精力，不利于大学生学业的完成。考虑到高等教育资源紧缺和管理体制等原因，同时也是为了保障大学生能够集中精力完成学业，因此原国家教委1990年《普通高等学校学生管理规定》（以下简称旧《规定》）第30条规定：“在校学习期间擅自结婚而未办理退学手续的学生，作退学处理”，第33条进一步强调“取消学籍或退学的学生，均不得申请复学”。2001 年 4 月，教育部发文，对报名参加普通高考的考生取消了年龄和婚姻状况的限制，这使得“在校大学生能否结婚”的问题引起了广泛关注。2005 年 9 月 1 日施行的《普通高等学校学生管理规定》（以下简称新《规定》）对于在校大学生能否结婚则未作任何规定。这表明，国家取消了在校大学生结婚的“禁令”。依照 2003 年 10 月 1 日施行的《婚姻登记条例》规定，结婚登记只需持身份证和户口簿（或户口卡），无需单位出具婚姻状况证明，不再强制婚检，这使得在校大学生结婚成为可能。

一、在校大学生结婚的合法性

婚姻自由是法律赋予公民的一项权利，任何人不能强制和干涉，这是公民的民主权利在婚姻法上的体现。《宪法》第 33 条规定：凡具有中华人民共和国国籍的人都是中华人民共和国公民；中华人民共和国公民在法律面前一律平等；国家尊重和保障人权；任何公民享有《宪法》和法律规定的权利。第 49 条规定：婚姻、家庭、母亲和儿童受国家保护；禁止破坏婚姻自由。《婚姻法》第 2 条规定：实行婚姻自由、一夫一妻、男女平等的婚姻制度。第 3 条规定：禁止包办、买卖婚姻和其他干涉婚姻自由的行为。第 5 条规定：结婚必须男女双方完全自愿，不许任何一方对他方加以强迫或任何第三者加以干涉。第 6 条规定：结婚年龄，男不得早于 22 周岁，女不得早于 20 周岁。《高等教育法》第 53 条第 2 款规定：高等学校学生的合法权益，受法律保护。

由此可见，大学生享有结婚权在我国的法律中已经得到了充分体现。尽管在校大学生的身份及环境具有特殊性，但只要男女双方达到法定婚龄，又符合结婚的其他实质条件，他们当然可以自主结婚，任何第三者不能干涉，更不能擅自提高法定婚龄。“任何第三者”包括大学生的父母，也当然包括大学生就读的大学。因此，从法律上讲，适龄大学生完全有结婚的权利，允许在校大学生结婚是我国法制进步的体现，标志着我国从“重视管理秩序轻视个人权利”向“管理秩序与个人权利并重”转变。

二、取消大学生结婚限制之价值

（一）体现了部门规章与国家法律不能相抵触的位阶关系

《立法法》第78条规定：《宪法》具有最高的法律效力，一切法律、行政法规、规章都不得同《宪法》相抵触；《立法法》同时明确了五个法律使用规则：即上位法优于下位法、特别法优于一般法、新法优于旧法、同位阶的法律规范具有同等效力并在各自范围内实施、法律不溯及既往。在法治社会里，《宪法》和法律既已规定了公民的基本权利，就不能再由法规和规章加以限制，这是《宪法》的绝对效力原则。就是说，一切法律、行政法规和地方法规都必须以《宪法》为根据，不得在基本精神、原则和内容上与《宪法》相抵触，违背《宪法》的则必须“部分抵触，部分修改；全部抵触，全部无效”。教育部作为国务院的职能部门，其发布的《普通高等学校管理规定》是一个行政规章，与《宪法》《婚姻法》之间是下位法与上位法的关系，只能适用“上位法优于下位法”的原理。因此《普通高等学校管理规定》的相关内容应该与《宪法》《婚姻法》相统一，而新《规定》取消大学生结婚的限制，与《宪法》《婚姻法》关于公民结婚权规定的精神是统一的，所以说是部门规章与国家法律的统一。[1]

（二）在法律上是学生应有权利的回归

在校大学生不仅是具有高等学校学籍的学生，也是中华人民共和国公民，应享有法律所赋予的各项基本权利，如前所述婚姻自由权是《宪法》赋予公民的一项基本权利，属于公民的私权范围，任何人不得非法剥夺。依据《婚姻法》，只要在校大学生符合结婚的法

〔1〕 参见王红林、张黎娜：“从法律角度看在校大学生结婚问题”，载《法制与社会》2007年第2期。

定条件，就可以结婚。至于行使还是放弃这一权利，是大学生选择的自由。这本来是大学生作为一个公民应当享有的应然权利，但长期以来，大学生的这一权利迟迟得不到尊重和认可，而是以维护学校秩序的名义被禁锢和冻结。取消对大学生结婚的限制，真正地实现了法律上的界定和权利上的认可，从根本上来讲就是把大学生固有的权利归还给大学生，是权利的回归。〔1〕

（三）与在校大学生年龄有较大跨度的实际情况相适应

自2001年高考报名取消年龄25周岁的限制后，在校大学生主体已不再仅仅是从中学进入大学的普通学生，其中包括了一些年龄较大的大学生。对于这些可能已经工作了几年，有一定的经济基础，也有了交往较长时间的结婚对象的大龄在校大学生，在处理好学习和婚姻关系的前提下，结婚是可以理解的和应予准许的。何况教育部已取消了大学生入学时对婚否情况的限制，允许在校大学生结婚也就顺理成章了，这也与放宽的入学条件相适应。〔2〕

（四）有利于培养在校大学生的独立生活意识和责任意识

无论从我国的传统观念上还是从法律意义上，结婚都意味着当事人的经济独立。这一规定的变化有利于改变我国传统上父母对已成年有劳动能力但还无劳动收入的子女生活费、教育费大包大揽的做法。减轻父母经济压力，增强大学生的成人意识和责任意识。

2001年12月27日起实施的《最高人民法院关于适用〈中华人民共和国婚姻法〉若干问题的解释（一）》［以下简称《解释》（一）］第20条规定，"'不能独立生活的子女'，是指尚在校接受高中及其以下学历教育，或者丧失或未完全丧失劳动能力等非因主观原因而无法维持正常生活的成年子女"。此规定第一次明确了父母对成年子

〔1〕 参见王红林、张黎娜："从法律角度看在校大学生结婚问题"，载《法制与社会》2007年第2期。

〔2〕 参见王玮："对在校大学生结婚的有关思考"，载《河北青年管理干部学院学报》2005年第3期。

女的责任范围，将成年子女在大学阶段学习的生活费和教育费，从父母的责任范围中分离出来，虽然实际上父母为成年子女提供生活费、教育费的情况仍然很普遍，但从法律上明确父母的责任范围仍是非常必要的。在法律上强调成年子女应自立，不要无期限的依赖父母，有利于培养在校大学生的独立生活意识和责任意识。

三、在校大学生结婚之利弊

关于大学生结婚的利弊，有截然相反的两种观点：

一种观点认为在校大学生结婚弊大于利：在现有单一的教育制度下，结婚对大学生不利，结婚就要面临生活、生育、就业等一系列问题，这与目前的校园体制和就业体制是相冲突的。从道德角度上讲，在校大学生没有收入来源，大多还寄生在父母的供养之下，本身就由父母提供学费，再结婚，无疑又增加了父母的负担。一旦结婚，住房、收入等一系列问题也会紧跟而来，如果有了孩子，问题就会更加复杂繁琐。父母还得跟着你养孙子。而且生孩子期间，丈夫要照顾妻子，妻子得休息，双方的学业肯定会受到影响。

另一种观点则认为大学生结婚利大于弊：一是两人可以实现真正意义上的互帮互学，在学业上共同进步和提高；二是可以实现真正意义上的资源共享，课外书只买一套就行了，有些生活用品也无需重复购置；三是在生活上可以实现真正意义上的互相照顾，男生的粗犷与女生的细腻融为一体，彼此的大学生活可以更上一层楼。大学生与已经参加工作的人士结婚也是好处多多：一是经济上有了来源，物质基础上了一个台阶；二是生活上多了个亮点，业余生活会更丰富；三是工作者的实践经验与大学生的理论学习可以互补，对彼此都是大有裨益的。

四、在校大学生结婚引致的问题

与其他社会群体相比，大学生结婚可能会出现更多的问题、尴尬和困惑。首当其冲的就是住宿问题，为了照顾这些“学生夫妻”，学校是否要建几幢“学生鸳鸯楼”或是通过其他途径解决其安家问题？如果“学生夫妻”发生争执、出现家庭暴力等问题，校方该如何处置？最重要的是在校大学生能否生育问题，总不能规定大学生只能结婚不能生育吧？赋予了大学生结婚权，也顺带赋予了生育权。如果“学生夫妻”不慎做了“学生父母”，怀孕期间特别是临产期可否请假不上课？产后学校是不是还要给她们放几个月产假？有了孩子后问题就会更加复杂，孩子的哺育等问题将会长期困扰大学生。目前我国很多大学虽说是实施了学分制，但仍是全日制，没有像国外那样实行完全弹性学制，学习时间并不自由。还有经济问题，大学生没有固定的经济收入，大多数学生依靠父母。结婚特别是生育后，经济负担更加沉重，学生本人及其父母恐怕都难以承担，这时学校是否有义务帮助他们渡过经济难关？如此多的问题，怎么解决？都会困扰着学生、家长和学校。同时，结婚还是一个社会课题，与生育、就业等密不可分，高校作为一个单纯的教育机构，职能是科研和教育，绝对承担不了这么大、这么多的复杂事务。大学生结婚，势必会对学校的人力、财力分配产生影响，在目前我国教育经费严重不足的情况下，其带来的结果是可想而知的，由此引发的校园问题乃至社会问题也是难以预料的。

另外，大学校园内结婚者毕竟很少，更多的是同居，大学生最渴望的也并非对“擅自结婚”的认可，而是对“未婚同居”的宽容。从目前的情况来看，大学生谈情说爱偷吃“禁果”乃至变相“同居”，早已不是什么稀罕事了，因“同居”而被勒令退学的事例仍屡见不鲜，有的高校勒令的态度非常强硬。允许在校学生结婚可能会加剧“同居”现象的发生，问题是都允许学生结婚了，再出现未婚同居如何处理，还能不能勒令退学？目前我国法律对于未婚同居采取不提倡、不禁止的态度，那么高校是不是也应该“照章办事”？如果答案是否定的，就有可能会导致校园性关系的泛滥，既影响高校的教学秩序，也不符合我国的社会道德准则。

五、对大学生结婚的理性思考

（一）大学本科生的理性选择

从在校大学生结婚现状来看，真正结婚的本科生是极少数的。笔者曾对自己的本科学生做过调查，在回答“本科学习期间你会结婚吗?”时，被调查的112个学生，无一人选择“会”。笔者认为尽管大学生结婚具有合法性，但本科学习期间不结婚应是大学生的理性选择。理由如下：

1. 学习是大学生的天职

本科学习期间的大学生，精力充沛、朝气蓬勃、求知欲强、负担最少，正是年轻人抓紧学习、刻苦钻研、练就本领的最佳时代，是成才的黄金季节，理应好好把握，在青年时期扎扎实实地打好学业基础，未来才能成就一番事业，成为一个有益于国家和社会的人。大学生的主要任务是接受高等教育，学习科学和文化知识，为将来走上社会打下良好基础，因此对大学生来说，学习是天职，奋斗是根本。相反，婚姻会冲击学习。在人生的宝贵时期，把美好的时光消磨在花前月下，不仅浪费时间，也丧失了大学生应有的责任，势必要影响学业。所以个人的情感应当服从于学业，如果脱离了学业，婚姻和爱情就会变得渺小和苍白，失去鲜活的力量。正如培根所说，“一切真正伟大的人物，无论古人、今人，只要是其英名永铭于人类记忆中的，没有一个是因为爱情而发狂的人，因为伟大的事业抑制了这种软弱的感情。”〔1〕从学习是学生的天职这一角度来讲，本科学习期间不结婚是大学生的理性选择。

2. 不具备结婚的心理条件

符合结婚条件的大学生从生理上已经趋于成熟，但身心发育尚未完全成熟。他们长期处在单一的校园环境中，相对于参加工作、

〔1〕［英］弗兰西斯·培根：《培根论人生》，何新译，上海人民出版社1983年版，第56页。

走上社会的人来说，由于缺少和社会的直接接触，还不是个完全独立的社会人，他们的爱情观、婚姻观等都还处在萌芽阶段，还不成熟。对社会和婚姻、家庭存在诸多不切合实际的理想主义观点，往往把爱情视同于浪漫，把恋爱视同于婚姻，有时甚至简单地将性理解为婚姻。总之，大学生的心智还不成熟，心理与社会承受能力差，难以对自己的行为后果作出理性判断，对校园爱情缺少理性分析，自我控制能力不强，情绪波动较大，有时面对出现的心理矛盾束手无策，面对婚姻的复杂性认识不足。事实上，婚姻即生活，面临着柴、米、油、盐等家庭生活问题；面临着生活、生育、就业等现实问题；面临着从两口之家到三口之家的家庭关系的建立。而家庭就是责任，婚姻家庭中很多事情的发生和处理绝不是具有浪漫色彩的大学生所能预料的，如住房、子女教育、赡养老人等等。校园环境的单一性使他们对诸多问题的理性分析常常流于表面和肤浅。[1]以美国得克萨斯大学社会学家尼尔·克拉克·沃伦博士为首的一些科学家通过对数千例婚姻调查研究发现：21岁前结婚者的离婚率高达85%；而超过21岁结婚者的离婚率则降为30%～50%。21～22岁结婚者的离婚率是24～25岁结婚者离婚率的2倍。研究结果认为，太年轻的新婚夫妇经常意识不到婚后要承担的责任，常会争吵导致婚姻危机。[2]对大学生来说，尽管达到法定婚龄，但他们的心理年龄还不成熟，生理和心理之间的发展不平衡，造成他们对于婚姻和组建家庭缺乏足够的心理准备。因此从心理年龄上看，大学本科生不适宜结婚。

3. 不具备起码的物质基础

马克思认为，两性关系是人类为满足自身繁衍需要而存在的一种生产，它与人类社会的物质生产一样，是人类社会必不可少的生

〔1〕参见王菁、王小健：“试论在校大学生结婚的合法性和现实障碍”，载《徐州教育学院学报》2006年版第4期。

〔2〕参见肖峰：“大学生结婚——客观看待，理性前行”，载《校园心理》2007年版第2期。

产。它以人类社会的物质生产为基础。没有物质资料的生产就没有人类自身的生产。如果历史地看问题，真正意义上的婚姻是人们在一定的生产方式下体现生产资料所有制和社会分配关系的一种经济行为及其相互关系，物质基础本身已经成为稳定巩固配偶关系的手段。直至今天，婚姻仍然受生产资料所有制和财产占有关系的制约。在市场经济条件下，不同的生产资料和财产占有关系所导致的普遍存在的经济利益的差别会进一步反映到婚姻的选择决定和婚姻生活上。大学生中很多人是处于浪漫爱情的高潮之中来谈婚论嫁的，他们将结婚视为浪漫爱情的最高潮和总结。但却忽略了一个重要的事实，"结婚是一种社会制度，必是涉及诸多利害的选择，有很多庸俗的问题要处理"，〔1〕而这些都需要一定的物质基础予以保障。大学生身处求学阶段，尚未取得经济上的独立，还处于一种物质上的依附状态。他们中的绝大多数日常生活和学习的费用是由家庭来供给，对于结婚带来的巨大经济压力，根本无力面对和承载。经济条件如同一把利剑，约束着大学生的婚姻权，而"权利永远不能超出社会的经济机构以及由经济机构所制约的社会的文化发展。"〔2〕从这一意义上说，大学本科生的婚姻是空中楼阁，看上去美妙，但却没有现实性。

4. *存在着较大的角色冲突*

社会角色是个体在现实的社会关系和生活环境中所处的地位、身份，而这种社会地位、身份，决定了此个体应该具有的心理和行为。角色冲突主要表现为一个人同时担任两个或者两个以上的角色的冲突。中国大多数大一学生是应届高中毕业生，有的在年龄上甚至还没度过青春期，身份和角色仍处于混淆阶段。在校大学生结婚，就使得结婚者要同时担负两个要求都很高又彼此容易冲突的角色。

---

〔1〕 苏力："制度变迁中的行动者——从梁祝的悲剧说起"，载《比较法研究》2003年第9期。

〔2〕 全国人大办公厅研究室、中国社科院法学研究所："马克思 恩格斯 列宁 斯大林论法"，法律出版社1985年版，第20页。

在大学生的角色中，学业压力大，在此阶段要完成自己事业起步的专业奠基和人生规划；而在婚姻的角色中，又要通过大量的付出赢得对方的认同，获得相互的融合。这两种角色如果协调不好，就容易顾此失彼，甚至一损俱损。另外，婚姻应具有共同居住、共同生活的形式特点，而在校大学生的身份主要是学生，要在学校的管理下完成学习任务，并服从学校的统一管理。学校是统一的集体生活，难以满足婚姻的一般存在形式——共同居住、共同生活的要求。本科生在校结婚后，他们往往既当不好学生，出色的完成学业，也无法扮演好婚姻角色，承担起必要的婚姻责任，因而即使结婚也不是完整意义上的婚姻。

正是由于上述婚前婚后所面临的角色转换，生活方式的反差，使得绝大多数在校本科生，尚不具备进入婚姻殿堂的资格。

5. 对校园产生不利影响问题

校园是神圣的学习场所，近年来由于扩招等原因大学生素质良莠不齐，加上很多学校对政治思想教育和道德教育重视不够等原因，学校出现了一些与校园氛围不和谐的现象。如有些学生在大庭广众之下，搂抱、接吻旁若无人，毫无道德约束，损害了大学生形象，也损害了学校的形象。另外在大学校园经常出现成双成对过日子的夫妻或大腹便便的少妇，那情形更是有刹校园风景，也给绝大多数以学习为中心，在校园汲取精神营养，选择不结婚的大学生带来影响。与此同时也很难维护大学校园在人们心目中青春活泼、健康向上的美好形象，与校园文化极不和谐，甚至是破坏。[1]

（二）对本科生的生育作出限制

根据现有户籍政策，外地大学生考取大学后，户口则随之暂时迁入所就读的学校。但毕业后，户口何去何从呢？从我国目前许多大城市的户籍管理规定中可以看出，非学校所在地城市生活的大学

---

〔1〕 参见王玮："对在校大学生结婚的有关思考"，载《河北青年管理干部学院学报》2005 年第 3 期。

生户口很难迁入本城市，也即外地大学生如不在学校所在城市找到工作，其户口很难迁入该城市。那么，如果已婚大学生生育了子女，子女的户口则更难处理，学校不可能解决，公安机关又无法找到处理的突破口。结果是大学生子女有可能成为黑户口，而这又给子女的入托、上学、就业等带来了严重的影响。鉴于此，应对在校大学本科生生育作出明确地限制。

（三）禁止大学生未婚同居

在大学生婚姻权受到限制的时候（即2005年9月1日新《规定》施行前），大学生谈情说爱偷吃“禁果”乃至变相“同居”，就已不是什么稀罕事了。在国家取消了大学生结婚的“禁令”后（即2005年9月1日新《规定》施行后），大学生同居已是公开的事情了。2009年情人节前夕，某些高校周边的小旅馆成了学生度过情人节的大本营，大学生为过情人节纷纷开房，钟点房备受学生情侣青睐。南京仙林大学城附近的香樟园小区被称作情侣园，杭州的下沙高教园区周边的一些小旅馆，只要是遇到长假，尤其是寒假、暑假期间，就会频现学生情侣的身影，一些大学生情侣在学校放假之后并没有选择回家，而是与自己的“另一半”筑起“爱巢”，像模像样地过起了“假期夫妻”生活。[1]虽然我国法律对未婚同居未予禁止，但大学生未婚同居既影响高校的教学秩序，也不符合我国社会主义道德准则。正如《南京仙林大学城居民致开房同居大学生朋友的一封信》中的提醒：“青年大学生要树立正确道德情操，要自重，自爱，更要自强。更应该去做一些当代大学生应该做的事情，要有远大的理想，宏伟的抱负，正确的世界观……不要因为不成熟的儿女情而荒废了学业，糟蹋了自己，耽误了一生的幸福。我们真诚呼吁，年轻的女大学生们，自重，方能自立、自强，不要为那些浅薄、恍惚的诱惑去透支未来的幸福！年轻的男大学生们，请自爱，不要

---

〔1〕参见龚读法：“‘假期夫妻’催热旅馆经济，大学生同居引发热议”，载中新网，http://www.chinanews.com.cn。

为短暂、肤浅的欢愉去透支未来的幸福！如果你们彼此真诚相爱，首先请尊重彼此吧！道德的底线，男女双方都有责任去遵守！”[1]高校是培养造就社会人才的地方，在这片净土上未婚同居应当予以禁止。

（四）提倡、鼓励大学本科生不结婚、晚结婚

不限制大学生婚姻权，只是允许而不是鼓励在校大学生结婚。对大学生婚姻权的解禁，也只是赋予其法定的结婚权，法定权利相对于现实权利只是处于一种可能性的状态，并不是所有的法定权利都能够当然地转化为现实权利。大学生作为祖国未来的希望所在，学生时代应以学习为主，将主要精力用在学习上，这是毫不动摇的理念。教育行政部门和各高校应引导学生树立正确的婚恋观，各高校可以利用新生入学教育、课堂教学（开设公共选修课程）、专题讲座、班会、校报、网络、广播、社团等多种方式，教育学生树立以学习为重的思想观念，引导大学生明确恋爱、婚姻、家庭的责任与义务，避免错误的恋爱动机，理顺婚姻与学业的关系，确立“先立业，后成家”的婚姻观，从道德和法律的角度慎重考虑结婚问题。提倡、鼓励在校大学生不结婚、晚结婚。而选择结婚或入学时已经结婚的大学生也不能以结婚为由违反学校的规章制度。

第三节　服刑人员结婚问题法律规制研究

一、服刑人员结婚权历史考察

（一）国际社会对服刑人员结婚权的保障

在人类刑罚历史上，近代以前，由于刑罚追求报复性正义，国家通过对等的报复性行刑衡平侵害对受害的损益，罪犯只是供刑罚报复的对象，没有作为人的最起码的尊严与权利，更不用说结婚权。

---

〔1〕张艳红：“南京现‘最牛公开信’劝大学生情侣莫开房”，载新华网，http://www.chinanews.com.cn。

近代以来，在霍华德等人倡导下，发端于英国的监狱改良，使罪犯获得了最起码的人道待遇；而近代教育刑的崛起，推动了罪犯权利范围的扩张，出于改造罪犯的需要，许多监狱把能还给罪犯的权利尽量还给罪犯，这就使罪犯结婚权有了实现的可能。上个世纪的后半叶起，随着国际人权运动的广泛开展，保障罪犯权利的问题也日益引起国际社会的重视，尊重与保障罪犯权利逐渐成为各国刑罚的基本理念，关于服刑人员的结婚问题也被提上了议事日程。并且先后形成了一系列有关囚犯权利问题的国际协议或公约。《公民权利和政治权利国际公约》第 23 条规定：“已达结婚年龄的男女缔婚和成立家庭的权利应被承认”，“只有经男女双方的自由的和完全的同意，才能缔婚”。1948 年《世界人权宣言》第 16 条规定：“成年男女，不受种族、国籍或者宗教的任何限制，有权婚嫁和成立家庭”。联合国 1955 年通过的《囚犯待遇最低限度标准规则》第 79 条规定：“凡合乎囚犯及其家庭最大利益的双方关系，应特别注意维持和改善。”

（二）新中国相关立法概况

从新中国婚姻制度的历史沿革来看，对服刑人员结婚作了规定的是一些效力低位的司法解释及部门规章，主要有：

（1）1962 年 9 月 1 日，《最高人民法院关于保外就医犯人能否结婚的复函》（以下简称 62 年《复函》）提出：“这种犯人只要是合于婚姻法所规定结婚条件的，也和一般公民一样，是可以登记结婚的。”

（2）1963 年 8 月 31 日，《最高人民法院、最高人民检察院、公安部关于徒刑缓刑假释监外执行等罪犯的恋爱与结婚问题的联合批复》（以下简称 63 年《批复》），对于罪犯是否有结婚的权利分三种情况作了如下批示：其一，被判处徒刑缓刑和假释的罪犯，在缓刑或假释期间，他们的恋爱与结婚问题，只要合于婚姻法规定的条件，是可以允许的，不必经过公安机关或人民法院审查批准；其二，年龄在 55 岁以上，身体残废，取保监外执行的罪犯以及过去由法院判处的两种监外执行的罪犯，他们的恋爱与结婚问题，可以允许，由婚姻登记机关审核即可，无须经过公安机关或人民法院的审查批准。其三，对于因病保外就医的罪犯，考虑到病愈后还要收监执行的情况，因此，他们的恋爱与结婚问题以不允许为宜。从63年《批复》区分的三种情况看，实际上是剥夺在监狱中执行和暂时在监外执行但还需监内执行的犯罪人的结婚权，可能不再收监执行的监外执行者、缓刑者和假释者则享有结婚权。这就说明，只有部分服刑人员享有结婚权，而大部分服刑人员则被剥夺了这一权利。在结婚权上，服刑人员之间是不平等的。

（3）1982年2月18日，公安部发布的《监狱、劳改队管教工作细则（试行）》（以下简称82年《细则》）第85条第2项规定："犯人在关押或保外就医、监外执行期间，不准结婚。"根据这种精神，基本上否定了服刑人员和保外就医服刑人员行使结婚权的可能。

（4）1994年12月29日颁布实施的《监狱法》（以下简称94年《监狱法》）以及与之配套的种种单行监狱法规对服刑人员的结婚问题没有作出规定，只是在第7条第1款规定："罪犯……未被依法剥夺或者限制的权利不受侵犯。"就是说，《监狱法》颁布实施后，82年《细则》就废止了。关于服刑人员结婚的问题，自此成了法律的一个空白点。

（5）2003年2月19日，《公安部监所管理局对看守所留所服刑罪犯请假办理结婚手续如何处理的答复》（节录）（公监管［2003］28号）指出："结婚是公民的一项民事权利。留所服刑罪犯服刑期间如申请结婚，应当允许其办理结婚手续，但应保证监管安全。具体事宜商当地民政部门办理。"这一文件的出台，修正了公安部1982年的规定，由反对服刑人员结婚变为同意部分服刑人员结婚。

（6）2004年3月29日《民政部关于贯彻执行〈婚姻登记条例〉若干问题的意见》（以下简称04年《意见》）第十个方面规定："服刑人员申请办理婚姻登记，应当亲自到婚姻登记机关提出申请并出具有效的身份证件；服刑人员无法出具身份证件的，可由监狱管理部门出具有关证明材料。办理服刑人员婚姻登记的机关可以是一方当事人常住户口所在地或服刑监狱所在地的婚姻登记机关。”许多学者依据04年《意见》认为服刑人员申请结婚应当允许，其实这是对04年《意见》的曲解。从04年《意见》的制定主体和内容来看，解决的只是服刑人员结婚的程序问题，即如何办理服刑人员结婚登记问题，包括服刑人员如何提出申请、出具什么证明材料、婚姻登记的管辖权等问题。由于04年《意见》本身规格不高，且其中关于服刑人员婚姻权问题的述说过简，仍有许多关于服刑人员婚姻权的理论与实践问题有待解决，依然不能从根本上解决服刑人员结婚权的有效实现问题。所以04年《意见》虽然解禁了服刑人员的婚姻登记，但并不意味着服刑人员结婚权的全面开放。

二、服刑人员婚姻权的特征

由于服刑人员人身自由受到限制及公权力的介入，其婚姻权的行使必然受到监狱管理和刑罚的制约。因此形成了服刑人员婚姻权的一系列特点：

（一）受限性

婚姻权是人身权利中一个非常基本的权利，它与人身自由权密切相关，由于服刑人员没有人身自由，所以尽管在婚姻权的享有方面，服刑人员与普通公民都一样可以结婚，但服刑人员婚姻权的行使和普通公民相比，存在着条件上的差别。普通公民的人身自由不受限制，婚姻权的行使主要是双方当事人之间的事，除了法定的条件以外，不需要附加任何其他的条件。而服刑人员婚姻权的行使，则不会如此简单。首先，服刑人员履行结婚登记手续以及履行婚姻义务或实现婚姻权利，在客观上只通过自己的行为还无法实现，需要民政部门和监管部门为其提供便利。其次，服刑人员在履行完法定的结婚登记手续，获得法律对婚姻的认可后，不能像普通公民那样举行结婚仪式，用一种公开的形式获得世俗的认可。法律能够给予服刑人员的婚姻权只限于结婚登记，完成登记后，服刑人员仍须回到监狱接受监管改造。婚姻对普通公民产生的身份完善与人格完善，对服刑人员来讲只是意识的而非物质的。再次，服刑人员出监的非自主性。服刑人员的结婚登记要求双方必须亲自到民政部门的办公场所进行，服刑人员出监履行结婚登记手续，是有严格的条件限制的。服刑人员能否参与结婚登记，以服刑人员是否有社会危险性为前提。只有在确定服刑人员没有社会危险性的条件下，才能让服刑人员参加结婚登记。另外，服刑人员的结婚登记应有已服刑时间的限制，刚入监的服刑人员不宜准予结婚登记，至少应当在服刑一段时间后才可以同意其结婚登记。最后，普通公民的结婚登记已无需向单位或其他有关组织提出申请，而服刑人员在结婚时，必须履行结婚申请程序，只有在通过监狱的审查并由监狱做出专门安排后，服刑人员才能参加结婚登记。[1]

（二）差别性

服刑人员婚姻权的存在，使得每一个服刑人员都具有了婚姻的权利能力，每一个服刑人员都可以有结婚的愿望或结婚的可能，但服刑人员的结婚愿望能否实现，服刑人员结婚的可能性能否转化为现实性，既要受到服刑人员自身条件的限制，也受到监狱管理要求的限制。在服刑人员结婚和今后婚姻权的行使等婚姻行为能力问题上，服刑人员之间存在着客观差距。

（1）除婚姻法禁止性规定外，未婚的死缓犯、未婚的无期徒刑犯，在未减为有期徒刑之前，禁止其登记结婚。

（2）服刑人员在服刑6个月以上后，如果改造表现好、个体的人身危险性已经不足以对社会产生危害，且服刑前与婚配对象已有较长时间的恋爱，相互有一定的感情基础和今后生活的物质基础，可以酌情批准其结婚登记并适当提供帮助。

（3）已婚服刑人员的婚姻存在已经是一种客观事实，结婚登记已在服刑之前先行完成，但婚姻权的今后行使，在实现婚姻具体权

---

〔1〕参见欧阳梦春、曹兴华：“受刑人婚姻权的法律保护”，载《湖南社会科学》2007年第4期。

利的行为能力问题上，行刑机关可以根据其刑罚种类、悔罪意识、改造表现准予其行使部分婚姻权利。服刑期间登记结婚的服刑人员，其今后婚姻权利的行使，可参照已婚服刑人员的行使要求。

（4）监外执行的服刑人员，在监外执行期间，如果符合结婚的法定条件，可以结婚。

（5）被假释的服刑人员从刑期上看，其刑期没有终结，与监禁刑的关系在理论上还没有完全结束，但其已不在监狱服刑，并已经获得一定的人身自由，他的结婚完全是自己的事，无需监狱的同意与帮助。

（6）被判处拘役刑的罪犯，由于拘役的刑期不长，对婚姻权行为能力的任何限制都不会是长期的过程，行刑机关不需要考虑这些罪犯的婚姻权的行为能力问题。

（三）关联性

婚姻权与同居权、生育权相互关联，没有婚姻权，就不存在同居权、生育权。同居权、生育权都是由婚姻权派生出的权利。普通公民的婚姻权，当然直接联系着同居权、生育权，但服刑人员与配偶只能登记结婚，不能直接享有同居权、生育权。监狱现行的特优会见，并不是服刑人员与配偶同居权的体现，已婚服刑人员也不是个个都能享有特优会见，只有改造表现好，服刑达到一定期限者，才能与配偶特优会见。生育权更是不能直接派生，因为如果服刑人员在服刑期间享有了生育权，就会出现女性服刑人员在狱内生育的非法律许可现象。我国法律禁止父母亲带着子女在监狱服刑。从刑罚对人身自由的限制与剥夺来看，限制与剥夺人身自由主要体现为对行为自由的限制与剥夺，由限制与剥夺行为自由而生的是对服刑人员社会交往权的限制，服刑人员在服刑期间没有与他人交往的自由，服刑人员的同居权、生育权都受制于服刑人员的社会交往权，这些权利都处于限制之列，服刑人员不能自由行使。反过来讲，如果我们把同居权、生育权也还给服刑人员，那么无形中会削弱刑罚的惩罚性，会使刑罚在人们心中留下不严厉的印象。要让服刑人员认识到任何人都要为自己的违法犯罪行为付出代价、承担责任，只有遵纪守法才有自由。也只有让服刑人员深刻品尝到被监禁失去自由的痛苦及因失去自由其他权利无从实现的感叹，才能体现我国刑罚的惩罚功能。[1]

（四）非对等性

权利总是与义务相对应，具有对等性。公民婚姻权在婚姻关系内，其义务对象为配偶；在婚姻关系外，其义务对象是社会非特定的个人和组织。服刑人员婚姻权利义务虽然也牵涉到配偶与社会非特定的个人或组织，但在权利义务的对应关系上，明显存在着两重非对等性。

（1）服刑人员与配偶在婚姻权利与义务上的非对等性。法律上，服刑人员婚姻关系的成立，同时产生服刑人员与配偶相互间的权利与义务关系，然而刑期未满之前，服刑人员在行使有限的婚姻权的同时，对婚姻义务除了忠诚以外基本上都无法履行，这就在客观上造成了服刑人员婚姻权利与义务的非对等性。在婚姻关系中，服刑人员享有着婚姻利益，而婚姻中的义务，基本上都由服刑人员的配偶对服刑人员承担，服刑人员无力也不可能为配偶承担义务。服刑人员婚姻权利与义务的非对等性，为服刑人员婚姻家庭的存续与稳固带来了隐患。许多已婚服刑人员正是由于自己服刑而导致家庭的破裂，家庭的破裂又给服刑人员的改造蒙上了阴影。对于那些入监后新登记结婚的服刑人员，监狱民警更应当有所意识、适时教育与引导。婚姻是一个漫长的过程，谁也无法保证所有服刑人员与其配偶的婚姻登记都是非常理性的产物，步入婚姻殿堂后，独守空房的配偶是否能够长此以往忠贞不渝？服刑人员的婚姻家庭到底能支撑多久？这将是非常现实的问题，监狱民警和服刑人员都不能不思考。如果忽视了这些，我们就可能忽视了一个影响监管安全和改造质量

---

〔1〕参见欧阳梦春、曹兴华："受刑人婚姻权的法律保护"，载《湖南社会科学》2007年第4期。

的重要间接因素。

（2）服刑人员婚姻权利与监狱义务的非对等性。服刑人员许多权利都以监狱为义务主体，如服刑人员的生命健康权，为了保证服刑人员的生命健康，监狱必须保证提供合于正常生活需要的生活卫生条件，在服刑人员生病时，监狱有义务保障服刑人员能得到及时医治；再如服刑人员的人格尊严权，监狱有义务保障服刑人员的人格尊严，保障服刑人员不受任何人格侮辱。如果监狱不能履行这些作为或不作为的义务，则构成对服刑人员权益的侵害。但相对服刑人员的婚姻权利，监狱的法律义务却不能与之对应。由于人身自由被限制与剥夺，服刑人员行使婚姻权的行为能力被刑罚严重削减，此时，只有在监狱的帮助下，服刑人员的婚姻权才可能得到部分实现。监狱可以创造条件，帮助未婚服刑人员进行结婚登记、帮助已婚服刑人员实现部分婚姻权利，但这不是监狱的义务。监狱根据监管安全和改造服刑人员的实际需要，有权决定自己对服刑人员行使婚姻权是否予以帮助。[1]

三、服刑人员结婚权论争

（一）两种观点简介

1. 否定说

有学者否定服刑人员享有结婚权。他们一般有以下理由：

（1）从结婚的本质意义来说。结婚是“男女双方依照法律规定的条件和程序，确立夫妻关系的重要民事法律行为”。[2]婚姻关系的有效成立，夫妻间权利义务关系的产生均是以结婚这一法律事实的发生为前提的。结婚在主观上是以永久共同生活为目的，在客观上表现为“共同生活体”——家庭的组建。结婚最本质的意义就是共同生活，服刑人员仅仅登记也不是真正意义上结婚。对于服刑人员

---

〔1〕 参见欧阳梦春、曹兴华：“受刑人婚姻权的法律保护”，载《湖南社会科学》2007年第4期。

〔2〕 巫昌祯主编：《婚姻与继承法学》，中国政法大学出版社2001年版，第102页。

而言，法律剥夺了他的人身自由，其婚姻权利和义务也必然受到限制。在服刑期间，无论刑期长短，服刑人员都无法实现结婚的本质目的，即符合结婚法定条件，自愿结合的男女在一起“共同生活”，无法享有或履行作丈夫或妻子的权利和义务，也无法履行对子女的抚养、教育、保护等责任。因此，禁止服刑人员在服刑期间结婚，完全是为了保障结婚的法律效力，使婚姻不至于有名无实，真正符合婚姻的本质。再则，从婚姻缔结的程序上来看，《婚姻法》第 8 条规定：“要求结婚的男女双方必须亲自到婚姻登记机关进行结婚登记……”而事实上，服刑人员“亲自到婚姻登记机关”办理结婚登记，显然缺乏可操作性。那么，服刑人员可否委托律师等代理登记结婚呢？在我国民法理论上，凡意思表示具有严格的人身性质，必须由意思表示人亲自作出决定和进行的行为，如订立遗嘱、婚姻登记、收养子女等行为，不得代理。《婚姻法》第 8 条的规定实质上是遵循了这一民法理论，男女双方“必须亲自”到婚姻登记机关进行登记，已排除了结婚登记适用代理的可能性。〔1〕

（2）从刑罚的本质方面来说。有学者认为剥夺罪犯的结婚权有利于实现刑法的任务，保护国家、社会和人民的利益，有利于惩治和改造罪犯，并且符合刑罚的本质及目的。如果允许罪犯在狱中结婚，降低了刑罚的痛苦性、严肃性、权威性，又给监狱管理带来很大困难，同时还会给社会大众带来负面的心理影响，不利于达到教育与预防的目的。〔2〕试想一下，一个正在服刑的犯人，离开其服刑的监狱，回到自由社会欢天喜地的操办婚礼、缔结姻缘、共度良宵，社会公众对此会有何感想？受到服刑人员犯罪行为伤害的受害人及其家属又作何感想？法律对犯罪行为的否定评价又当如何体现？〔3〕

---

〔1〕 参见姬新江、赵家琪：“论服刑人员服刑期间婚姻问题的法律规制”，载《黑龙江社会科学》2003 年第 4 期。

〔2〕 参见刘瑞娟：“浅析我国服刑人员的结婚权问题”，载《法制与社会》2009 年第 9 期。

〔3〕 参见姬新江、赵家琪：“论服刑人员服刑期间婚姻问题的法律规制”，载《黑龙江社会科学》2003 年第 4 期。

因此，服刑人员结婚，有悖于刑罚的本质。

(3) 从服刑人员权利的不完整性和依附性来说。服刑人员因其特殊的法律身份决定了其权利不可能完整。同时，其特殊的人身状态决定了实现权利的行为能力和客观条件都受限制，必须借助于刑罚机关的帮助，因此服刑人员权利的实现又具有依附性。作为民事权利的结婚权对于没有了人身自由的人来说，实际上就是空中楼阁。许章润先生曾将罪犯的结婚权与受教育权以及健康权相提并论，他认为罪犯同样享有受教育的权利，但是由于其特殊的人身状态使其行使受教育权的能力受到限制，不能像一般公民那样报考全日制大学；罪犯还享有健康权，但是他也不可能像其他公民一样去海滨浴场或去林间小道散步，而是要受到客观条件的限制。[1]

有学者对上述否定观点进行了审视：[2]

(1) 对赋予服刑人员结婚权“有悖于结婚本质意义”的审视。的确，服刑人员结婚权的行使有其难以操作的地方。结婚后，其应尽的夫妻与家庭义务很难去履行，故服刑人员应慎重对待在押期间的结婚权利。然而，当我们面对这样的困难时，我们就望而却步吗?我们就可以说“既然明知无法履行我国婚姻法所规定的权利义务，又为什么要鼓吹它存在的意义，婚姻法是为了家庭婚姻制定的还是为了改造罪犯制定的”吗?[3]我们应该站在更长远的角度来审视这个问题。我们不能以今天的监狱服刑制度及刑罚制度为真理，仅仅看到实现服刑人员婚姻权的程序艰难与少数案例，就以此得出没有实际意义的结论。当我们的刑罚制度有一些改变后，如德国设计的“周末监禁”制度、比利时的“夜间及不劳动日收容”制度，我们就会发现赋予服刑人员以结婚权并积极帮助他们实现婚姻权是具有

---

〔1〕 参见刘瑞娟：“浅析我国服刑人员的结婚权问题”，载《法制与社会》2009年第9期。

〔2〕 何东平：“对服刑人员结婚权利的思考”，载《经济与社会发展》2005年第8期。

〔3〕 肖庆平：“在犯罪研究中人道主义精神贯彻的困惑和思考”，载《犯罪研究》2004年第6期。

前瞻性眼光的。

（2）对赋予服刑人员结婚权“有悖于刑罚的本质”的审视。实践中之所以会产生这样的质疑，究其原因，大概有二：其一，对服刑人员刑罚的误解。监狱作为刑罚的执行机关，它实行惩罚和改造相结合、教育和劳动相结合的原则，教育是主导，劳动是基础，惩罚只是手段，改造才是最终目的。我们不能只是强调刑罚的惩罚功能，而忽视了刑罚的社会化功能。如果把改造服刑人员当成他们不享有权利的根本原因，无异于否定了服刑人员作为一个人存在的事实，按照这样的逻辑，考虑一切问题包括权利问题的时候，就会自然地从“罪犯”这一概念出发，他们原本具有的“人”的身份反而会被丢失。应该说，如果我们将人仅仅作为手段，否定了属于他的一切东西，也就否定了他享有任何权利；如果他不仅仅被视为手段，而是被作为一个其自身具有内在价值的个人来看待，他就必须拥有权利。另外，赋予服刑人员结婚权只是提供一种可能性，在实践中，也必须有实实在在的人爱上服刑人员后，才有可能来谈婚论嫁，不太可能出现大范围结婚的局面。我们知道，20 世纪 90 年代初，有的监狱造鸳鸯楼为部分服刑人员与来监会见的配偶同居，社会上很多人甚至一些资深的民警也想不通，担心罪犯将不成罪犯了。事实证明，这个举措极大地激发了部分服刑人员的改造积极性，推动了监管改造工作的发展，如今在各个监狱已执行得非常普遍了。正因为对服刑人员改造理念的变化，2003 年 11 月，司法部明确提出监狱工作要法制化、科学化及社会化的目标。很显然，对于一部分刑罚惩罚功能的弱化，并不会改变整个刑罚的目标，反而使刑罚的两个功能更加相得益彰。其二，对服刑人员权利与义务的误解。一部分人认为，罪犯就是没有权利只有义务，应该让他所犯的罪行得到“报应”。可是依照 94 年《监狱法》第 7 条第 1 款规定，服刑人员的人格不受侮辱，其人身安全、合法财产和辩护、控告、检举以及其他未被依法剥夺如医疗保障、接受教育、婚姻的权利不受侵犯。故此，服刑人员结婚不是刑罚的内容之一，更不是刑罚力度的强弱问题。

2. 肯定说[1]

(1) 服刑人员的婚姻权是天赋的权利。

第一，婚姻权是基于人的生理需要和人类自身繁衍的需要而确认的天赋权利。作为自然界的一种动物，人的生物属性决定了人不仅有维持个体生命存在的生理需要，如吃喝的需要，而且有维持人类自身繁衍发展的生理需要，如性的需要，这是每一个动物性的人拥有的天赋权利。但人是一种高等动物，不仅有生物属性，还有社会属性。人类在生存发展的过程中，逐步进入了文明时代，人类需要确认并且规范人类的生理行为，包括性行为，以保证人类社会有序和文明的延续。法律就是对人的天赋权利的确认和规范，其中有关人类性的需要和行为的权利就是婚姻权的核心内容。所以，婚姻权是人的天赋权利，包括服刑人员在内的每一个人都自然地拥有这一权利。

第二，婚姻权是基于婚姻自由而产生的一种权利，婚姻自由的天赋性决定了婚姻权的天赋性。每个公民无论属于何种身份、处于何种地位，婚姻自由与权利都是与身共存的。在法律许可的条件下，公民有结婚或离婚的权利与自由，有自主选择结婚对象的权利与自由。从这个意义上看，任何个人或组织都不能对他人的婚姻权进行干预，法律对公民个体这种天赋的婚姻权不能进行剥夺，只能进行保护和规范。服刑人员的婚姻权也是如此，无论他犯下何罪，受到何种刑罚，婚姻权都将与身俱在。法律无权剥夺，也不便于剥夺，因为不少服刑人员在服刑前已拥有婚姻家庭，法律对其婚姻权进行任何强制剥夺既不人道也不可能。天赋的婚姻权只有在年龄不足、生理不宜的情况下才能被限制实现，不应当因为犯罪这个原因而导致丧失。

(2) 法律没有明文剥夺服刑人员的婚姻权。孟德斯鸠曾说：

[1] 赵秀伟："试论服刑人员婚姻权利的实现"，载《河南司法警官职业学院学报》2005 年第 4 期。

“自由就是做法律许可的一切事情的权利。”服刑人员被判处刑罚，并没有被剥夺民事权利。也就是说，服刑人员除了被依法限制人身自由外，仍然享有其他未被法律禁止的自由和权利。结婚的权利就是服刑人员的一项自由权利，任何人不该也不能剥夺。

在现代法治社会，人的生命、自由、财产权等基本权利普遍受到现代宪政国家的宪法保障，非经法律程序，不得任意剥夺。服刑人员的人身自由这一基本权利在一定期限内，被法院依法裁判限制和剥夺。我国《刑法》所规定的自由刑包括无期徒刑、有期徒刑、拘役和管制，是对犯罪人的人身行动自由的剥夺和限制，而不是对与犯罪人人身相关的所有权利的剥夺和限制。即使被附加剥夺政治权利的犯罪人，其被依法剥夺的也只是犯罪人参与或者参加管理国家政治活动的权利，所以，根据判决而被执行刑罚的犯罪人并没有被限制或剥夺结婚的权利。

有学者对上述肯定观点进行了回应[1]：

(1) 权利剥夺的理由是正当的，剥夺结婚权是剥夺人身自由权的必然结果。我们都知道有期徒刑是自由刑，它最本质的特点是人身自由的丧失或减少。结婚权是民事权利，而行使民事权利的核心因素是自由。行使民事权利的自由是人身自由的具体内容，换言之，人身自由中包含着行使结婚权等民事自由。再换言之，人身自由权利制约着民事权利，没有了人身自由，许多民事权利都成了空中楼阁。所以，当一个人被判处剥夺自由的刑罚时，他的许多民事权利包括结婚的权利就一并被剥夺了。这正是刑罚的严厉性所在，也是刑罚的本质所在。有人常常以被判处自由刑并不剥夺继承权为由，坚持认为刑罚剥夺了自由权，并不剥夺民事权利。这种想法是因为没有正确区别民事权利的种类。事实上，民事权利分为两类：一类是权利的行使要以人身自由为前提的；另一类是权利的行使不需以

---

〔1〕 参见吴丽娜：“论服刑人员的结婚权”，载《广西青年干部学院学报》2006年第4期。

人身自由为前提的，如继承权。对于前者，当人身自由被剥夺以后，其权利也随之被剥夺；后者却不以人身自由的剥夺而丧失。[1]既然丧失结婚权是罪犯被判处自由刑的必然结果，那又怎能说它是不人道呢？这样我们将走入另一个误区：惩处罪犯也是违反人权！要知道自由刑“剥夺的只是人身自由，既不涉及对人之生命、人格等的剥夺，又不产生对人的肢体完整的毁损之问题，因而不存在对人之不可剥夺的权利的剥夺问题”。[2]

（2）服刑人员的婚姻家庭权仍然受保护。婚姻家庭权不但包括罪犯的婚姻自由，还包括合法婚姻家庭不受侵犯权以及与婚姻家庭有关的其他权利。婚姻自由包括结婚自由和离婚自由两方面。在离婚方面，罪犯享有完整的实体上和程序上的权利，无论是提出离婚还是同意离婚或者不同意离婚，其离婚自由不受任何干涉。[3]不但如此，罪犯还在更为广阔的范围内享有权利。说剥夺服刑人员的结婚权就是违反人权，是不人道的，简直就是无稽之谈！

服刑人员的人权与社会上的公民相比，绝大多数是较低层级的，是维持生存和任何尊严所需要的最基本的权利。因为罪犯在监狱服刑，毕竟是接受刑罚处罚，罪犯承受刑罚的逻辑结果必然是限制其对较高层级权利的行使。而结婚权则不属于这种最基本的权利，而是属于较高层级的权利，不仅仅是限制，更多的是剥夺！

（3）“法律没有禁止就是允许”的法律格言不是在任何情况下、对任何人都适用。我国宪法和法律似乎没有明确禁止罪犯服刑期间的结婚权，似乎真是“法不禁止”，如果按照“法律没有禁止就是允许”的法律格言，那么罪犯享有结婚权就是理所当然的事情了。但是，这个法律格言真的可以适用吗？这是我们的疑问所在。

---

〔1〕 参见侯国云：“在狱服刑人员没有结婚权”，载刘宪权主编：《刑法学研究》（第1卷），北京法学出版社2005年版，第117～118页。

〔2〕 参见邱兴隆：“刑罚理性评论——刑罚的正当性反思”，中国政法大学出版社1999年版，第114页。

〔3〕 参见赵云恒：“罪犯权利论”，载《中国刑事法杂志》2001年第4期。

第一，按照罪刑法定的观点，法无明文规定不为罪、法无明文规定不违法。所以，法律没有禁止，就是允许。但把这个格言适用在罪犯身上，就会出现许多可笑的现象。例如，法律并没有明确禁止罪犯行使逛街、到网吧上网、到电影院看电影等权利，难道在现实中他们真的享有这些权利吗？可见，“法律没有禁止就是允许”的法律格言并不是对任何人、在任何情况下都适用的。最起码它的适用对象应该是一个没有被剥夺人身自由，享有完全权利能力的公民。

第二，认为现行法律没有禁止服刑人员享有结婚权是不正确的。前面已经论述过，结婚权的行使是以人身自由为前提的，既然法律已经剥夺了服刑人员的人身自由权，事实上就隐含着剥夺结婚权等一切需以人身自由为前提才能行使的权利的意思。

从法律逻辑推理的角度讲，“法律没有禁止就是允许”的大前提并不能得出“服刑人员享有结婚权”的结论。

（二）理性看待服刑人员的结婚行为〔1〕

在当前监管实务中，服刑人员的结婚行为遭遇到了具体操作技术上的困难，这虽然有待于今后的法律作出明确具体的规定，但理性地看待服刑人员的结婚行为才是解决问题的关键。

1. 结婚行为的法律后果是缔结特定的身份关系

男女双方在符合《婚姻法》规定的结婚条件下，按照法律的规定履行结婚登记手续，只是为了从外部通过法律的形式对其婚姻给予承认，在结婚的男女双方之间建立起一定的法律关系和社会关系，以期个体的利益能够在法律制度的庇护下得到保障。

结婚并不意味着婚姻中所包含的许多内容，诸如情感的交流、性的实现、生育的功能等就一定能通过结婚得到实现。虽然通过国家认可的法律婚姻能为这些内容的实现创造条件和提供保护，但是，婚姻本身不是一个自足的系统，而是一个开放的制度，它的内容和

〔1〕参见赵敏：“应理性看待服刑人员的结婚行为”，载《山西警官高等专科学校学报》2006年第4期。

目的的实现有赖于其他各方面的因素和努力。服刑人员通过结婚的行为建立夫妻的身份关系，这种身份关系的确立有其重要的社会意义，它确立了当事人在社会中合法的身份和地位。正因为有了法律保障的婚姻关系，使得个人在社会中的角色被重新定位，婚姻关系存续期间的身份利益和财产利益才能得到保障。

虽然传统的身份社会已经逐渐向契约社会过渡，有被人权社会所取代的趋势，但生活中还留下许多身份的烙印，比如只有具有合法身份的公民才能分享社会资源或单位福利。特别是在计划经济时期，由于人们获得社会资源的权利和机会与婚姻状况有关，结婚就常常成为人们争取获得住房、土地、非农业户口、子女入学等物质或非物质资源的手段。虽然计划经济已经逐渐过渡到市场经济，但在我们目前的社会文化中，婚姻状况仍然会与社会资源分配方式有一定联系，结婚也常常成为人们争取社会资源和发展机会、增加社会资本和经济资本的手段。我们还没有完全过渡到这样的社会文化中，即人们完全可以将缔结婚姻看成是可供选择的生活方式之一，结婚与否与个人的社会身份、个人获得社会资源的平等机会和个人的社会评价完全无关。[1]因此，对于行刑机关来说，能做的、应该做的也许就是从制度的层面为服刑人员履行法定结婚手续提供应有的保障，仅此而已。至于服刑人员是否应当结婚、如何经营婚姻、是否具备共同生活的基础和条件、能否承担家庭责任等，这纯粹是每一个理性的婚姻当事人个人的私事。就像服刑人员的离婚行为，离婚行为的法律后果是夫妻身份关系的消灭和财产关系的变化，我国法律专门创设了相应的制度，对服刑人员的离婚权进行保障。根据1989年《最高人民法院关于人民法院审理离婚案件如何认定夫妻感情确已破裂的若干具体意见》第11条规定，因一方被依法判处长期徒刑，或其违法、犯罪行为严重伤害夫妻感情的，经调解无效，

---

〔1〕 参见谭琳、李军峰："婚姻和就业对女性意味着什么——基于社会性别和社会资本观点的分析"，载《妇女研究论丛》2002年第4期。

可依法判决准予离婚。对于服刑人员的离婚，行刑机关都能提供应有的协助。至于服刑人员是否应当离婚、离婚是否会给子女的利益带来损害、离婚是否有利于服刑人员的矫正等，每一个婚姻当事人都会慎重考虑，行刑机关虽然可以从中调解，但是不能阻止或限制，因为当事人有权对身份关系的改变作出理性的安排。

2. 结婚行为不是对结婚权的随意行使而是理性地对待

结婚行为就像其他人类行为一样，寻求的是实实在在的收益，即结婚的目的在于从婚姻中得到最大化的收益（尽管这种趋利避害的权衡往往是潜意识的，也未必计算得很精确），所以必然经由理性的选择，并符合经济学效用最大化的理性分析。[1]我们当然不能把需要以情感去维系的婚姻视作“本质上是一个公司经营过程”，但从经济学的视角去分析有利于我们对此社会文本的解读。因此，结婚问题其实也是一个利益权衡的问题，婚姻是社会所认可的男女为了更大收益的结合。收益不仅指财富，也包括心理满足，包含了“感情”。因为结婚是一种社会制度，并不仅仅关涉感情和性的问题，而“无论是感情还是性都根本无需婚姻这种法律或习俗的制度认可。”[2]

虽然有人认为，21 世纪后工业时代的婚姻关系已不再是传统的生育合作社和经济共同体的伙伴搭配关系，而是一种用以满足双方精神需求、情感需求、文化需求和性需求的共同体。婚姻家庭的传统功能正在逐渐消失，人们有条件去选择更多样的生活方式，对待婚姻和家庭更加文明和理智，传统的一夫一妻婚姻家庭模式正在逐渐地被非婚同居、独居等现象弱化。正如美国社会学家杰西·伯纳德指出：“未来社会婚姻的最大特点，正是让那些对婚姻关系具有不同要求的人做出各自的选择。”

但是，为什么在人们越来越不重视婚姻形式时，一夫一妻制仍

---

〔1〕 参见［美］加里·S. 贝克尔：《人类行为的经济分析》，上海人民出版社 1995 年版，第 246 页。

〔2〕［美］加里·S. 贝克尔：《人类行为的经济分析》，上海人民出版社 1995 年版，第 246 页。

然占据着主导地位？这其中既有深厚的传统文化心理基础和强大的政府政策支持，使得传统的婚姻自我强化机制并没有丧失，其它的替代形式因未受到主流社会道德、舆论和政策的支持而只能在有限的范围内出现；[1]同时，在目前现实的社会条件下，对于大多数人来说，因为没有相对比较高、比较稳定、比较有保障的社会地位和经济收入，婚姻对于他们来说仍然是一种含有经济因素的社会活动，在婚姻关系的缔结过程中必然要考虑双方的现实条件和婚姻所带来的身份利益。因此，婚姻就不可能如同理想主义者所设想的那样仅仅关涉性和情爱，它一直都关涉利益及其分配，在现代社会可能尤其如此。

现代社会中无论男性还是女性都是社会结构中的主体，都有权自主地选择自己的生活方式，因此当代婚姻是男女两性之间的博弈。尽管每个人选择配偶的出发点和影响因素都不一样，但事实上形成的最终结果都是个人效用的最大化。

而结婚是身份的创设，婚姻只有经过合法的登记才具有合法的形式，只有经过登记而形成的两性结合才能更好地受到法律的保护和调整，家庭成员才因此获得应有的物质上的或经济上、政策上的支持或保护。

对于服刑人员来说，即使赋予了其结婚权，真正实践者还毕竟是经过双方深思熟虑的少数。因为对于他们来说，他们知道自身的实际需要，也会充分考虑到服刑人员人身的不自由给夫妻义务和家庭责任的履行所带来的限制和困难，因此作为一个理性的服刑人员及他们的家人会在充分权衡其中的利弊后作出慎重的选择，即理性地对待结婚权，并对行使权利的后果负责。

3. 结婚行为并不必然衍生相关权利的保障问题

有人担心服刑人员履行结婚行为会带来性权利与生育权的保障

[1] 参见吴继煜："21世纪的婚姻关系和家庭生活"，载《西北人口》2000年第2期。

问题，妨碍正常的监管秩序。[1]其实结婚权虽然与同居权、生育权密切相关，但服刑人员通过结婚只是取得了婚姻的法律资格，结婚权的实现并不意味着对其同居权、生育权应同等对待。虽然目前很多有条件的监狱，让服刑人员在服刑期间可以享受到家庭生活，但这样的待遇有严格适用的条件。[2]所以，即使服刑人员是在服刑期间履行了结婚手续，对于行刑机关来说，仍然应将其与其他普通服刑人员同样对待。只有符合条件的服刑人员才能享受应有的待遇。所以，并不存在结婚权一定衍生出对性权利和生育权的保障问题。

（三）笔者个人观点：服刑人员当然享有结婚权

我国法律没有剥夺也不可能剥夺任何公民的婚姻权。在1950年《婚姻法》、1980年《婚姻法》和2001年《婚姻法》修正案中，国家对公民婚姻权始终主张实行婚姻自由、一夫一妻的婚姻制度。在1986年《婚姻登记办法》、1994年《婚姻登记管理条例》和2003年《婚姻登记条例》中，国家对公民结婚登记只有“未到法定结婚年龄的、非双方自愿的、一方或者双方已有配偶的、属于直系血亲或者三代以内旁系血亲、患有医学上认为不应当结婚的疾病的”限制，而没有个体身份的限制。在我国的根本法和基本法中，诸如从1954年到1982年的4部《宪法》、1987年《民法通则》、2017年《民法总则》、1979年《刑法》及1997年《刑法》、1994年《监狱法》，所有这些法律只有对公民的合法婚姻权受国家法律保护的原则规定，从没有对服刑人员婚姻权提及“剥夺”二字。这说明，从我国法律规定的角度看，罪犯无论被判处何种刑罚、无论在监内执行还是在监外执行，其结婚权在法律上从未被剥夺，他们在法律上平等地享有结婚权。正如我国著名婚姻法学专家、中国政法大学博士生导师

〔1〕 参见曹宜峰、贾雪峰：“保障服刑人结婚权好说不好做”，载《法律与生活》2004第17期。

〔2〕 1999年，沈阳第一监狱就设立了“鸳鸯房”。对于能享受到“鸳鸯房”待遇的服刑人员有严格的限制，只有宽管级服刑人员才可以有条件地享有与亲人团聚（包括与配偶同居）和回家探亲的待遇。参见毛磊：“当阳光洒进监狱”，载《检察风云》2005年第6期。

巫昌祯教授认为的“结婚是任何适龄人的一项权利，婚姻法的禁止性条款只有两种，[1]并没有禁止服刑人员结婚的规定。”孟德斯鸠曾说：“自由就是做法律许可的一切事情的权利。”服刑人员被判处刑罚，并没有被剥夺民事权利。也就是说，服刑人员除了被依法限制人身自由外，仍然享有未被法律禁止的“自由”。在此所谓的“自由”，就是指服刑人员可以享有的民事权利。结婚权就是服刑人员的一项“自由”，任何人不该也不能剥夺。

笔者认为，欲探讨服刑人员的结婚问题，关键在于弄清婚姻权主体与婚姻主体的区别，婚姻权主体强调的是权利能力，即使他没有行为能力，并不妨碍他成为权利主体；而婚姻主体侧重于行为能力，虽然它的前置条件在于权利能力，但它更强调个体以特定的行为去实现婚姻权利。既然法律限制或剥夺了罪犯的自由，那么罪犯行使婚姻权的行为能力就大大降低，如果没有监狱的积极帮助，罪犯是无法实现婚姻权的，也就不可能成为婚姻主体。这就如同罪犯的财产权，法律规定罪犯的合法财产权受法律保护（包括遗产继承），如果罪犯在遗产继承方面的财产权利受到侵害，罪犯是否可以用自己的行动去主张他的财产权利，这首先取决于监狱能否从限制或剥夺人身自由中给予其保护财产权利的条件帮助。63 年《批复》和 82 年《细则》对罪犯恋爱与结婚的限制，只是在罪犯婚姻权的行为能力方面作了限制，而权利能力依旧存在。04 年《意见》第 10 个方面规定，服刑人员婚姻登记应亲自到婚姻登记机关提出申请并出具有效的身份证件；服刑人员无法出具有效身份证件的，可由监狱机关出具有关证明材料。服刑人员亲自进行结婚登记是对罪犯婚姻权行为能力的要求，罪犯能否亲自进行结婚登记，有没有行为能力并不是罪犯所能自主的。可以概括，关于罪犯婚姻权问题历来的争议，其实不在于婚姻权权利能力的有无，而是罪犯有没有行为能

〔1〕《婚姻法》第 7 条规定：“有下列情形之一的，禁止结婚：①直系血亲和三代以内的旁系血亲；②患有医学上认为不应当结婚的疾病。”

力行使婚姻权的问题。笔者认为，罪犯有着与普通公民一样源于天赋的婚姻权利能力，但罪犯实现婚姻权的行为能力必须依赖于各类刑罚执行部门。[1]同时，笔者亦认为，服刑人员不能与配偶同居或圆满度过婚姻生活不应成为其享有结婚权的障碍。1982 年发生在英国的汉默尔案中，被告人申请在监狱内结婚被拒绝，上诉至当时的欧洲委员会，委员会认为拒绝犯人的结婚请求违反《人权和基本自由欧洲公约》第 12 条，允许犯人结婚并不威胁监狱安全，不违反公共利益，至于犯人不能同居或圆满度过婚姻生活与此无关，从而同意被告人在监狱内结婚的申请。婚姻权的本质是建立一种合法关系，对于服刑人员来说，关键在于他们是否愿意在不能同居的情况下建立这种关系。笔者认为，缔结婚姻双方当事人基于自己的自由意志要求建立婚姻关系，国家只有权力考察当事人的资格条件是否符合《婚姻法》的规定以及他们的意思表示是否真实，而无权对于其婚姻生活的内容作出判断，更无权据此判断决定是否批准其结婚。至于其今后婚姻生活是否美满和由此带来的困扰，这都是夫妻双方自由选择的结果，应由他们自己承受，与国家无关。既然服刑人员选择了缔结婚姻，就应该想到由婚姻权派生的性权利和生育权不能实现的问题是这种婚姻的不完整性所带来的必然后果。[2]

四、服刑人员行使结婚权的价值

（一）有利于培养尊重服刑人员人权及以人为本的司法理念

犯罪学理论揭示，犯罪是社会诸多矛盾因素相互作用的综合反映。实践中，大部分人只对犯罪后接受法律惩处的服刑人员表现出极大的愤慨，并不问服刑人员的犯罪原因。在人类刑罚历史上，由于刑罚追求报复性正义，国家通过对等的报复性行刑衡平侵害对受

---

〔1〕 胡配军："罪犯婚姻权论"，载法律快车网，http://www.lawtime.cn/info/lunwen/mfhunyin/2008070862007.html。

〔2〕 参见刘瑞娟："浅析我国服刑人员的结婚权问题"，载《法制与社会》2009 年第 9 期。

害的损益，罪犯只是供刑罚报复的对象，没有最起码的人的尊严与权利，更不用说婚姻权。近代以来，在霍华德等人倡导下，发端于英国的监狱改良，使罪犯获得了最起码的人道待遇。而近代教育刑的崛起，推动了罪犯权利范围的扩张。出于改造罪犯的需要，许多监狱把能还给罪犯的权利尽量还给罪犯，这就使罪犯婚姻权有了实现的可能。但在中国，由于深厚的传统制度和文化积淀使得人权没有一个自然生长的土壤，人权观念自然没办法得到充分拓展与张扬。在这种环境下，普通人就认为，罪犯服刑的过程是一个惩罚的过程，是一个洗刷罪行的过程，而不是一个充分行使权利的过程，他们完全不配谈爱情、谈婚姻。[1]

事实上，多数犯罪人在实施犯罪后，特别是受到法律制裁后，更多的是悔恨、自责与内疚。服刑人员尽管由于实施危害社会的犯罪行为受到刑罚处罚而失去自由，曾经支配其犯罪的犯罪心理也可能持续很长一段时间，但他们毕竟是人，“人非草木，孰能无情”，他们与常人一样对美好人生有向往。其实，每个人心里都有其脆弱的神经，有的服刑人员情感世界极为丰富，也非常渴望得到关心和爱护。安徽某监狱的一位管理人员说，“在我们监狱服刑的年轻人占总数的65%～70%，这些年轻人因为犯罪行为虽然失去自由，但获得幸福爱情和美满婚姻的渴求不曾改变”。[2]另一方面，当我们在强调刑法的惩罚功能时，也不要忘记它的教育与改造功能。心理学研究表明：婚姻对个体的思想行为稳定、个体的责任意识、个体的身份与人格完善有很大的促进作用。在有条件的情况下，让改造表现好的罪犯体验合法婚姻，有助于罪犯努力改造。当在安徽省某监狱服刑的邢永恒和丰丽娜拿到结婚证书时，邢永恒留下这样的独白：“我们能走到一起，充分体现了社会的宽容，体现了党和政府的宽大和真正的人性化管理……”[3]。“在笔者调研的某省监狱的‘亲情

〔1〕 何东平：“对服刑人员结婚权利的思考”，载《经济与社会发展》2005年第8期。

〔2〕 参见李秀平：“犯人结婚解禁前后”，载《法律与生活》2004年第16期。

〔3〕 参见李秀平：“犯人结婚解禁前后”，载《法律与生活》2004年第16期。

楼’前，看见前来与罪犯团聚的妻子脸上羞涩的笑容和年幼的孩子脸上灿烂的天真，特别是该服刑罪犯脸上焕发的良知、友善的表情，令笔者也为之动容”。[1]因此，基于人性化管理的理念，我们应该正视服刑人员的结婚权。

（二）有利于与国际社会接轨

20世纪之前，人权保护几乎完全是一国的内政，他国无权干涉。随着人类社会的发展，不同国家、民族、地区之间人们的相互交往日益增多，各国在人权领域那种相互隔绝的状态逐渐被打破。20世纪50年代以后，随着国际人权运动的广泛开展，保障囚犯权利问题日益引起国际社会的重视，先后形成了一系列有关囚犯权利问题的国际协议或公约。就笔者搜集的材料来看，世界上许多国家都把婚姻家庭看作是夫妻及家庭成员的私人自治空间，是庇护公民私生活安宁及自治的不容外界侵犯的“城堡”，因而理应成为国家公权谨慎介入的“特区”。因此，很多发达国家和大多数发展中国家都允许服刑人员结婚，它们大都把服刑人员的结婚权利当成一种人权。在加入WTO后，我国与各国的交流与合作日益频繁，司法领域的交流与合作也有了新的广度和深度。更为可贵的是，人权的普遍性观点及多样性观点渐渐为人们所讨论及思考。但由于我国的法治建设起步较晚，人们的传统法律文化思想仍会在一定时期内长期存在，加之体制和法律制度的迥异，这影响了我国与国际组织、国家之间的进一步合作。如何缩小相互间差距，适应世界形势的发展需要，保证法律制度真正与国际接轨，研究和处理好服刑人员结婚的权利，进而研究其婚姻家庭制度有着重要的实际意义。[2]

（三）有利于解决服刑人员家庭的实际困难

监狱虽然表面上是一个独立王国，服刑人员看起来也是与世隔绝。但实际上，对罪犯进行再社会化是现代监狱努力追求的目标，

---

〔1〕冯建仓、陈志海主编：《中国监狱若干重点问题研究》，吉林人民出版社2002年版，第267～268页。

〔2〕何东平：“对服刑人员结婚权利的思考”，载《经济与社会发展》2005年第8期。

即将罪犯改造成为遵守法律、自食其力的新人，并让他们回归社会成为自由公民。随着社会的进步、人权保障观念的发展，人们对刑罚的功能有了更加宽泛的要求。如前所述，刑罚的惩罚功能固然重要，但其教育与矫正的功能更值得彰显。如果我们能够在实践中帮助服刑人员解决后顾之忧，这对于服刑人员在监狱的教育改造是大有裨益的，而赋予服刑人员结婚权利就是其中一个有效的措施。

据调查了解，不少来自农村的服刑人员在入监前就已经“结婚”了。他们因不够法定婚龄或没有办理结婚证书等原因，以当地风俗举办婚礼后，就算“结婚”了。换句话说，进监狱前，不少未婚服刑人员都有了“妻子”、孩子。但是，由于他们的婚姻是不受法律保护的，按照相关的法律规定，孩子不可能顺利的申报户口，该上学了不能正常入学，农村在分地、分山、分树木时也把这些孩子排除在外；如果服刑人员娶的是外乡人员，他的“配偶”一样面临着上述问题。于是，为了解决以上的实际问题，孩子们的服刑父（母）开始强烈地要求结婚。很显然，对于解决这样的实际问题，有些人会不屑一顾的，然而，当我们面对那些无辜的孩子们时，我们怎能置之不理呢？况且，他们所采取的还是一种不给社会增加负担，更有利于社会稳定的双赢方式。[1]

（四）有利于调动服刑人员改造的积极性

笔者曾对山东省某监狱服刑人员结婚问题做过调查，一位狱政管理科科长在谈到狱中获准结婚对服刑人员的影响时如此说：“狱中获准结婚对服刑人员的改造影响巨大，是一种极大的鼓舞，结婚前改造情况一般，结婚后改造表现突出，积极性极高，从本质上发生了变化，在狱中获准结婚使服刑人员充满了希望。”对服刑人员来说，这是政府对一个犯人最人道的、最大的奖励，这表示社会没有因他们的犯罪而彻底地忘记、抛弃他们，而是通过多种渠道来挽救他们。狱中获准结婚势必使服刑人员又有了重新做人的决心和动力，

---

〔1〕何东平：“对服刑人员结婚权利的思考”，载《经济与社会发展》2005年第8期。

抱着一种深深的感恩之心投入到改造中去。同时也会减少“二进宫”的可能。

五、保障服刑人员实现结婚权的建议

（一）服刑人员结婚现状

近年来，全国各地服刑人员向监管机关提出结婚申请的情形逐渐增多，有关服刑人员要求结婚的报道常见于诸多媒体，实践中也有监管机关特批准许服刑人员结婚的案例。

湖南：2000 年 12 月，张要辉与雷芳开始恋爱，不久，两人发展到同居关系。2001 年年底，因雷芳怀孕，张要辉随雷芳到她父母家住了下来。12 月 30 日晚 9 时许，张要辉趁雷芳的妹妹雷青熟睡之机将其奸淫，其后又两次奸淫了雷青。2002 年 8 月 8 日，永州市冷水滩区人民法院以强奸罪判处张要辉有期徒刑 3 年半。在刑罚执行期间，雷芳同意与张要辉结婚。张要辉向看守所所长邓桂成报告了自己要和雷芳办理结婚登记的想法。执行机关向上级部门反映了这个问题。2003 年 4 月 22 日上午，在永州市看守所留所服刑的罪犯张要辉在看守所所长邓桂成的带领下，与雷芳前往民政部门登记结婚。据湖南省公安厅监管处有关负责人在咨询公安部有关方面后透露，犯人张要辉是截至当时全国首位被允许结婚的服刑罪犯。

浙江：洪某准备结婚时，因寻衅滋事罪被法院判处有期徒刑 10 个月，在浙江省衢州市看守所留所服刑。当时女友已怀有身孕。7 个月过去了，眼看女友分娩在即，他不想孩子一生下来就背个没有父亲的名声，问能否结婚。看守所对洪某的要求专门作了讨论，一致认为促成这桩婚事将有利于洪某本人的改造，也是对所有在押犯人的一个教育。看守所就此事向浙江省公安厅监所管理处请示，并与浙江省民政厅和洪、陈两人户籍所在地乡镇政府取得联系。省公安厅和民政厅均批复同意他们结婚。2003 年 5 月 29 日，一场特殊的结婚登记仪式在浙江省衢州市看守所举行。当留所服刑的罪犯洪某与未婚妻陈某从看守所领导和衢州市民政工作人员手中接过大红的结

婚证时，两人流下了喜悦的泪水。〔1〕

河北：1997 年，边铁刚因盗窃罪被判无期徒刑，其妻李玉梅带两儿一女改嫁；2003 年，李玉梅离开后夫返回边铁刚原籍生活，并决定与尚在狱中服刑的前夫复婚。民政部对监狱方面的申请作出批示：允许破例办理结婚手续。2004 年 3 月 3 日，河北省沧州监狱服刑人员边铁刚与前妻李玉梅重新登记结婚，成为全国首名经国家民政部特批结婚的服刑人员。

山东：1994 年，21 岁的石涛在浙江省因犯抢劫罪被判处死刑，缓期两年执行。当时，石涛和王红已深深相爱并未婚同居，且王红已怀孕，石涛入狱后不久，王红便生下一个男孩。1998 年，原籍山东的石涛由浙江省监狱转到山东省监狱服刑。服刑期间，石涛积极改造，表现良好，4 次减刑，在余刑还有 6 年时，2004 年初，他向监狱领导递交了结婚登记申请，并被批准。2004 年 4 月 26 日，在山东省济南市市中区婚姻登记厅，服刑人员石涛与王红相恋了十几年后，终于如愿被批准结婚。石涛也成为新《婚姻登记条例》实施后，山东省被准予离开监狱结婚登记的第一人。〔2〕

吉林：12 年前，燕子爱上了大志，那时候年纪小，家长都不同意。后来，大志因抢劫罪被判入狱，监狱外的燕子开始了漫长的等待。2006 年燕子 6 次向监狱提出结婚申请。2006 年 8 月 25 日，大志和燕子终于登记结婚了。这是吉林省第一例监狱服刑犯人在押期间结婚。〔3〕

四川：张明伟是四川省成都市青白江人，2004 年，因犯盗窃罪被判处有期徒刑 6 年，随后被送往四川省成都市大邑新源监狱服刑。5 年前，张明伟与陈晓英非婚生下一子童童。童童降生后，他们因为

---

〔1〕 参见唐泽文：“国内首例服刑犯婚礼在浙江衢州看守所里举行”，载都市快报，http://www.jiaodong.net。

〔2〕 参见赵治国：“山东首例服刑犯人登记结婚”，载《济南时报》2004 年 4 月 27 日。

〔3〕 参见金凯：“12 年 6 次申请，吉林省首例在押服刑犯结婚”，载《新文化报（长春）》2006 年 8 月 26 日。

种种原因没有办理结婚证。2006 年陈晓英被查出来患有乳腺癌，2007 年病情恶化，母子生活难以为继。为了能够从根本上解决童童的生活问题，也为了让张明伟安心服刑，青白江区司法局决定为陈晓英和童童办理低保手续，这样母子两人每年就能够得到 2400 元的补贴，即将上小学的童童还可以享受减免学费的优惠政策。但陈晓英的户口在德阳，童童又是非婚生子，母子俩无法享受青白江当地的低保优惠。要想享受低保，唯一的办法就是落实陈晓英母女两人的户口，也就是说，只有陈晓英和张明伟结婚，陈的户口才能转入张明伟家，童童也才能够上户口。只有两人办理了结婚登记，才有可能实现这一切。2007 年 8 月 22 日，几名司法警察押送着张明伟赶到了大邑县民政局与陈晓英办理了结婚登记。[1]

2003 年 7 月，成都女子黄晓琴向当地新都区司法局和大邑新源监狱递上要与服刑的未婚夫戴宇东结婚的申请。8 月，在监狱管理人员的帮助下，黄晓琴和戴宇东领到了结婚证，结为合法夫妻。

江苏：2008 年，安徽省来安县人邢悟因为与人打架被民警抓获，当年 10 月 16 日，他因“寻衅滋事罪”被南京市下关区人民法院判处有期徒刑 10 个月，随后被送往南京市下关看守所服刑。在那次打架前，他已经与女友同居，女友也有了身孕，预产期在 2009 年 5 月份。其女友是苏北农村人，当地观念很传统，自从他被关进看守所后，女友没了住处，挺着大肚子的她又不敢回家，非常可怜。在看守所里服刑的邢悟一直担心，由于未与女友办理结婚手续，孩子一出生就是黑户，且女友的生活无人照顾，越想越难受，每天都睡不好，更没有胃口吃东西。管教民警杨磊知道了邢悟想与女友办理结婚手续的心思后当即向所领导进行汇报，下关看守所所长王文立了解情况后，将情况向下关公安分局和南京市公安局监管支队进行汇报。主管领导召集了法制部门的工作人员，从法律上对邢悟离所办

〔1〕 参见李寰：“服刑犯人与绝症女友在监狱里结婚”，载《华西都市报》2007 年 9 月 12 日。

理结婚手续的可行性进行论证，经过多方研究，看守所决定派出足够的看守警力，确保邢悟在不脱离监管民警监管的情况下，与女友共同完成结婚登记手续，这是南京首例。[1]

河南：家住郑州市的唐震，因故意伤害罪被判处有期徒刑13年，在河南省第一监狱服刑。入狱前女儿出生近9个月，女友赵美一个人一边照顾年幼的女儿，一边上班挣钱，并坚持每个月去看望一次唐震，鼓励他安心改造。有了赵美的支持，唐震不仅多次受表扬，还被监狱两次减刑。表现一直不错的唐震在一次会见中，听到未婚妻说到女儿已快到上学年龄，因没有结婚手续，孩子报不上户口，直接影响孩子上学，唐震想与赵美办理结婚手续。民警了解情况后，立即向监狱领导汇报。为重刑犯办结婚，在河南省监狱系统中几乎没有，且程序相当复杂。但为帮助犯人改造，监狱领导立即请示省监狱管理局，省监狱管理局最终答复同意监狱为二人办理结婚手续。2009年8月19日，监狱方面在不违背相关法规的情况下，派人将唐震押送到开封市金明区民政局，和赵美一起办结婚手续。[2]

陕西：惠某和薛玲都住在西安市未央区汉城街道办所辖的惠东村。薛玲在回家途中受人欺负，惠某路见不平，上前相助，两人从此结下深厚感情。筹备结婚期间，惠某被几个朋友叫去帮忙，结果，好哥们儿义气的他因故意伤害被判处有期徒刑十年。随后被送往距西安市北部二百余公里的丛山深处的崔家沟监狱服刑。入狱后的惠某情绪焦躁，唉声叹气。为了帮助惠某改造，薛玲见到汉城街道办司法所所长时，表示想与惠某结婚。未央区司法局局长叶小玲得知后，带人多方调查走访后认为：双方确实感情真诚，符合结婚条件，而且结婚有利于男方思想改造，应当支持。为了尽快落实结婚手续，叶小玲多次和市民政、省监狱管理局等部门联络，崔家沟监狱表态

---

〔1〕 参见田雪亭："服刑犯被特批回家结婚，3名民警全程陪同"，载《现代快报》2009年3月12日。

〔2〕 参见韩景玮："女子越过高墙做新娘，坚守爱情挽救特殊男友"，载《大河报》2009年8月20日。

积极支持，未央区民政局决定到崔家沟监狱为这对特殊的恋人现场办理结婚登记手续。2009 年 7 月 31 日上午，崔家沟监狱会议室里举行了一场特殊的结婚登记仪式。服刑人员惠某和未婚妻薛玲在监狱领导、西安市未央区司法局、民政局人员的见证和祝福下，在结婚证上签下了自己的名字。[1]

浙江：家住杭州三墩的黄华，2009 年 1 月 15 日，连同几名工友代替工厂向某投资公司索要债务，在对方无力偿还欠款的情况下，采取了言语威胁、暴力侵犯等手段，将当事人非法拘禁长达 25 个小时。案发后，黄华被余杭警方抓获，并于 17 日依法刑拘。当时，女友小林已经怀有身孕。后被判处有期徒刑 1 年零 6 个月，随后被送往余杭看守所服刑。2009 年 7 月小林生育一子，由于黄华和小林没有办过婚姻登记，不仅孩子户口不能落实，而且还将面临计生部门罚款。黄华将难处告诉了民警，民警立即查阅了有关条例，并根据公安部第 98 号令 58 条的有关规定，让黄华提出书面申请，并为他联系西湖区婚姻登记处。2009 年 11 月 13 日下午 3 点，黄华由 2 名民警押送至西湖区婚姻登记处和女友小林登记结婚。[2]

福建：漳州人阿鑫与云霄县人阿晴通过 QQ 聊天认识，2009 年 11 月 3 日约定去办理结婚登记，那时阿晴已有身孕 1 个多月了。殊不知当天阿鑫涉嫌吸毒贩毒被警察带走。2010 年 2 月 6 日法院一审以贩毒罪判阿鑫有期徒刑 3 年。阿鑫没上诉，判决生效，随后被送往泉州监狱服刑。随着临产期一天天接近，跟男友办结婚证的愿望越来越强烈，阿晴在亲人的陪伴下，来到泉州监狱，提出与男友办理结婚证的申请。监狱领导非常重视，积极与妇幼所、民政部门协调，经办民警多次前往民政局，探讨如何办理，得到了民政局的大力支持，2010 年 6 月 11 日，在 4 名民警的押解下，戴着手铐的阿鑫

---

〔1〕 参见台建林、宋飞鸿："女子主动提出和服刑丈夫完婚，丈夫表示痛改前非"，载《法制日报》2009 年 10 月 13 日。

〔2〕 参见袁爽："杭州余杭看守所为在押人员举行的'特殊'婚礼"，载中国新闻网，http://news.163.com。

和怀有身孕的阿晴来到丰泽区民政局婚姻登记处，依法办理了结婚登记。

从上述报道可以看出，服刑人员提出结婚申请主要有为非婚生子女入学考虑和监所外的女方强烈要求结婚 2 种情况，尽管上述案例中的服刑人员的结婚权在监狱管理部门和民政部门的配合下都得到了实现，但这些情况只是个例，并不是所有的结婚申请都能得到批准，如笔者对山东某监狱调查得知，截止到 2017 年 5 月 25 日，狱中判处有期徒刑 10 年以上的人数是 1625 人，提出结婚要求的有 4 人，而获准结婚登记的只有 1 人。且监狱在具体操作中非常谨慎，毕竟法律没有明确规定，于法有凭又于法无据！也不能保证所有监狱管理部门和民政部门都能这么做。因为根据《监狱法》等规定，服刑人员要想走出监狱，必须经过监管部门的批准。监管部门虽然不能剥夺服刑人员结婚的权利，但仍然有权根据服刑人员的个人表现以及基于监管安全的考虑不准其出监。所以不能认为只要服刑人员提出结婚请求，监狱就必须陪同其去办理结婚登记手续。换言之，监管部门没有陪同服刑人员去结婚登记的义务；同样，从行政程序上讲，民政部门的婚姻登记机关为服刑人员结婚登记提供便利，到监管场所“现场办公”，这种特殊照顾也不是民政部门的义务范围。从服刑人员申请结婚登记的实践来看，也出现过民政部门和监管部门相互推诿的个案。例如，夏某现年 50 多岁，20 世纪 90 年代已与前夫离婚，后结识余某（60 多岁），二人相处很好，已逾 10 年，但一直没有办理结婚登记。后余某因误伤他人而被判刑，现正在重庆市渝州监狱服刑。余某性格倔强，但很听夏某的话，一直要求夏某到监狱去探望他，但夏某与他没有法律上的亲属关系，所以监狱拒绝其探监。为了配合监狱对余某的教育改造，经余某要求，余某的家人也在积极促成该二人办理结婚登记。夏某到区婚姻登记处申请结婚登记，但该登记处要求余某本人必须到场，叫监狱派人押解过来。夏某再向监狱申请押解余某到婚姻登记处，监狱称风险太大，不敢冒此风险。再如，46 岁的张志刚（化名）年轻时曾经参与抢劫，之后一逃23年，其间，他改名并结婚生子。2011年，公安部门开展史上最强的追逃风暴——“清网行动”。巨大压力下，张志刚选择与妻子富宝华离婚，为了离婚，张志刚生活中故意制造矛盾，动不动就爱发火。当时富宝华对张志刚之前的犯罪行为一无所知，又赶在气头上，结果就草率同意离婚。离婚1个多月后，张志刚落网，随后被判9年有期徒刑。服刑期间，前妻富宝华多次前去探望，并劝他复婚。在亲情感召下，两个人终于达成复婚的共识。对于富宝华提出的复婚要求，监狱答复“只要民政部门给他办理婚姻登记手续，监狱没有意见。但是，监狱有规定，不可能让在押服刑人员出监狱办理复婚手续。如果出了问题，谁来承担责任?”富宝华又多次联系民政部门，但均被拒绝。民政局工作人员的理由是，根据《民政部关于贯彻执行〈婚姻登记条例〉若干问题的意见》的规定，服刑人员申请办理婚姻登记，应当亲自到婚姻登记机关提出申请并出具有效的身份证件。无法出具身份证件的，可由监狱管理部门出具有关证明材料。但结婚（复婚）登记在登记处以外的场地办理不合乎民政部门规定。因此需监狱管理部门将在押人员送至登记机关办理手续。[1]甚至有的民政部门明确表态，不会去监狱办理手续。[2]

（二）影响我国服刑人员结婚权实现的因素[3]

目前，关于我国服刑人员的结婚问题，在理论界与实务工作部门之间以及不同地区的实务工作部门之间都存在着争议，并且还会受到其他社会文化方面因素的影响。

1. 我国缺乏产生保护服刑人员结婚权的社会基础

在长达几千年的奴隶社会和封建社会生活中，一家一户为基本单位的小农经济是社会的经济基础。为了维系整体利益和既定秩序，

---

〔1〕 参见陈杰：“42岁痴情女欲和狱中前夫复婚，律师称服刑可结婚”，载中国新闻网，http://www.chinanews.com。

〔2〕 参见张健：“为服刑者上门登记结婚，且慢说不”，载《辽沈晚报》2010年3月26日。

〔3〕 参见刘瑞娟：“浅析我国服刑人员的结婚权问题”，载《法制与社会》2009年第9期。

统治者要求用礼法约束每一个人保持自己名分而不准逾越。如果有逾越就会遭到谴责和惩罚，即“出礼则入刑”。在这种家庭、社会、国家的结构中，没有空地留给个人，更不要说受到惩罚和鄙视的犯罪人了。

2. 服刑人员权利意识不健全

我国服刑人员与监管方的权利意识有很大差异。菲利说过“就像好的法官执行一部不完善的法典比愚蠢的法官执行一部不朽的法典要好一样，一种有创见性且协调的监狱制度如果没有相应的管理人员来执行也是没有价值的。”当前，我国的监狱工作中有少数警察的人权和法治意识还存在着很大缺陷，有的没有经过专门的系统的法律和监管知识教育，而受过专门系统教育的警察又有一些专政思想意识，强调的是集体人权的保护重于个人人权的保护。同时，服刑人员自身权利保障意识也不健全，不知道去主张权利。比如结婚权，多数罪犯认为自己被剥夺了自由，成为专制的对象被打到了社会的底层，只能承受痛苦煎熬，大概只存在生存权的问题，怎么还有心情去奢望这种给予快乐的民事权利。

虽然我国对人权的保护已经有了进一步的认识，但从“义务本位”到“权利本位”的转变必定是一个长期的过程，所以，像结婚权这种权利转化为服刑人员的实有权利的过程必定是曲折的。

（三）保障服刑人员实现结婚权的建议

如前所述，服刑人员的结婚权是受国际法保护的，而我国法律对服刑人员的结婚权亦始终“未剥夺”，我国服刑人员结婚权的存在从来就是勿容置疑的。我国《婚姻法》第8条规定：“要求结婚的男女双方必须亲自到婚姻登记机关进行结婚登记”。04年《意见》第10条规定：“服刑人员申请办理婚姻登记，应当亲自到婚姻登记机关提出申请并出具有效的身份证件”。但身在囹圄的服刑人员失去人身自由，根本就不可能按照自己的意愿，亲自到婚姻登记机关进行结婚登记。因为不能“亲自”，所以服刑人员的结婚权实际上不可避免地被“合法”剥夺了。为保障服刑人员结婚权的实现，笔者特提出以下建议：

1. 转变监管人员和公众对服刑人员的传统看法，树立人性化管理理念

在新中国几十年的监狱管理工作中，对服刑人员一直是不予结婚登记权的。民政部的04年《意见》改变了一贯的做法，对于监狱监管人员来讲，思想上的转变可能要有一个过程。服刑人员婚姻本身具有的性质互异的可能性结果，在一定程度上会影响到监狱监管人员对服刑人员实现结婚权的帮助。要动员广大民警从调动服刑人员改造积极性、从改造人的宗旨出发，增强对服刑人员权利的尊重与保障意识，充分发挥结婚登记的作用，加强对他们的教育与引导。我国著名婚姻法学专家、中国政法大学博士生导师巫昌祯教授在接受《法律与生活》记者采访时说："现在，像服刑人员结婚等规定一样，制定者的出发点是'以人为本'，在人性化方面考虑很周到。"但是，她也担心因为执行者的观念跟不上，难以落到实处。[1]另一方面，接受准予服刑人员结婚，对社会公众来讲，也同样面临着一个思想转变的问题。特优会见等优待服刑人员方式的实践探索，曾经被社会舆论说三道四，引起社会许多公众的误解。如果让服刑人员结婚，不加宣传引导，势必还会造成社会的责难。公众对监禁刑的关心首先在于刑罚执行权力是否能够尽可能通过刑罚报偿社会和公民个人受损害的正义。民政部门和司法部门都应对民政部04年《意见》第10个方面的有关内容进行大力宣传，让公众理解这一政策，接受这一政策，这样才能保证这一政策的顺利落实。[2]

2. 制定操作性较强的法律制度，保障服刑人员结婚权的实现，规范有关机关的执法行为

服刑人员享有结婚权利是勿容置疑的，从理论上讲，只要服刑

---

〔1〕参见李秀平："犯人结婚解禁前后"，载《法律与生活》2004年第16期。

〔2〕参见何东平："对服刑人员结婚权利的思考"，载《经济与社会发展》2005年第8期。

人员提出结婚申请，刑罚执行机关和相关部门就应当允许。但在监狱的实际执法实务中，如何维护服刑人员的结婚权却是一个非常复杂的问题。服刑人员是被剥夺了人身自由权的，其结婚申请当然首先要经过监狱的允许，监狱对服刑人员申请办理结婚登记是否应当允许，04 年《意见》没有规定也不可能作出这样的规定。正如前述，从内容上来看，04 年《意见》解决的只是服刑人员结婚的程序问题，即如何办理服刑人员结婚登记问题，包括服刑人员如何提出申请，出具什么证明材料，婚姻登记的管辖权等问题。

更何况 04 年《意见》只是部门规章，本身规格不高，其只对民政部门有效。该《意见》没有也不可能与司法部协商，故其赋予服刑人员婚姻登记的权利不能对抗监狱对服刑人员的刑罚执行权力，原先由公安部制定的关于禁止服刑罪犯结婚的规定并没有废止，仍继续生效，因此公安部与民政部的部门规章之间是相互矛盾的。为了化解这一矛盾。笔者建议应由国务院组织公、检、法、司和民政等有关部门协商制定相关法律制度，明确服刑人员有婚姻权利，特别是结婚的权利，规范有关执行机关帮助服刑人员实现这一权利的条件、程序及相关义务。如向谁申请，谁来批准，如何亲自到婚姻登记机关登记，可否在监狱办理，是否允许服刑人员征婚，死刑犯在执行前可否结婚等。

3. 修改《罪犯离监探亲和特许离监规定》或者修改《监狱法》

我国《监狱法》第 57 条第 1 款明确规定：“被判处有期徒刑的罪犯有前款所列情形之一，执行原判刑期二分之一以上，在服刑期间一贯表现好，离开监狱不致再危害社会的，监狱可以根据情况准其离监探亲。”司法部 2001 年制定的《罪犯离监探亲和特许离监规定》（以下简称 2001 年《规定》）第 11 条规定：“对于同时具有下列情形的罪犯，可以特许其离监回家看望或处理：①剩余刑期 10 年以下，改造表现较好的；②配偶、直系亲属或监护人病危、死亡，或家中发生重大事故、确需本人回去处理的；③有县级以上医院出具的病危或死亡证明，及当地村民（居民）委员会和派出所签署的意见；④特许离监的去处在监狱所在省（区、市）行政区域范围内”。可见2001年《规定》没有将结婚列为可以离监的情形。

笔者特提出以下建议：①对2001年《规定》做出必要的修改，增加对罪犯离监结婚的规定；对于罪犯可以离监登记结婚的刑期要求亦应该做必要的修改，除了无期徒刑和死缓外，对有期徒刑只应做最低服刑期限的要求，不应再做余刑刑期10年以下的限制。②修改《监狱法》，对罪犯的结婚权、同居权做出具体、明确的规定。

4. 寻求服刑人员实现结婚权与监狱监管的平衡点

为方便服刑人员实现结婚权，婚姻登记机关和监狱管理机关，应拓宽工作渠道，使结婚登记和监管工作人性化。为此有学者提出，应出台更加“人性化”的措施，比如日本的服刑人员提出结婚申请后可以委托登记，不必亲自到婚姻登记部门。进而认为，解决服刑人员结婚难题的对策之一就是改革婚姻登记办法，在特殊情况下可以委托登记结婚。[1]对此观点笔者不敢苟同。据民事法律理论，具有人身性质的法律行为不适用代理，所谓具有人身性质的法律行为，是指与行为人的身份密切联系的身份行为。如结婚登记、离婚登记、订立收养协议、订立遗嘱等。这些法律行为，由其身份行为的性质所决定，必须由本人亲自进行，不能代理。[2]因结婚登记的意思表示具有严格的人身性质，与特定的人身紧密相联，是必须由表意人亲自作出决定和进行表达的行为，不得代理。为保障当事人的婚姻自由权，防止出现违法婚姻，同时便于婚姻登记机关进行审查，要求当事人双方必须亲自到婚姻登记机关提出结婚登记申请，任何情况下均不得委托他人或者由对方代理，亦不能用书面意见代替本人亲自到场。所以服刑人员的结婚登记是不能委托他人代替的。

笔者认为，保障服刑人员结婚权的实现，最根本的是要寻求到一个服刑人员行使结婚权与监狱监管的平衡点，即进一步完善结婚

---

〔1〕参见唐永莉、张弩、杨娟：“关于服刑人员人身权利保障的思考”，载《中国市场》2009年第9期。

〔2〕杨年合主编：《民法学通论》，中国方正出版社1999年版，第199页。

登记制度。从实际情况来看，服刑人员办理结婚登记有两种途径：一是由监管部门押送服刑人员到婚姻登记机关进行结婚登记，即监狱“出门”。服刑人员需要配戴手铐脚镣和头套，全副武装的民警和武警全程押送，风险太大。而民政局婚姻登记处工作人员也要在荷枪实弹的民警和武警的守护下，为申请者办理婚姻登记，此情此景与结婚的喜庆气氛显然格格不入；二是由民政部门到监管场所现场给服刑人员办理结婚登记，即民政“上门”。从前文述及的监管机关特批准许服刑人员结婚的案例来看，多数是由监管机关派出足够的看守警力，押送着服刑人员到民政部门办理结婚登记，如湖南、山东、四川、江苏、河南、浙江、福建的案例，只有浙江、陕西两个案例是民政局到监狱现场为服刑人员办理结婚登记手续。古老的俗语有云，“两害相权取其轻，两利相权取其重”，笔者认为，两相比较，民政“上门”将会节省大量的人力物力，风险也较小，显然更具可操作性。当四川民政部门在“千名服刑人员社会帮教日”活动中到监狱一次为 7 名服刑人员办理了结婚登记手续后，被赞誉为散发出了浓浓人情味的温暖和关怀。因为法律的力量不仅在于法律的刚性和威严，也在于法律所包含的对人性化的认同。法治社会应给予公民甚至是违法者必要的尊重和关怀。事实上，人性化的办案效果，会使法律受到更多人的遵循和信仰。结婚，是服刑人员的权利而不是施舍；在服刑场所就可登记结婚，并不只是单纯的感染教化，而是在保障服刑人员的合法权利。所以更长远的考虑，还是要推动婚姻登记制度的进一步完善，对行动不便者或由于其他情况不能亲自到婚姻登记机关申请登记的，婚姻登记机关应为其上门登记。

第四章　事实婚姻法律规制研究

第一节　事实婚姻基本理论

一、事实婚姻的内涵

（一）观点论争

1. 观点论争一，事实婚姻是否须具备结婚的实质要件

在婚姻法学领域，理论通说认为结婚既要符合结婚条件（理论上又称为实质要件）又要履行结婚程序（理论上又称为形式要件）。关于事实婚姻的分类，从缺少要件的角度来看，又有广义说与狭义说之分。广义说是指既缺少形式要件又缺少实质要件的男女的结合。由此，事实婚姻有两种表现形式：其一是具备结婚实质要件但缺少形式要件；其二是既不具备结婚实质要件，又不具备结婚形式要件，如未登记的包办婚姻、未登记的早婚、未登记的近亲结婚。狭义说是指符合结婚的实质要件，仅未履行结婚登记手续的两性结合。在其他国家的立法中，如果一个婚姻的结婚条件和结婚程序都不符合规定，通常被认定为无效婚姻，如果一个婚姻具备结婚条件，只是没有办理结婚登记通常被认定为事实婚姻。

有学者认为广义说更为科学，其理由在于：其一，事实婚姻是在形式婚主义下，不具备法定结婚方式的男女两性的结合关系，其有结婚的合意且有婚姻共同生活的事实。履行了法定程序的称做法律婚，而未履行法定程序的称做事实婚。具备结婚条件的人可以形

成事实婚，不具备结婚条件的人也能形成事实婚。其二，狭义说不是从其成立条件，而是从其有效要件立论，其主要弊端是无法认定结婚条件和结婚程序都欠缺的婚姻的性质。因为根据婚姻是否履行法定的形式要件来分，只有法律婚和事实婚两种形态，如果将此类婚姻排除在事实婚姻之外，将其称为“非法同居关系”，必然导致婚姻与非法同居的界限难以划清，此种同居与其他非婚同居有着本质的区别，即它具有婚姻的合意和夫妻共同生活的实质。而且狭义说对重婚的认定也会造成理论上的混乱。例如，如果对有配偶的人又与异性以夫妻名义共同生活不认定其构成事实婚姻，那么他（她）就无婚可重，那怎么又能形成事实上的重婚呢？但是如果不认定为重婚，那么我国婚姻法所确立的一夫一妻制将形同虚设，因为事实重婚正是重婚的主要形式。为此，最高人民法院为了维护一夫一妻制基本原则，不得不在1994年12月14日的批复中作出与事实婚姻的认定相矛盾的司法答复，〔1〕其实正是有配偶者与婚外异性形成了事实婚姻，才构成事实上的重婚关系。显然，广义说更趋科学合理。〔2〕

笔者更倾向于狭义说，理由是最高人民法院在历次的司法解释中，均采用了狭义说。2001年12月27日起实施的《解释（一）》第5条规定：“……男女双方已经符合结婚实质要件的，按事实婚姻处理；……男女双方符合结婚实质要件的……”可以看出，上述两点规定都要求事实婚姻必须具备结婚的实质要件，所以事实婚姻是有严格法律意义的概念，并不是所有的不符合结婚形式要件的婚姻都属于事实婚姻。

2. 观点论争二，事实婚姻的主体必须无配偶吗？

1979年2月2日发布的《最高人民法院关于贯彻执行民事政策

〔1〕四川省高级人民法院：你院川高法〔1994〕135号《〈婚姻登记管理条例〉施行前后发生的事实上的重婚关系是否按重婚罪处理的请示》收悉。经研究，答复如下：新的《婚姻登记管理条例》（1994年1月12日国务院批准，1994年2月1日民政部发布）发布施行后，有配偶的人与他人以夫妻名义同居生活的，或者明知他人有配偶而与之以夫妻名义同居生活的，仍应按重婚罪定罪处罚。

〔2〕参见王洪：《婚姻家庭法》，法律出版社2003年版，第96页。

法律的意见》（以下简称 79 年《意见》）中认为事实婚姻的主体是没有配偶的男女。此后，学界在论及事实婚姻的特征时大多认为：事实婚姻的主体必须无配偶，然始于 20 世纪 80 年代末，不断有学者提出异议，认为事实婚姻不应当以没有配偶为构成要件，其理由如下：

第一，事实婚是法律婚的对称，确定事实婚姻概念、构成要件的目的是将事实婚与法律婚加以区别。履行了登记程序的是法律婚，未履行登记程序的是事实婚姻。可见有没有配偶在这里无任何意义。无配偶者与他人以夫妻名义同居生活不是法律婚，构成事实婚姻；有配偶的人与他人以夫妻名义同居生活也不是法律婚，只能是事实婚。

第二，重婚是指一个人有两个或两个以上的配偶，也就是有两个以上重叠的婚姻。“重婚”有两种：一是法律上的重婚，二是事实上的重婚，其后婚既可以是办理了结婚登记的婚姻关系，也可以是没有办理结婚登记而以夫妻名义共同生活的同居关系。重婚的具体形式有以下 4 种：①前婚是法律婚，后婚是法律婚，这样的重婚称为法律上的重婚；②前婚是法律婚，后婚是事实婚或同居关系，这样的重婚称为事实上的重婚；③前婚是事实婚，后婚是法律婚，这样的重婚称为事实上的重婚，④前婚是事实婚，后婚是实事婚或同居关系，这样的重婚称为事实上的重婚。

第三，事实婚姻的内部特征是男女以夫妻相称及相待，外部的特征是对外以夫妻名义，并且群众公认，有无配偶并非其内核所在。换言之，事实婚姻具有婚姻的最本质的内核，共同居住，共同生活。所以，其外延应当是所有未履行结婚登记程序者，而非他们中的无配偶者。

笔者在观点论争一已述及对事实婚姻的概念应取狭义说，事实婚姻的构成要件之一是必须具备结婚的实质要件，而结婚的实质要件之一即是有配偶者禁止结婚，因此逻辑上事实婚姻的主体应是无配偶者。

（二）笔者观点

综上所述，笔者的观点是：事实婚姻是指具备结婚条件的男女，没有履行结婚登记手续，即以夫妻名义共同生活，群众也认为是夫妻，被有条件地确认具有婚姻效力的男女两性的结合。

二、事实婚姻的特征

1. *在实质上具有符合性*

虽然在形式上事实婚姻缺乏法律婚所需要的程序，但其实质要件却与法律婚无异，即男女双方都具有结婚合意，符合法定婚龄的要求，符合一夫一妻制的要求，双方没有禁止结婚的亲属关系（直系血亲及三代以内旁系血亲），未患有禁止结婚的疾病。正是这一特征使事实婚区别于早婚、近亲婚等违反结婚条件的违法婚姻。

2. *在主观上具有目的性*

此特征表现为当事人双方在主观上有建立婚姻关系的愿望，同居的目的是为了永久共同生活。如果同居生活只是临时地、秘密地进行，或者以同事、同学、保姆、表妹、秘书、上下级关系等其他名义共同生活，都不可能构成事实婚姻。史尚宽先生在中国政法大学出版社出版的《亲属法论》一书中认为，这里的共同生活的内容，包括精神的共同生活（互相亲爱，精神的结合）、性的共同生活（肉的结合）及经济的共同生活（家计共有）。即双方除了性生活外，还自愿履行夫妻间的权利义务，有共同的饮食起居，而不是临时性或者有一定期限的逢场作戏。正是这一特性使事实婚姻与通奸、姘居、试婚等区别开来。通奸即有配偶者又与他人发生两性关系的行为，它具有隐秘性、临时性的特点，一般不为他人所知晓，行为人亦不希求夫妻名分和配偶的权利义务。姘居则指男女双方或一方有配偶，而在婚外与他人持续、稳定地公开同居生活，但彼此之间不以夫妻名义相称，也不具有永久共同生活的目的。通奸与姘居都是在一方或者双方有配偶的前提下又违反一夫一妻制，与他人发生两性关系，都无永久共同生活的目的。两者的区别在于，通奸具有临时性和秘密性，而姘居则具有公开性。试婚是指没有配偶的男女双方为将来彼此是否适应婚姻生活而做的同居试验，如果彼此比较融洽且能接纳对方，再履行结婚登记手续；如彼此相处不融洽不能容忍对方，则分道扬镳，省去了离婚程序。试婚者是否形成夫妻关系并永久共同生活，要看同居后事态发展的情形来决定。

3. 在客观上具有现实性

即事实婚姻的当事人双方具有以夫妻名义永久共同生活的事实。当事人没有履行法定结婚手续，但却可能举行了这样那样的结婚典礼。双方之间具有夫妻生活的事实，有的已生有子女，履行了对后代的抚养教育、对老人的赡养扶助等家庭义务，已在事实上处于“准家庭”的生活模式。婚姻性十分明显。当事人以夫妻名义共同生活的事实，构成了事实婚姻的内在特征。

4. 在身份上具有公示性

当事人的事实婚姻关系得到了周围群众的承认。双方虽然没有履行结婚登记手续，但因举行了结婚典礼，双方的关系得到了家人、亲戚、邻居、朋友的承认。受千百年来婚姻传统习惯的影响，不仅当事人本人，而且双方的家庭及其亲朋、邻里同事等都十分重视结婚典礼。在普通百姓的心目中，双方只要在特定的场所拜了天地就是夫妻，至于是否登记没人过问。夫妻身份的公示性是婚姻的形式要素，事实婚姻与法律婚姻同样具备此公示性，只不过事实婚姻之公示性与法律婚姻之公示性具有不同的表现形式而已。法律所规定的公示方式，例如“登记”，只是婚姻得到社会认可的方式之一，婚姻作为一种普遍存在的社会现象，社会习惯、宗教等社会规范也认可其他的婚姻公示方式。事实婚姻当事人以传统习俗举行结婚仪式，在一定范围内公开他们的夫妻身份，所以事实婚姻与法律婚姻一样具有“公示性”。而公示性正是通奸和姘居等违反一夫一妻制的隐蔽的两性关系所不具备的。通奸和姘居等两性关系没有夫妻的身份，不具有法律婚所应有的外部特征。

5. 在形式上具有违法性

事实婚姻当事人以夫妻身份公开同居生活，彼此之间形成了夫妻身份。但是由于双方的关系没有经过登记，没有履行法定的结婚手续，因此不具有结婚的法定形式要件。婚姻是为当时社会制度所承认的男女两性以永久共同生活为目的的结合，男女两性的婚姻，只有符合法定的实质要件及形式要件，才被社会承认，才具有合法性。因此，事实婚姻因欠缺结婚的形式要件不被社会认可，其所形成的事实婚姻关系是违法的。是否具备结婚的形式要件是事实婚姻与合法婚姻的主要区别。

三、事实婚姻现状与成因

（一）事实婚姻现状（以山东为例）

山东是一个人口大省，当前不登记就同居的状况与全国范围基本是一致的，逐渐呈现出以下特点：

第一，从年龄上来看，无论是年轻人还是老年人都存在不登记婚。笔者在对东营市不登记婚人口分布的调查中发现，年龄在 20 岁到 35 岁的不登记婚占全部不登记婚人口的 36.8%，年龄在 36 岁到 45 岁的不登记婚占全部不登记婚人口的 26.7%。2017 年 7 月笔者对潍坊市、青岛市、枣庄市、济南市、莱芜市五个地点进行调研，在有效的 3546 份调查问卷中，有 70% 以上的人不反对年轻人的不登记婚。

另外，随着我国的离婚率不断增高，中年单身者比例正逐步扩大，而婚外的自由同居就成为有过婚姻经历而深感疲惫的离婚者更愿意选择的婚姻生活状态，并且这一现象也将随离婚率的增加而出现不断扩大的趋势。

然而，并不仅仅是年轻人选择不登记婚，近年来老年人未婚同居的现象也大量涌现出来。由于子女千方百计的阻挠，抑或亲友甚至社会对老年人再婚的不理解，也可能由于老年人的自身经济条件等一系列客观因素的制约，在老年人的再婚中出现了“银发同居”

现象，并且有不断增长的趋势。在2006年至2010年青岛市老年服务中心举办的五十多场老年人相亲会促成的近60对老年伴侣中，仅有16对选择结婚登记，6成多的老年伴侣选择非婚同居。[1]笔者在调查时发现，山东省部分城市的老年人未婚同居现象能占到老年人再婚比例的45%。这些数据表明，无论是年轻人非婚同居或是老年人非婚同居，都已成为一个不容忽视的社会现象。这一现象的发展既是一个社会问题，更是一个不容忽视的法律问题。

第二，从地区来看，无论在农村还是在城市都存在不登记婚。一方面，在老贫偏穷地区，传统的结婚仪式仍然是建立婚姻关系的主要方式，而另一方面，在某些发达地区，不婚同居也正逐渐成为一种时尚且流行的生活方式。2014年上半年，笔者对济南市、淄博市、烟台市的相关调查中，对不登记婚持肯定态度的人也达到了64.4%。

第三，从社会阶层来看，无论都市白领族还是城市外来务工人员都存在不登记婚。随着人们思想观念的变化，都市白领族对于不婚同居更容易持宽容态度。在调查中，不认同不婚同居的只占23%，而在被调查的白领族中，有50%的人有过不婚同居的经历。由于都市白领族多数拥有良好的教育背景，丰富的工作经验，其人生价值观以及对待生活的方式方法，大都形成于我国80年代改革开放以后，受到西方自由生活方式的影响，白领族多数崇尚追求时尚的生活方式，易接受新鲜事物。据笔者调查，有66%的白领族能接受不婚同居的行为。还有面对越来越激烈的社会竞争，白领族的工作及生活压力不断增大，不婚同居能够适当缓解甚至减轻他们工作和生活上的压力。与此同时，白领族不婚同居也会带来诸多社会问题：首先，因白领族都有各自不同的生活空间和作息习惯，短时间内他们还能容忍，但同居时间稍长，矛盾自然就会越来越多。据笔者调

---

〔1〕王萌："黄昏恋好聚好散六成同居不领结婚证——老年服务中心四年来为六十对老人找到伴侣但多数不结婚，法官表示老年'走婚族'如果遭遇分手没有法律保护更受伤"，载《青岛晚报》2010年5月13日。

查，有48%的不婚同居者中，由于两人的生活习惯不同而引发冲突，导致最终选择分手。其次，如不婚同居女方意外怀孕，有49%的人选择终止妊娠，由此在生理和心理上给女方造成的创伤远比男性大。再次，不婚同居期间生育的子女为非婚生子女，尽管法律规定生父母对非婚生子女都有抚养教育义务，但审判实践中，非婚生子女的生父母（特别是生父）对其不管不问的案例很多，这非常不利于未成年人的健康成长。最后，白领族都有或多或少的收入，不婚同居者之间极有可能产生财产上的纠纷，而此类纠纷我国法律目前还没有明确具体的法律规制。

据统计，2017年全国农民工总量达到2.87亿人，正是如此庞大的农民工群体形成了中国目前最大的单身群体，他们在不婚同居者中占有极高的比例。在这样大的单身群体中，性需求是一个非常大的问题，而不婚同居无疑就成了他们的理性选择。从现实情况来看，农民工不婚同居的情形有以下几种：一是已经订婚的男女双方，他们都来自农村，且双方父母基本同意当事人的婚事，但由于结婚条件还不具备，双方就共同到城里打工，为了节约成本，同居在一起成了他们最好的选择。二是青年男女有结合意愿，但由于包括父母在内的长辈不同意他们的结合，双方不能结为夫妻，而无奈私奔到城里打工而不婚同居。三是同居双方在老家举行了婚礼，但没有办理结婚登记手续，在他们的思想意识里，这已经算是明媒正娶、正式结婚了。

从历史上来看，我国是一个农业文明大国，古时候的婚姻观念在农村还占有相当大的市场，事实婚姻的数量还是很大的。另外农民工的临时性不婚同居将会造成性病增多、艾滋病的传播和弃婴现象屡禁不止等诸多社会问题，凡此种种，都亟须法律加以规范。

（二）事实婚姻成因

我国结婚登记制度始于1934年4月8日公布的《中华苏维埃共和国婚姻法》，其后的各个时期的婚姻条例，以及中华人民共和国成立后颁布的1950年《婚姻法》和1980年《婚姻法》，都有关于结婚应当领取结婚证的规定。然在现实生活中，事实婚姻并未销声匿迹，其原因是多方面的，主要有以下几点：

1. 传统婚姻习俗的影响

几千年的古代中国，不论是儒家的文化，还是国家的法，都没有婚姻登记的规定。“六礼”仪式是古代中国婚姻成立的法定程序。经过几千年的演变，举行结婚仪式逐渐成为中国民间的婚俗，尽管当事人的民族、职业不同，所在地区也各不相同，但结婚举行仪式却是共同的。中华人民共和国成立后，有关婚姻法律都规定结婚要登记，虽然大多数人主动或被动地办理了登记手续，但在登记之前或登记之后举行结婚仪式仍然是不可省略的。[1]人们已形成了以举行婚礼来取得周围群众和社会承认的观念，且这种观念深入民心，根深蒂固。婚礼被视为对亲朋好友、群众宣告其已成立婚姻关系的必经仪式。没有登记但举行了婚礼的人，常常被公认为是夫妻；而登记但未举行婚礼的人，常常被认为不是明媒正娶，有的当事人自己也会感叹这个婚结的不那么光明正大。城市如此，农村如此，偏远的少数民族更是如此。

2. 法制观念的淡薄，婚姻家庭观念的变化，婚姻观的价值多元

中华人民共和国成立后，为推行结婚登记制度，国家对婚姻法进行了广泛的宣传，如1950《婚姻法》实施后，国家把1953年3月作为贯彻婚姻法运动月，对婚姻法进行了大张旗鼓的宣传。20世纪80年代以来，虽然法制宣传不断开展，普法教育一期接一期，但仍有为数不少的人不知法、不懂法，或者视法律为儿戏，认为登记与否无所谓，只要两人自愿，朋友、亲戚或邻居承认就行。在他们看来，结婚纯粹是个人的私事，只要双方同意，举行个仪式热闹一下就可以了，没有必要向政府汇报，世世代代的人结婚都没有登记，还不照样是夫妻，且生儿育女吗？现实中结婚不登记，虽然得不到政府的承认，但谁都不能、也不会将其活活拆散，因此结婚登记不

〔1〕 叶英萍：《婚姻法学新探》，法律出版社2004年版，第159页。

登记无所谓。

3. 执行法律上的某些不当

主要有两方面的问题；其一，法定婚龄与晚婚年龄的关系没处理好，片面追求晚婚率。我国《婚姻法》对法定婚龄作出了规定，同时还规定了晚婚应该鼓励。理论上讲，二者并不矛盾，但在实践中，有的地方或单位将计划生育与法定婚龄对立起来，甚至用晚婚年龄代替法定婚龄，强制推行晚婚年龄，引起了群众的反感。有的当事人便独行其是，自行举行结婚仪式，取得社会的承认，这种情况往往能得到社会的同情和支持。其二，借结婚登记搭车收费。2017 年 4 月 1 日前，民政部门在办理结婚登记时不得收取登记证工本费（9 元）以外的任何费用。但在结婚登记实践中，经常出现假借结婚登记“搭车”收费现象。有的强行推销婚姻生活指南类的书刊、纪念币等，有的为别的部门代收各种费用，某些地区的收费项目达 30 ~ 40 项。[1]据 CCTV 焦点访谈节目披露报道，山东省淄博市某县的民政部门，竟然向办理结婚登记的当事人收取 1700 元的各种名目费用。这种“搭车”收费现象令许多经济不发达地区的结婚者不堪重负，使得某些欲迈进婚姻殿堂的人望而却步，因此举行仪式而不登记便成了他们“理智”的选择。

4. 违法成本低，缺失惩罚制度

不登记婚是违法婚，此类现象一经出现，有关部门理应加以干预，并根据违法情节依法给予制裁，从而维护法律的严肃性，制止此类行为的蔓延。然而事实却恰恰相反，我国法律迄今没有关于如何处罚事实婚姻当事人的具体规定，当事人自行举行婚礼后即以夫妻名义同居生活无人过问。制裁制度的缺失使得某些婚姻当事人有恃无恐，一些不符合结婚实质要件的人也毫无顾忌地自行“结婚”。缺失惩罚制度也是事实婚姻大量发生的重要的原因。

---

[1] 叶英萍：《婚姻法学新探》，法律出版社 2004 年版，第 159 页。

第二节　事实婚姻立法规制的沿革

一、外国事实婚姻立法规制的沿革

由于世界上各个国家的结婚都会受到习惯、宗教及道德等上层建筑的影响和制约，总会有人无视法律规定，用法定形式要件以外的其他方式缔结婚姻，因而在各个国家事实婚始终与法律婚如影随形。更由于各个国家的政治、经济及文化发展的不均衡，事实婚在很多国家都不同程度的存在。例如罗马的时效婚，英美国家的普通法婚姻。在美国，普通法婚姻被称为非正式婚，是指当事人具有结婚的合意，也具有同居生活的事实，只是没有举行结婚典礼，是英美法系中的合法婚姻的一种形式。美国最高法院认为，尽管美国多数州都制定了规范结婚要件的法律，并且规定可以对违反法律的人予以制裁。但实际上，一般认为，如果无专门具体的法律明确规定没有按法定方式举行婚典仪式的婚姻无效，没有专门具体的法律明确规定除主婚人及婚姻登记官外，其他人不可以主持婚礼，那么，所有依普通法而建立的婚姻即使其违反法定的结婚方式，也具有法律的效力。到20世纪90年代，美国还有13个州与哥伦比亚特区承认普通法婚姻。不承认普通法婚姻的某些州对于没有办理结婚程序的当事人也赋予其一定的法律效力。虽然这些州仍然把普通法婚姻当作是一种同居关系，但是只要他们或长或短地在承认普通法婚姻的某些州旅居过一段时间回来，他们就能被认为已经结婚。〔1〕还有日本的内缘婚、古巴的非正式婚、德国的同居婚。在日本的审判实践中，司法机关赋予内缘婚当事人“类似一般婚姻效果”。

纵观各国法律，对于欠缺形式要件的事实婚姻，立法体例上大体上采取了承认、不承认和限制承认三种立法主义。

---

〔1〕 参见［美］哈利·D. 格劳斯：《美国法精要·家庭法》，法律出版社1999年版，第60页。

第一，承认主义。即法律对符合结婚实质要件的事实婚姻承认其效力，英美的普通法婚姻以及日本的内缘婚都属此类。英美法系的普通法婚姻源自日耳曼习惯法，它只要求婚姻的成立符合法定实质要件，即当事人有结婚目的、结婚能力、同居事实及夫妻身份的公示性，而不要求具备形式要件。它一旦形成即与法律婚具有同等效力，须经离婚程序才能解除。20世纪70年代以来，英国通过判例法及成文法赋予普通法婚姻一定的法律效力。如事实婚姻双方在同居期间共同努力获得和保存的财产，在双方终止同居关系进行分割时，女方所得到的份额应与离婚的妻子所得相同。英国是在不承认普通婚姻法后又重新认可普通婚姻法的；而美国有些州是在不承认普通婚姻法的同时，赋予普通法婚姻一定的法律效力；日本则是在法律强调结婚申报，不予不申报婚姻以保护的基础上，改变初衷赋予内缘婚以类似一般婚姻效果的，究其原因主要在于，婚姻应重事实而轻形式，为维护婚姻关系的稳定，为保护事实婚姻中弱势一方的利益，法律应承认并保护已有的婚姻关系。

第二，不承认主义。即法律上不承认其地位和效力。因为结婚为要式行为，不具备法定形式要件的婚姻无效。在这种立法主义下，特别强调婚姻是一种要式行为及法律对婚姻的约束力，没有办理结婚程序的婚姻为无效婚姻，双方不产生夫妻之间的权利义务关系，生育的子女是非婚生子女。在各国的婚姻立法中，大多数都强调结婚的程序，与之相对应的是把缺少结婚程序的婚姻，要么规定为无效婚姻，要么认为其是不存在的婚姻。法国结婚程序实行仪式和登记结合制的结婚形式，对于未经有资格的官员进行登记的婚姻，虽然未列入无效婚姻，但在过去的几十年间，这类婚姻一直被归类为“不存在的婚姻”，它不需法院判决宣告其无效，也不会转化为“公认的婚姻”。英国对于未办理有关仪式的结婚，认定为根本就没有婚姻，不发生任何法律效力。

在近代资产阶级革命后，各国普遍加强了对婚姻家庭关系的调整，或者在民法典中专门规定有关婚姻家庭的内容，或者制定专门调整婚姻家庭的单行法规。为了与封建的婚姻家庭制度相区别，特别是与寺院法关于婚姻的规定相区别，近代法律在结婚问题上纷纷规定了结婚的形式要件，而且大多是仪式和登记结合制，并明确规定未经登记和仪式形成的婚姻是不受法律承认和保护的，当事人之间也没有夫妻之间的权利义务，以此来显示法律的权威和至高无上。但是，随着法律适用范围的不断普遍和深入，不承认事实婚姻的立法弊端逐渐显现。为保护弱者的权利，维护法律的公正，各国又不得不在立法或者司法实践中对事实婚姻网开一面，从而绝对不承认事实婚姻的局面被打破。

第三，相对承认主义。即法律为事实婚设立某些有效条件，一旦具备事实婚姻便转化为合法婚姻，纵观各国立法，其设置的条件总括起来主要有：①达到法定同居年限。这一规定即是源于古罗马法的时效婚。按照罗马市民法的规定，人权与物权一样，可以因时效的完成而取得。凡是男女连续同居满 1 年未中断，女方也未连续 3 晚外宿的，夫对妻的占有时效届满，无需经过任何方式，婚姻即告成立。现代不少国家以时效来承认事实婚姻，其中有的国家规定同居 5 年，有的国家则规定同居 2 年或者 3 年，即视为婚姻自始有效。②经法院确认。当事人的同居生活，虽然没有履行法定的形式要件，但在特殊情况下，法院可以根据当事人的自身状况，确认并宣告其婚姻关系有效。③补办法定手续。虽然当事人的婚姻因欠缺形式要件而无效，但当事人双方可以采取补救措施，重新履行结婚手续，使本无效的事实婚变为有效的法律婚，寺院法就有类似的规定。④注重婚姻事实。即立法和司法实践注重双方实际存在的同居事实，根据同居生活中存在的客观真实情况来确认事实婚的效力。如西方一些主要资本主义国家，在强调结婚必须依法履行法定手续和程序，否则为无效婚姻的同时，为了适应社会生活的需要，对那些实际存在的事实婚姻，对当事人主观上的善意与恶意实行区别对待的政策。凡事实婚姻的双方均为善意时，发生婚姻的效力；如一方是恶意的，则善意的一方享有他方的扶养权利，财产适用夫妻财产制；双方均为恶意时，则不发生婚姻的效力。有的国家还规定如妻子已经怀孕或已生育，则视为婚姻有效。

相对承认主义总体来说，注重的是男女双方当事人婚姻关系的事实，在尊重事实的基础上，法律尽可能的保护当事人的利益，尤其是在事实婚姻关系中处于弱势一方的利益。由于过去不少国家不承认事实婚姻，在实际生活中，不少事实婚姻关系中处于弱势一方（主要是妇女和子女）的法律权益得不到保障。而且还使既成的事实婚姻关系不稳定，严重影响了当事人的婚姻生活和家庭生活。因此，自20世纪70年代以来，西方有不少严格不承认事实婚姻的国家，在立法上和司法实践中开始对事实婚姻进行调整使同居双方具有一定的权利义务。并且，法律的天平还有意识地向事实婚姻关系中的弱势一方当事人、善意一方当事人倾斜，赋予他们与合法配偶同等的权利。这是因为，如果法律一律不承认事实婚姻，则这些人的利益就无法得到保护，而这种局面的形成，与法律本身所追求的正义、公平价值是背道而驰的。

二、我国事实婚姻立法规制的沿革

尽管我国各个时期的婚姻立法都规定了结婚必须进行登记，但并没有对未办理登记而以夫妻名义共同生活的情况做出规制，中华人民共和国成立后所有关于事实婚姻的法律规定，都在不同时期的司法解释中。我国对事实婚姻态度经历了绝对承认主义—相对承认主义—绝对不承认主义—相对不承认主义的演变过程。

（一）绝对承认主义时期（1979年2月1日前）

1941年颁布的《晋察冀边区婚姻条例（草案）》第5条规定，男女结婚在结婚前须向住在地区公所请求登记，登记后即为有效，该条例只是规定结婚须进行登记，但对事实婚姻的效力未作出规定。在该条例的解释文件《关于我们的婚姻条例》中指出：……只要事实上夫妻关系存在，并不因其未履行登记手续而无效。〔1〕

〔1〕 西南政法学院民法教研室编：《中华人民共和国婚姻法教学参考资料》（第一辑），西南政法学院内部印刷1984年版，第103页。

中华人民共和国成立初期，中央人民政府法制委员会在其1953年3月19日发布的有关婚姻问题的若干解答中规定，1950年5月1日以后，在已经设立婚姻登记机关的地方，结婚不去登记是不对的。对于在事实上已经结婚，仅缺少结婚登记手续的人仍按夫妻关系对待，可以不必补办结婚登记。很显然，这一时期没有彻底坚持登记成立婚姻的原则，没有登记而“结婚”的，仍然可以视为夫妻关系。换言之，对事实婚姻采取了完全承认的态度。

1957年3月6日最高人民法院在针对甘肃高院的请示回复中是这样规定的：……无论在1953年3月贯彻婚姻法运动月以前还是以后，没有履行登记手续而结婚的当事人，如果他们已存在结婚事实，只是缺少登记手续，当一方提出离婚时，仍应认为双方存在事实上的婚姻关系。[1]该批复首次使用“事实上的婚姻关系”这一称谓，很显然对没有登记的婚姻采取的仍然是承认主义。

最高人民法院在1958年3月3日的复函中又指出，承认事实婚姻的结果，就是对因事实婚姻而发生的家庭成员间的权利义务与登记婚而形成的家庭相同，日后如果一方起诉离婚，法院应把这种诉讼按离婚案件对待，且应准予离婚。承认事实婚姻并保护由此而引发的各种权利义务是有现实需要的，与婚姻法亦不相抵触。一方要求离婚即判决准予离婚，就体现了事实婚姻与登记婚姻的根本区别。

在以后的20多年时间里，人民法院审判此类离婚案件，在是否准予离婚的问题上，即以此司法解释为依据。

（二）相对承认主义时期（1979年2月2日~1994年1月31日）

在这个时期，只有符合一定条件的未登记婚才被认定为事实婚姻，并且承认的条件逐步严格。

1. 79年《意见》的规定

在最高人民法院1979年《意见》中，第一次对事实婚姻的概念

〔1〕 山东法制报社主编：《司法解释汇编》（上册、民事·经济卷），山东法制报社1988年版，第227页。

作出了明确的解释，与此同时，对如何处理此类“离婚”纠纷提出了两点要求：其一，事实婚姻不合法，对当事人应予以批评教育。其二，对于因事实婚姻而引起的离婚纠纷，应根据实际情况，实事求是地加以解决。对于未达法定婚龄的纠纷，如果没有生育子女，在做好思想工作的基础上，应解除其非法的婚姻关系，对双方已达法定婚龄的事实婚姻，应按一般的婚姻纠纷案件处理。至此我国司法机关开始有条件的认可事实婚姻，其条件是“双方已满婚姻法结婚年龄”。

2. 最高人民法院1984年8月30日《关于贯彻执行民事政策法律若干问题的意见》（以下简称84年《意见》）的规定

最高人民法院84年《意见》的主要内容是：因事实婚姻引起的离婚纠纷，如果起诉“离婚”时双方已达到法定婚龄并且符合其他结婚条件的，可以按照婚姻法规定的精神处理。如果起诉时有一方仍未达到法定婚龄或者不符合其他结婚条件，应当解除他们的同居关系。由此引发的子女抚养或财产分割问题，应依照婚姻法的有关规定处理。由上述规定可以看出，关于事实婚姻的概念，1984年《意见》的规定与1979年《意见》的规定基本相同。但对事实婚姻的认定标准作了进一步的限制性规定：未办理结婚登记的当事人，在起诉时双方必须达到法定婚龄以及符合其他结婚条件，才能认定为事实婚姻，否则按同居关系对待。

至此最高人民法院的历次司法解释的精神主要有两点：其一，强调事实婚姻是违法的。其二，承认符合结婚条件的事实婚姻具有与合法婚姻相同的效力，体现出了司法对婚姻传统习俗的尊重。

3. 1989年11月21日最高人民法院《关于人民法院审理未办理结婚登记而以夫妻名义同居生活案件的若干意见》（以下简称89年《意见》）的规定

1989年《意见》的核心内容是确立了处理因事实婚姻引发的离婚案件的原则：其一，同居时间在1986年3月15日以前的，如果一方起诉离婚时，双方都具备结婚条件，应认定为事实婚姻；如果起诉离婚时，只要有一方不具备结婚条件，应认定为非法同居。其二，同居时间在 1986 年 3 月 15 日以后的，一方起诉离婚，如果同居时双方都具备结婚条件，应认定为事实婚姻；如果同居时，有一方不具备结婚条件，应认定为非法同居。

由此可见，1989 年《意见》对事实婚姻的认定条件限制得更为严格，不仅要符合结婚的实质要件，还有成立时间的限制，即以 1986 年 3 月 15 日为分界线，1986 年 3 月 15 日前以起诉时、1986 年 3 月 15 日后以同居时是否符合结婚条件作为认定标准。

（三）绝对不承认时期（1994 年 2 月 1 日 ~ 2001 年 12 月 26 日）

1989 年《意见》规定了我国最终消灭事实婚姻的条件和期限，换句话说，从新的《婚姻登记管理条例》施行后，我国对待事实婚姻的态度是一律不再承认其具有法律效力。按照 1994 年 2 月 1 日实施的《婚姻登记管理条例》第 24 条的规定，未达法定婚龄者与异性以夫妻名义同居的，或具备结婚条件者又与异性以夫妻名义同居的，法律不予保护。最高人民法院也在相关通知中指出，此类关系应按非法同居关系处理。非法同居关系当然不属于事实婚姻的范畴。至此，我国法律在对待事实婚姻的民事效力上的态度与原来截然相反，不会再承认事实婚姻的效力。法律如此规定的目的在于严肃法纪，以期减少、遏制违法婚姻的发生。

（四）相对不承认时期（2001 年 12 月 27 日至今）

2001 年 4 月 28 日《婚姻法》修正案第 8 条又在原规定的基础上补充规定："没有办理结婚登记的，应当补办结婚登记"。其立法理由是：其一，许多未登记结婚者本身无主观过错。其二，为了保护妇女、儿童的利益。从 1994 年 2 月 1 日以后，法律对事实婚姻采取不承认的态度，目的在于通过对事实婚姻的不承认产生对当事人不利的后果，从而使人们不要再形成事实婚姻，最终推进婚姻登记制度的贯彻落实。按 89 年《意见》和《管理条例》的规定，未登记以夫妻名义同居的，其婚姻关系无效，不受法律保护，当事人之间不产生夫妻间的权利义务。如此就会使得一些人，主要是男子更加肆无忌惮的形成非法同居关系，因为他们无需承担任何婚姻法上的义务。制定法律的目的是禁止不登记而以夫妻名义同居生活的现象，但结果却放纵和鼓励了一部分人不去登记，增加了非法同居的数量。双方均符合结婚实质要件的事实婚姻当事人补办登记后，其婚姻效力得到了补正，转化为合法婚姻。第三，有利于提高公民的法律意识，加强婚姻登记工作。

《解释（一）》对事实婚姻又作出了新的规定，即第4条规定，补办结婚登记具有溯及力，其效力从双方都符合结婚实质要件时起算。第5条规定，未婚同居男女，要求离婚的，应当区别对待：其一，同居时间在1994年2月1日之前的“离婚”，如果双方当事人已符合结婚条件的，可认定为事实婚姻，按合法婚姻对待；其二，同居时间在1994年2月1日之后的“离婚”，双方当事人已符合结婚条件的，法院应当告知其在立案前补办登记；未补办的，按解除同居关系处理。因该司法解释以不承认为基础，只对历史遗留从宽，对今后则是从严对待的，所以认为这个时期是相对的不承认态度。

《解释（一）》较之89年《意见》的变化有三点：其一，对1986年3月15日至1994年2月1日期间形成的同居，符合结婚实质要件的，均认定为事实婚姻，但不再溯及到同居的时间，只要到1994年2月1日符合结婚条件，都承认为事实婚姻；其二，对于同居时间是在1994年2月1日之后的，继续采取不承认政策，但是当事人向法院起诉后仍然给其补办登记的机会，这表明由原来均视为同居关系，改为效力待定，即补办登记的有效，未补办的为同居关系。这表明不但继续承认，而且认定条件比原来又宽松了；其三，定性名称有变化，将原规定中带有贬义的“非法同居关系”改称为“同居关系”。89年《意见》对未办理结婚登记而以夫妻名义同居生活的案件，除认定为事实婚姻外，一律按解除“非法同居关系”处理，而《解释（一）》中采用了解除“同居关系”的表述，少了带有贬义的“非法”二字。

第三节　我国现行事实婚姻立法的检讨

一、“补办登记”引致的法律问题

（一）“补办登记”溯及既往与《婚姻法》第 8 条规定相矛盾

根据《条例》第 8 条的规定，补办登记的程序与正常结婚登记完全相同。补办的结婚证中也不会予以特别注明，当事人在补办结婚登记时同样应符合结婚的 5 项实质要件，所取得的结婚证亦无任何区别。根据《解释（一）》第 4 条的规定，“补办登记”的效力追溯到“双方都符合结婚条件时”，而不是补办登记之时，也不是同居时。然据《婚姻法》第 8 条：“……取得结婚证，即确立婚姻关系”可知，正常结婚登记的效力从“取得结婚证”时算。如此，我国法律关于婚姻效力开始的时间就有两种：一种是取得结婚证的时间，一种是登记前双方均符合结婚的实质要件时。

显然，《解释（一）》第 4 条“补办登记”的规定与《婚姻法》第 8 条规定是矛盾的。

（二）部门法之间不统一、不协调

依《解释（一）》第 5 条的规定，1994 年 2 月 1 日以后，未登记的当事人，向人民法院起诉要求离婚，法院应当告知其在立案前补办登记，即受理“离婚”的前提是“补办登记”。此规定在司法实践中被戏称为“此时的结婚登记是为离婚做准备的”。如果当事人补办了结婚登记，法院就按离婚处理；如果当事人不补办结婚登记，婚姻法不会承认这段“婚姻”，那么当事人就无婚可离，只能解除其同居关系。但是在刑法上，有配偶的人又与他人以夫妻名义共同生活，将形成事实上的重婚，如果重婚者主观上存在故意，按重婚罪定罪处罚，令人不可思议的是在重婚罪的判决前，并未要求事实上重婚的当事人补办结婚登记，但它依然符合重婚罪的构成要件，从而陷入了婚姻法中无婚可离而刑法中有婚可判的尴尬境地。可见“补办登记”导致了法律体系内部的不统一、不协调。

（三）与正常理性行为相逆，缺乏可行性

在现实生活中，如果未办理结婚登记而以夫妻名义共同生活的男女双方相安无事，当事人在生活期间没有纠纷，一般是不会去补办登记的，对此类婚姻，他人也不会过问。只有在当事人要求“离婚”，或男女一方死亡而引发继承纠纷时，才会发生要求确认身份的问题。而是否补办结婚登记，必然关系到双方当事人的切身利益，特别是在离婚时双方对财产的权利是“敌对”的，补办与不补办对当事人财产分割效力是截然不同的，无论是认定为夫妻共同财产还是个人财产，必定是对一方有利而对另一方不利。[1]依正常人的理智分析与推理，如果补办登记对一方明显不利，那么这一方很可能就拒绝补办登记。起诉离婚本来就是双方对离婚没有达成一致意见，既已到离婚份上了，又怎能达成办理结婚登记合意呢？而补办结婚登记需双方完全自愿并亲自到婚姻登记机关办理，只要一方当事人不愿意，则无法补办。可见这一规定与正常人的理性行为是相逆的，它的可行性究竟何在，笔者虽冥思苦想，仍不得而知。当事人双方结婚的目的是为了创设夫妻身份。现双方既已走上了离婚之路，即将分道扬镳，相互之间本已存在比较严重的矛盾与冲突，明显已无“永久共同生活的目的”。而按《解释（一）》的规定，“补办登记”居然成为“离婚”的前提，这更使“补办登记”显得荒谬至极。

（四）影响法律的权威性

按法律规定，登记是结婚唯一必经的法定程序，中华人民共和国成立后，我国颁布实施的2部《婚姻法》都把结婚登记作为婚姻成立的形式要件，但是《解释（一）》第5条对事实婚姻却又持“相对承认”的态度，且与过去相比，也适当放宽了限制。[2]这种规定与从1994年2月1日以后对未登记婚统统“按非法同居关系对待”形成了鲜明的反差，事实上是对登记前的同居的认可。换言之，

---

〔1〕 参见许莉：“我国事实婚姻立法研究”，载《东方论坛》2007年第1期。

〔2〕 参见刘银春：“《关于适用〈中华人民共和国婚姻法〉若干问题的解释（一）》的理解与适用”，载《法律适用》2002年第1期。

这是等于对违法行为地坐视不管，法律规定的出尔反尔，会影响到法律的稳定性及严肃性。同一个法律问题，法律规定的左右摇摆，朝令夕改，将会直接影响到法律的权威性和严肃性。[1]

（五）不利于结婚登记制度的贯彻与执行

《婚姻法》第 8 条并没有规定应当在什么时间去补办登记，司法实践中对此同居关系，不管同居时间长短，也不管什么时间，只要同居关系的男女去补办了登记，即承认其与合法婚姻具有同等效力。既然原本缺少结婚手续的婚姻可以通过日后的补正而转变为有效婚姻，那么，这一规定导致的结果就是结婚登记可以在同居生活前办理，也可以在有同居事实之后补办，换言之，当事人可以办理结婚登记，也可以不办理结婚登记。如此规定反倒纵容了当事人不去办理结婚登记，在人们的思想上很容易形成“登记不登记一个样”的违法的婚姻观念，从而不利于结婚登记制度的贯彻执行，使得法律关于“结婚必须登记”的规定形同虚设。

（六）实务操作中作用有限

因为补办结婚登记受到人民法院等公权力机关的主动干预是发生在起诉离婚时，依照《解释》（一）第 5 条的规定，没有办理结婚登记的同居者发生纠纷后，向人民法院起诉离婚，人民法院应该先告诉未登记者去补办结婚登记。然而离婚诉讼之所以发生，大多数是因为双方对离婚与否未达成一致的意见，都到离婚的份上了，谁还会同意去补办结婚登记呢？这就使得有同居关系的当事人双方或一方有足够的时间和空间规避法律，从而给对方尤其是在不登记婚中处于弱势地位的女方造成不利。另外，如果未领取结婚证的所谓夫妻没有产生离婚诉讼，其婚姻生活安定和谐，幸福美满，人民法院又无权主动干涉其婚姻生活，也不能督促他们去补办结婚登记，那么他们同居关系的性质依照目前法律的认定就只能是同居关系。

---

〔1〕 参见黄彤：“对婚姻法第八条中‘应当补办’之规定的质疑”，载《当代法学》2002 年第 3 期。

此种处理方式既不符合法律保护非登记婚中善意当事人的初衷，亦会造成非婚同居在更长的时间内处于不稳定的状态。

二、人民法院和婚姻登记机关之间缺乏沟通与协调

对未登记者以夫妻名义同居生活，起诉到人民法院要求解除“婚姻关系”的，若依照《解释（一）》第5条的规定，当事人的关系被认定为事实婚姻的，就要按离婚案件处理，至于人民法院如何审理，仍然适用89年《意见》规定。如果依照89年《意见》第6条的规定，当事人的“离婚”经过调解和好或者当事人撤诉的，人民法院应确认其婚姻合法有效，发给其审理此案的调解书或裁定书，那么此调解书或裁定书就成为证明其婚姻合法有效的证件，当事人也不需要再到民政部门办理登记手续了。据此，法律规定的当事人婚姻关系有效的证件就会有两种：一是结婚证，二是人民法院发给事实婚姻当事人的确认其婚姻关系有效的调解书或裁定书。但法律并没有要求人民法院应将此调解书或裁定书寄送当地办理结婚登记的婚姻登记机关。所以这种有效的婚姻不会备案在登记机关，当然婚姻登记机关也无法知悉当事人的婚姻关系已被人民法院确认有效，无法及时了解当事人的最新婚姻状况，无法对其管辖范围内的结婚情况实施监控，同时也不能更好地保护当事人及第三人的利益。

另一问题是经人民法院确认为有效的事实婚姻，如日后当事人再要求离婚，能否依行政程序办理离婚登记。离婚是双方当事人依法解除合法有效的婚姻关系的行为，男女双方依行政程序办理离婚登记的前提是双方之间存在合法有效的婚姻关系，而能够证明男女双方有合法有效的婚姻关系的有效凭证就是结婚证或人民法院发给事实婚姻当事人的确认其婚姻关系有效的调解书或裁定书。就法理而言，同样被法律认可的证明婚姻关系有效的证件，应该具有相同的证明作用。但依照《婚姻登记条例》第11条的规定，办理离婚登记的内地居民应当出具的能够证明当事人有合法婚姻的证件和证明材料就是结婚证一种，如果当事人再次协议离婚，持有法院发给的

证明其婚姻合法有效的调解书或裁定书，到婚姻登记机关办理协议离婚，而依照目前法律规定，婚姻登记机关只受理持有结婚证的当事人的离婚申请，持有其他证件的不予受理。显然人民法院对事实婚姻关系的审理结果与婚姻登记程序的沟通与协调尚存疑问。

三、立法重心问题有失偏颇

我国有关事实婚姻的规定是针对已经出现纠纷起诉离婚时如何善后进行的规定，着重于双方要“起诉离婚”的情形，即只有事实婚姻进入到诉讼程序时，法律才有条件地认定其法律效力。对没有起诉离婚的事实婚姻存续期间的效力则未可置否。这种以善后问题为重心的立法主义有失偏颇。由此带来诸如影响法律的适用等问题。如果事实婚姻的双方当事人关系和睦、相安无事、均未提出“离婚”诉讼，亦没有补办结婚登记，法律又该怎样认定其婚姻效力呢？他们的子女的法律地位如何？如果一方遭受到对方的家庭暴力，该如何救济自已的权利？凡此种种，法律及司法解释均无明文规定。他们的同居关系是不可能通过调解书或判决书被认定为事实婚姻或者是同居关系的，从而影响到法律的适用。2001 年《婚姻法》修正后，虽然可以补办登记，但是结婚登记行为系“依申请行为”，即以主体的结婚申请为前提，故在补办登记之前也同样会影响到法律的适用。在涉及婚姻家庭法的某些条款的适用上存在难题，比如法律关于家庭暴力的相关规定能适用于这样的“家庭成员”吗？

四、解除同居关系时财产处理的规定过于笼统、模糊

未登记者以夫妻名义同居生活，起诉到人民法院要求解除“婚姻关系”的，若依照《解释（一）》第 5 条的规定，当事人的关系被确认为同居关系后，人民法院应作出予以解除的判决。当事人同居期间取得的财产是一般共有财产，而不能适用夫妻财产制的有关规定处理。审判实践中，此处的“一般共有”却难以理解与把握，容易引起误解，民法理论中也没有“一般共有”的概念。依照《民

法通则》78 条及《物权法》93 条之规定，共有包括按份共有与共同共有两种。按份共有是基于法律的规定或者当事人的约定而产生，全体共有人在对第三人承担义务时，如此项义务是可分的，各个共有人应按其份额对第三人承担相应义务，而第三人也只能要求各个共有人依其份额承担相应义务。各共有人在分割共有物的时候，亦是按其份额确定。从实践来看，共同共有包括夫妻共同共有、家庭共同共有、继承人在遗产分割前对遗产的共有三种。[1]夫妻共有，强调具有合法夫妻身份，而同居关系的男女没有合法夫妻身份，如果按共同共有对待，则缺乏法律依据，所以不能按共同共有处理。那么是否应以按份共有处理呢？由于同居关系中的男女双方的同居生活的密切性，如果共有人之间对财产未作约定，则又很难认定各共有人的份额，因此会造成法律适用上的困难。可见法律的这一规定过于笼统、模糊。

第四节　学术界关于事实婚姻立法的争议

一、关于事实婚姻的定性

（1）将仅缺乏形式要件的事实婚姻规定为无效婚姻。中华女子学院山东分院的张莹在其发表的论文《对事实婚姻的再认识》[2]中主张，具备结婚实质要件，未履行登记程序的事实婚姻应规定为无效婚姻。

（2）将事实婚姻规定为可撤销婚姻。玉溪师范学院的冶联凤在其发表的论文《对我国事实婚姻制度的思考》[3]中持此观点。

（3）绝对承认事实婚姻。华东政法学院的王闻贤在其发表的论

〔1〕 参见彭万林主编：《民法学》，中国政法大学出版社 1997 年版，第 318 页。

〔2〕 冶联凤、杨宝嘉："对我国事实婚姻制度的思考"，载《中华女子学院山东分院学报》2001 年第 4 期。

〔3〕 张莹："对事实婚姻的再认识"，载《玉溪师范学院学报》2006 年第 5 期。

文《重新审视我国的事实婚姻》[1]中主张“所有未登记婚都应认定为事实婚姻，取消现行司法解释中‘按同居关系处理’的规定”。这样，既符合逻辑结构，又可以将事实婚姻与法律婚姻区别开来，同时也为认定事实重婚提供了令人信服的法律依据。

二、尊重中国婚姻传统，实行仪式与登记相结合制。[2]

从西周首创“六礼”以来，结婚举行仪式已成为中华民族的婚姻传统，尽管历经几千年，“六礼”仪式不断简化，但结婚仪式不可缺少。新中国成立以来大力推行结婚登记制，但在登记之前或之后举行婚礼则是绝大多数人的共同选择，甚至有些当事人还舍登记而仅举行婚礼，结婚仪式在中国可谓根深蒂固，在普通百姓的心目中，仅有登记没有婚礼男女双方还不能算作夫妻。不论是古代法律规定要举行结婚仪式，还是当代当事人自由选择举办结婚仪式，笔者认为，结婚仪式至少有两个功能不容否认：一是通过仪式证明当事人双方婚姻关系的正式确立；二是通过仪式接受亲友的祝福，增加人生大事的喜庆色彩。新中国的婚姻立法仅采用单一的登记制，虽经半个多世纪的强制执行，但从现实来看效果不甚明显，至今结婚登记仍未能完全取代结婚仪式而成为婚姻成立的唯一方式。既然如此，立法又何必舍仪式而惟求登记呢?

总结我国婚姻登记制度推行以来的经验和教训，借鉴国外婚姻成立形式要件的成功立法经验（不少资本主义国家在结婚形式要件上经过反复，最终选择了既尊重世俗和宗教，又坚持法律的登记与仪式相结合的立法方式），结合中国的历史和现状，认为有必要修改我国的单一结婚形式要件，实行登记与仪式相结合制。即，当事人既要亲自去婚姻登记机关办理结婚登记，也要举行结婚仪式。具体

---

〔1〕 王闻贤、吴寒青：“重新审视我国的事实婚姻”，载《广西政法管理干部学院学报》2004 年第 2 期。

〔2〕 叶英萍：“关于结婚条件的几点立法思考”，载《海南大学学报（人文社会科学版）》2003 年第 4 期。

就是，当事人在经过结婚申请并获得登记后，由双方当事人在某一公开场合、在众人面前，举行结婚仪式，向社会公示自己婚姻关系的确立，并接受亲朋好友的祝福。考虑到我国幅员辽阔、民族众多、婚俗各异，结婚仪式，立法可不必强求一致，只要求当事人依当地婚俗办理结婚仪式、达到公示的目的即可，但经过登记获得的结婚证书是结婚仪式不可缺少的依据。改革结婚程序，实行仪式与登记相结合的制度，既坚持了国家对婚姻成立的审查和监督，又尊重了百姓的意愿和中华民族的婚俗传统（健康的、积极的），易于被百姓接受和遵守，从而可以在体制上减少或杜绝不登记婚姻的发生，即使是发生了不登记婚姻，也易从体制上进行补救，并依据婚姻事实保护当事人的合法权益。

有学者对承认仪式婚的观点持否定态度。理由是：①传统社会的仪式婚是与当时的社会相适应的。在礼法并重的情况下，礼是调整婚姻家庭关系的重要手段，具有约束力。婚礼作为礼的组成部分，内容明确，“六礼备谓之聘、六礼不备谓之奔”。而在当今社会，婚姻家庭关系作为社会关系的一种，受到法律的调整，法取代了传统礼的作用。采用仪式婚必然涉及结婚仪式。随着时间的推移，传统的结婚形式已经有了很大的改变。而在现代社会，人们崇尚个性、追求独特，不可能再形成统一的结婚仪式，在这种情况下，采用仪式婚显然不具可行性。正因如此，我国台湾地区民法典亲属编虽然坚持了传统的仪式婚制度，但规定的结婚仪式是：公开举行并有两个证人。这种形式与其说是仪式制，还不如说是见证人制度。②仪式婚在现代社会不能产生应有的公示作用，婚姻身份的对世性和国家对婚姻关系的规范受到影响。与传统社会不同，现代社会交通便利、人口流动频繁，相对于传统封闭社会而言，一定范围的婚礼根本不能起到公示作用。由于缺乏国家权力的介入，身份的确定性也受到很大的影响。具体而言，没有可以直接推定为具备婚姻身份的事实存在。③登记制在我们国家实行多年，不仅便于国家对婚姻关系的管理，还与我国的户籍、人口政策密切相关。在已经进入信息时代的今天，婚姻登记制度的优势显而易见，如果再增加仪式制作为婚姻成立的形式，必然会导致适用上的混乱。所以，这种思路是不可取的，坚持登记婚姻是唯一选择。[1]

三、相对承认事实婚姻

对已发生纠纷的事实婚姻的法律规制，目前理论界的主流观点是相对承认事实婚姻的效力，即在一定条件下承认事实婚姻具有与合法婚姻相同的效力。特别是2001年以后，不管是《婚姻法》修正案还是司法解释，比原有的规定都有所宽松，被称之为从过去的不承认向相对承认过渡的开始。总括而言，相对承认的条件有如下几种观点：

（一）当事人双方以夫妻名义同居达到一定年限

就常理而言，事实婚姻当事人双方同居时间之长短能反映出双方婚姻关系的牢固程度，也能排除某些别有用心之徒故意以欺诈手段而形成事实婚姻，从而取得不当得利。时间的长短可以用来证明双方是以夫妻相称、相待，公开而不是隐蔽的同居关系，这也就把事实婚姻与通奸、姘居等秘密性、临时性、隐蔽性、无夫妻名义等行为加以区别。[2]双方同居达一定的年限，一方面可以推知双方对婚姻的态度，另一方面对分分离离频率高的同居关系不予承认也体现了婚姻的严谨性。对当事人双方以夫妻名义同居达到一定年限，且符合结婚条件的事实婚姻，承认其具有一定的婚姻效力，是对社会既存事实的尊重，也满足了事实婚姻主体在较长期的共同生活中形成的现实的、可信赖的期待利益，对保护弱势一方有利，同时国家法律的严肃性和权威性也不会受到损害。这种方式从罗马法开始，在很多国家都有体现，如《德国民法典》第1310条、1315条就规定，双方当事人以配偶身份共同生活10年或者共同生活到一方死

---

〔1〕 许莉："我国事实婚姻立法研究"，载《东方论坛》2007年第1期。

〔2〕 参见关越："关于事实婚姻的几点法学思考"，载《河南省政法管理干部学院学报》2006年第2期。

亡——在此种情况下至少共同生活满5年，也应视为婚姻。[1]这也有利于当事人权益的保护。

对同居年限的长短，有主张1年的；[2]另有主张2年的；[3]还有主张3年的；[4]更有主张5年的。[5]

（二）双方已生有子女

子女是男女双方爱情的结晶，是家庭关系的连结纽带，是衡量当事人同居是否具有永久共同生活目的的重要标准之一。生子育女使得事实婚姻当事人的关系更为密切，当然在结束同居关系时更为麻烦。在我国当前国情下，大多数夫妻只能生育一胎，故在生子育女时，双方夫妻的选择都是极其慎重的。因此，即使事实婚姻当事人双方同居未达到一定期限，但在已经生育子女的情况下，法律也可推论当事人双方对婚姻已有慎重的考虑而对这种事实婚姻加以承认。[6]

（三）老年人（指事实婚姻双方或一方为65岁以上的老年人）

我国正逐渐步入老年社会，丧偶老人已成为一个不容忽视的弱势群体。为了寻求心理慰藉和精神上的快乐，85%的丧偶老年人都有再婚的愿望。为了防止出现财产、继承、赡养等方面的纠纷，当下，许多老年人“结而不婚”。考虑到65岁以上的老年人生活能力较差的特殊情况，法律应承认此类事实婚姻，以保障老年人晚年生活的幸福。

---

〔1〕参见《德国民法典》，郑冲、贾红梅译，法律出版社2001年版，第304页。

〔2〕参见汪晓宇、俞卫真：“论我国事实婚姻法律制度的重构”，载《法制与社会》2008年第24期。

〔3〕参见康娜：“美国普通法婚姻制度对我国事实婚姻制度的启示”，载《学术交流》2008年第1期。

〔4〕参见王旭霞：“事实婚姻法律地位之分析”，载《甘肃省经济管理干部学院学报》2008年第1期。

〔5〕参见关越：“关于事实婚姻的几点法学思考”，载《河南省政法管理干部学院学报》2006年第2期。

〔6〕参见汪晓宇、俞卫真：“论我国事实婚姻法律制度的重构”，载《法制与社会》2008年第24期。

（四）以夫妻身份进行户籍登记的[1]

户籍簿记载的事项有自然人的姓名、出生年月、亲属、结婚、离婚、收养、死亡等。在“常住人口登记卡”里表明常住人口与户主的关系，它是确定自然人作为民事主体法律地位的基本法律文件。如果未登记婚主体在户籍簿的“常住人口登记卡”一栏里登记为配偶，这就能够说明双方当事人是以夫妻身份进行户籍登记的，那么对这种以夫妻身份申报户口的关系应认定为事实婚姻。

对此，亦有学者认为，相对承认事实婚姻，实质上是改变了结婚形式的单一登记制，相对承认存在诸多弊端。[2]

四、不承认事实婚姻

华东政法学院的许莉在其发表于2007年第1期《东方论坛》的《我国事实婚姻立法研究》一文中，认为我国关于事实婚姻的立法，经历了从承认向相对承认、不承认的发展过程，法律已经给老百姓足够长的时间去理解、接受、适应这一制度，如果再回到传统的仪式制或相对承认，过去的努力就会付之东流。进而主张，我国应一如既往地坚持结婚登记制度，对待事实婚姻持否认态度。[3]

五、当事人的关系已具备一定的形式要件或外部条件的，应认定为事实婚姻

（一）由法院裁判确认

在法律上规定，事实婚姻当事人可申请法院判决确认事姻的成立，由原告就其是否存在事实婚姻关系负举证责任。经人民法院审查，对双方均符合结婚实质要件的事实婚姻关系应予以承认，法院的确认裁定一经作出，从裁定生效之日起当事人取得与合法婚姻相

---

〔1〕参见王旭霞：“事实婚姻法律地位之分析”，载《甘肃省经济管理干部学院学报》2008 第1期。

〔2〕参见许莉：“我国事实婚姻立法研究”，载《东方论坛》2007年第1期。

〔3〕参见许莉：“我国事实婚姻立法研究”，载《东方论坛》2007年第1期。

同的法律地位。

（二）有民政部门已确认的相关文书

作为婚姻主管部门的民政部门应加强对婚姻状况的监督和管理职能，对现实社会的事实婚姻现状进行全面有效的调查和监控。对于符合结婚的实质要件并以夫妻身份同居达到一定年限的男女，应督促当事人及时办理结婚登记，对拒不办理结婚登记的当事人，民政部门有权依照结婚登记制度的规定对其进行处罚。当事人对处罚无异议或者其异议不能成立的，民政部门可以对当事人的事实婚姻状况进行确认，承认其具有夫妻关系，为其建立婚姻关系档案以备查。必要时婚姻登记主管部门也可以上门为当事人提供登记服务。

（三）当事人存在的事实婚姻关系众所周知

当事人双方都符合结婚条件并互相承认对方是自己的配偶，周围群众也都承认他们的夫妻关系，且当事人之间感情好，无利害关系人提出其婚姻关系无效的主张，如果法律上仍视为同居关系实无必要，也会与社会现实需要脱节，可能还会招来公众的非议。

（四）当事人之间的夫妻关系已被其他相关部门确认，在一定期间内无利害关系人提出异议

居民委员会、村民委员会等群众基层组织、民政部门及计划生育等部门在履行职责时，对事实婚姻当事人已经按照夫妻关系的身份进行了有效的登记和管理，在一定期间内无人提出异议，应确认当事人事实婚姻的法律效力。如此，既有利于民政部门对事实婚姻的管理，又有利于事实婚姻当事人正当权利的行使。如前所述的公安部门颁发的户口簿上已登记为夫妻关系的，也可视为是当事人进行结婚登记的方式之一，视为当事人已进行结婚登记，承认其法律效力未尝不可。

六、设立事实婚姻自动转正制度

依照我国《婚姻法》第 8 条规定，事实婚姻经过登记后可以转化为合法婚姻。这虽然比 1994 年 2 月 1 日到 2001 年 4 月 27 日完全不承认时期有所改变，但是对何时登记、事实婚姻当事人同居期间所得财产如何认定等一系列问题仍没有详细规定，故事实婚姻当事人补办结婚登记手续也不是一件容易的事。

我国婚姻法对事实婚姻经过补办登记即可转化为合法婚姻实行的是自愿原则，事实上也不可能强制，因而还是有部分人不去补办登记，导致事实婚姻这个社会的顽疾仍然得不到解决。因此，应该设立一个事实婚姻自动转正的制度，即符合结婚实质要件的事实婚姻可以在一定的条件下，自动转化为法律婚姻并予以登记。关于自动转化的条件，有学者认为可以通过人口普查等活动，事实婚姻就能够自动转正为法律婚姻；[1]另有观点认为，双方当事人以夫妻名义同居达到一定年限或者双方已生育子女的，都可以自动取得合法婚姻的地位。至于同居时间的长短，由于我国幅员辽阔，应根据各地区的具体情况来规定不同的同居时间，一般来说 3 年较为符合我国的实际情况。当事人同居满 3 年后，当事人双方的关系一般就较为稳定了，他们生活和谐、感情融洽，自动转正也有利于双方当事人之间同居关系的稳定。而对于同居期间已生育子女的，不问其同居年限的长短都应视为与合法婚姻关系相同，这有利于对妇女儿童等弱势群体合法权益的保护，况且子女都已出生了，如果不承认他们的婚姻关系，也不符合中华民族的优良传统，只能给一些心怀不轨的人钻法律空子的机会。

第五节　事实婚姻之法律应对

通过上述分析可以看出，对“未办理结婚登记”的违法婚姻，不管是认定其为无效婚姻或可撤销婚姻，还是让其“补办登记”；不管是认定其为事实婚姻，还是认定其为同居关系，都不会因为法律

〔1〕 参见关越：“关于事实婚姻的几点法学思考”，载《河南省政法管理干部学院学报》2006 年第 2 期。

对其态度的不同而销声匿迹，即使法律将其规定为无效婚姻或可撤销婚姻，也无法从根本上消除、制止此种社会顽疾。笔者认为，我们不要再在定性问题上争论不休，理性的态度应该是，既要正视和承认事实婚姻的存在，解决好已经发生的问题，又要遏制其蔓延发展，逐步减少新的事实婚姻的产生。针对其形成的原因，在事前监督、善后处理等方面采取相应的法律对策，以减少直至消灭之。

一、加强法制宣传，强化事前监督

只有知悉法律，才能正确执行法律。欲使有结婚意愿的当事人都去登记，首先要让全体公民都知道法律关于结婚登记的有关规定。婚姻登记机关应充分借助婚姻登记平台，定期举行婚前教育培训班，民政部门还可通过政府购买服务或公开招募志愿者等方式招募婚姻家庭辅导员，到婚姻登记现场担任婚姻家庭辅导员，全天候开展婚姻家庭咨询辅导服务。通过婚前教育和指导，帮助准夫妻树立正确的婚恋观，知悉办理结婚登记手续的重要性以及取得结婚证的法律后果，民政部门、法律服务机构、妇联、基层组织等有关部门可以利用广播、电视、报刊、微信、微博、网络等新闻媒体或者公益广告，采取多种多样的形式，加强法制宣传。要大张旗鼓地宣传登记结婚的重要性及意义，让社会大众真正认识到婚姻关系成立的唯一标志就是办理结婚登记，是否举行结婚典礼与婚姻关系的成立无关，彻底改变过去那种“举行结婚典礼后才是合法配偶，结婚登记手续可有可无”的错误观念；让社会大众真正了解，未登记的“婚姻”，法律不可能为其提供与登记婚姻同等的保护，在群众思想深处牢固树立起“结婚必须要登记、不登记婚违法”的法制观念，最终使法律关于结婚必须办理登记的规定深入人心，真正成为群众的自觉行动。

二、完善结婚登记制度

（一）逐步提高等级婚姻登记机关的比例

2011 年 6 月 24 日民政部发布了《婚姻登记机关等级评定标准》

(以下简称《标准》), 自2011年7月1日起正式实施。《标准》从环境布局、设施配备、便民服务、婚姻登记联网、举行颁证仪式、开展婚姻家庭辅导以及加强内部管理等多方面对婚姻登记机关提出了具体的要求, 明确了国家3A级、4A级、5A级婚姻登记机关的评定标准。笔者从山东省民政厅获悉, 2011年以来, 各地民政部门以婚姻登记机关规范化建设为基础, 努力实现婚姻登记工作"机构正规化、人员专职化、场地专门化、登记规范化、服务人性化、手段信息化"。2012年山东省获得国家3A级婚姻登记机关称号的婚姻登记机关共有55个, 占山东省婚姻登记机关总数的33%。2013年, 山东省又申报了23个3A级、4个4A级婚姻登记机关, 在全省起到了良好的示范和带动作用。

今后几年, 各区(县)民政局要积极争取当地政府领导的重视和相关部门的支持, 切实加强与当地组织、人事、编委、财政等部门的沟通协调, 在机构性质、人员编制、场地面积、工作经费等方面争取他们的帮助和支持。婚姻登记机关应当为经编制部门批准成立的行政机关。婚姻登记工作经费应当列入财政预算, 以满足工作和服务需求。婚姻登记机关应当有独立的办公场所, 加大对办公场所及配套设施设备的投入力度, 使婚姻登记机关场地、环境、布局、设备及信息化等硬件得到全面提升, 以符合等级评定的要求, 为婚姻当事人营造和谐、舒适、温馨的婚姻登记场所。另外, 还要进一步加强舆论宣传, 通过橱窗、板报专栏、印发宣传资料和新闻媒体向社会和公众广泛宣传《评定标准》, 积极争取社会各界及人民群众的参与支持。力争在"十二五"期末, 全国所有婚姻登记机关全部达到3A级婚姻登记机关的标准。

(二)扩大结婚登记的管辖范围, 放开户籍地登记限制, 一方当事人经常居住地的婚姻登记机关也可以办理结婚登记

根据《婚姻登记条例》第4条的有关规定, 内地居民办理结婚登记, 双方当事人应当共同到任何一方当事人的常住户口所在地婚姻登记机关办理。一直以来, 这一法律规定给流动人口的结婚登记带来了很多不便。在婚姻登记实践当中，有些结婚当事人因各种原因不能亲自去婚姻登记机关办理结婚登记手续。例如，很多长时间在外地工作和生活的人，回到常住户口所在地办理结婚登记手续非常不方便。为此笔者特建议修改《婚姻登记条例》第 4 条的规定，改为：双方都是内地居民的结婚，双方当事人应当共同到任何一方当事人经常居住地或者常住户口所在地的婚姻登记机关办理登记结婚。如果这样规定，双方都是内地居民的结婚，当事人既可以到一方当事人经常居住地婚姻登记机关办理登记结婚，也可以共同到一方当事人常住户口所在地的婚姻登记机关办理登记结婚，这样就能够大幅减少流动人口结婚的经济成本，以减轻当事人结婚时的经济压力。在非常住户口所在地工作生活的大陆居民，可以持有法律规定的相应证件及证明材料，同时提交当事人本人要求在工作生活地办理结婚登记的书面说明，到工作及生活所在地的婚姻登记机关办理结婚登记，这更符合结婚登记的便民原则。从而使结婚登记制度能够更好地适应人民群众的需求及社会经济发展的需要。

（三）将颁证仪式列入结婚登记正式程序

结婚登记免费颁证制度是民政部“十一五”期间婚姻登记规范化建设积极探索的重要内容，也是“十二五”期间结婚登记标准化建设的重点工作。近几年来山东省民政厅邀请电台、电视台、高等院校等有关播音主持、行为礼仪、婚俗文化、婚礼策划等方面的专家学者授课，对全省所有婚姻颁证员进行了培训，全面提升了婚姻登记员尤其是颁证员的整体素质，促进了婚姻登记和婚姻颁证服务工作。各地积极开展特邀颁证服务，在重大节假日邀请党政领导和社会知名人士等特邀颁证师为新人颁证，用简洁而庄重的颁证仪式取代铺张繁锁的传统礼仪，使当事人在庄严的国旗国徽下，领悟履行结婚登记的庄严和神圣。更使当事人感受到政府对每一对新人结婚登记的重视。目前，山东省有 365 名颁证员，142 个颁证室，总面积 9549 ㎡。2012 年参加颁证仪式的结婚当事人 707 788 对，占结婚登记总数的 50% 以上（76%）。从实践来看，颁证仪式的开展，在提高婚姻当事人的婚姻家庭法律意识、推动婚俗改革、促进婚姻家庭和谐及移风易俗方面发挥了积极的作用，受到当事人和社会各界好评。从目前国际通行法则看，颁证仪式应当作为婚姻登记不可或缺的程序。经过近几年的建设和发展，颁证仪式作为婚姻登记正式程序的时机和条件已经基本成熟。

（四）实行国家统一婚姻登记员资格考试

根据民政部2003年10月1日施行的《婚姻登记条例》第3条、2015年12月8日发布的《婚姻登记工作规范》第24条的规定，婚姻登记员应当接受业务培训，考核合格后，才能从事婚姻登记工作。婚姻登记员由本级人民政府民政部门考核、任命。由地（市）级以上民政部门对婚姻登记员进行业务培训，经考试合格，领取婚姻登记员资格证书之后，才能办理婚姻登记。据上述条例及规范的规定，婚姻登记员的任职资格条件包括下面两点：一是婚姻登记员的上岗资格。婚姻登记是一种政府行政行为，应当由政府公务人员来履行这项涉及千家万户的职责，民政部发布的《婚姻登记条例》（自2003年10月1日施行）规定了民政部门对本辖区内婚姻登记工作的管理职责，婚姻登记员应当是县级人民政府民政部门或乡、镇人民政府公务员。然而，由于多种复杂的原因，多少年来婚姻登记工作，始终没有引起足够的重视，在全国除少数婚姻登记机关外，开展婚姻登记工作所必须的机构、人员编制及经费保障等问题一直没有得到很好的解决，许多地方的民政部门在公务员编制未能满足需要的情况下，想方设法争取到了一些全额拨款、差额拨款甚至是自收自支的事业单位，有的地方甚至招聘了一些志愿者或者临时人员从事婚姻登记工作。为了切实保障依法行政，民政部发布的《婚姻登记条例》（自2003年10月1日施行）规定，县级以上人民政府的民政部门办理婚姻登记的，民政部门必须选派一定数量的公务员进行婚姻登记。二是婚姻登记员必须经过岗前业务培训。如前所述，婚姻登记工作是国家行政管理的重要组成部分，是一项政策性、法定性、原则性、社会性及服务性都很强的工作，在客观上就应当要求婚姻登记员具有较强的政治、业务素质。与此同时，婚姻登记又是一项十分认真严肃的工作，结婚登记是在民事法律关系之上建立的人身关系，离婚登记是在民事法律关系之上解除人身关系。人身关系的建立和解除都能涉及财产关系的变更，但又不完全等同于财产关系的变更，其比单纯的财产关系更加复杂，一旦婚姻登记工作出现失误，所涉及的人身关系的处理，难度通常很大，从事婚姻登记的人员只有严格依照法律规定审查和办理结婚登记，才能够保证婚姻登记工作不出差错。婚姻登记是一种政府行政行为，依法产生法律后果。这就要求从事婚姻登记的工作人员必须熟悉通晓业务，严格依法办理。无论是公务员还是从社会上招募的其他人员，在上岗办理婚姻登记前，都必须接受有关婚姻登记的业务培训，且经考试合格。业务培训及考核具体由地（市）级以上人民政府民政部门进行组织。

为全面贯彻执行《婚姻法》及《婚姻登记条例》的有关规定，维护法律的尊严，提高婚姻登记员的整体素质及法律水平，进一步加强婚姻登记员队伍建设，使婚姻登记行为更加规范，进而全面推进依法行政，笔者认为，应实行国家统一婚姻登记员资格考试，考生应具有法学专业本科以上学历。正如前述，目前各省、自治区、直辖市人民政府民政部门组织的婚姻登记员考试的报名条件是相当低的。我国恢复高考制度已经41年，今天的法学教育已有突飞猛进的发展，培养了一大批法学专业人才，在绝对能够满足发展婚姻登记员队伍需要的前提下，对考试报名条件再不加以限制，这对婚姻登记员队伍的整体素质的提高是不利的。所以，应当对考试报名条件进行适当限制。笔者认为，报考人员应当取得高等院校法学本科以上的学历。具体来讲，包括以下两方面要求：

第一，在专业知识上，报考人员应当具备法学专业知识，没有法学专业本科以上学历者禁止报名。要求考生应具备法学专业知识，这是由法律职业的特点决定的。婚姻登记员从业的专业性很强，婚姻登记机关的规范化建设，要求婚姻登记员既要懂得法律知识，又要懂得心理学知识、社会学知识、管理学知识、外语特别是英语的阅读和交流、计算机以及网络方面的知识。从整体素质上来说，婚姻登记员应当具备多门专业知识，应是具有广泛知识的“杂”家，但最重要的当是懂得法律的“专”家。然而博大精深的法学理论基础与细致繁琐的法律条文，不接受正规系统的、严格的法学教育是不能真正领悟和掌握的。法学专业和其他非法学专业相比较，是属于不同性质、不同门类的学科，所学知识的特定性和研究领域的特殊性，决定了其他门类的学科是无法折抵法学学科的。非法学专业人员，即使具有本科学历，乃至具有研究生学历，其所具备的仍然是其他学科知识而不是法学专业知识。从各地举办的婚姻登记员资格考试的实践看，大部分试题是靠记忆的，极其容易导致报考人员即使没有法学专业知识，仅凭借记忆力强的先天优势，突击几天时间，重点背一背考试指定教材及相关法规，也能顺利地通过考试，取得从事婚姻登记的资格。但是其法学专业素质并不高，就其法学知识的功底而言，是无法与受过系统的法学专业教育的人员相比较的，此类登记员进入婚姻登记员队伍，必然会影响到法律服务质量，进而有可能损害婚姻登记行业的形象。

第二，报考人员的学历。欲报考人员必须取得本科以上学历，具有本科学历是从业者获得比较丰富的法学理论和法学知识的前提。婚姻登记作为一种专业性较强的职业，对其从业人员的学历要求应当是较高的。而实际情况是，目前我国部分地区的婚姻登记员资格考试，对报考者的学历要求没有任何限制，这就造成婚姻登记员在门槛处就存在着明显的缺陷，不能确保婚姻登记员拥有较高的法学综合素质。在我国多数高等院校中，法律大专的学习只有短短 2 年的时间，极少数为 3 年，学习过程往往只是对法学知识有一个概括的了解，大多停留在对某些法律、法规条文的理解上，法律知识的认知还是表面和肤浅的，甚至谈不上对法学理论功底进行系统的培养，学习者的专业素养及理论水平距离合格婚姻登记员的要求还存在着一定差距，未来婚姻登记员的执业水平需要不断提高，而取得大专学历的人的知识结构难以适应日新月异的发展需要。

笔者认为，未来婚姻登记员资格考试的科目应涵盖下面内容：一是基本法律常识。二是与婚姻登记工作有关的法律法规，具体包括：除与婚姻登记有关的《中华人民共和国婚姻法》《婚姻登记工作规范》《婚姻登记条例》《婚姻登记档案管理办法》《行政诉讼法》《行政复议法》以外，还应有《民法》《收养法》《民事诉讼法》《国家赔偿法》《人口与计划生育法》。三是相关学科知识，如心理学知识、社会学知识、管理学知识、外语特别是英语的阅读和交流。四是从事婚姻登记的基本工作技能，如计算机系统以及网络方面的知识。

（五）对特殊区域实行巡回登记，对特殊人群推行预约上门服务制

特殊区域是指事实婚姻的多发区，如偏僻的山区、少数民族人口较多的地区等。依照 2003 年 10 月 1 日施行的《婚姻登记条例》的规定，办理婚姻登记的具体机关，在农村可能是乡（镇）人民政府，也可能是县民政局。在某些地理位置偏僻、交通闭塞的农村，到县民政局十分遥远，甚至有的乡（镇）人民政府也很遥远，翻山越岭、长途跋涉、困难重重。若再遇到政府机关学习或有其他重任不办公，群众怎么可能再跑第二趟呢？为方便群众，提高结婚登记率，县级人民政府民政部门的婚姻登记机关可以到上述特殊区域办理巡回登记。

特殊人群是指因疾病、意外事故、自然灾害等原因导致行动不便或者由于其他特殊情况不能亲自到婚姻登记机关办理结婚登记的人群，最典型的莫过于一方当事人身患重病、生命垂危，另一方当事人为满足对方生前最后一个愿望，强烈要求婚姻登记机关到家中或医院为他们办理结婚登记。特别是针对老年人行动不方便，再婚不登记现象突出的问题，在婚姻登记机关人员和经费有保障的前提条件下，可以推行预约上门登记。

另外在新年、五一、十一、情人节、七夕节、双八、双九等重大节假日或群众喜欢的“吉祥日子”，可实行现场预约和网络预约登记，婚姻登记机关应当增加办公时间，直至办完最后一个，以满足群众的特殊需求。

（六）杜绝强制晚婚，法定婚龄要依法执行

我国《婚姻法》对法定婚龄作出了规定（男不得早于22周岁，女不得早于20周岁），同时还规定了晚婚应该鼓励。婚姻法的立法精神是提倡晚婚，而不是强制晚婚。理论上讲，二者并不矛盾。但在实施法律的过程中，很多地方和单位出于职业或计划生育的需要，用晚婚年龄（大多数地方是男25周岁、女23周岁）代替法定婚龄，强制当事人晚婚，对未达晚婚年龄的，拒绝出具婚姻状况证明，阻止当事人结婚。这是一种侵犯他人婚姻自由权、违反法律规定的行为。《婚姻登记条例》不再要求当事人出具婚姻状况证明，但要求提交本人无配偶以及与对方当事人没有直系血亲和三代以内旁系血亲的签字声明。只要当事人达到法定婚龄并符合结婚的其他条件，婚姻登记机关就应当予以登记，发给结婚证。如婚姻登记机关以当事人未达晚婚年龄为由做出不予登记的决定，而当事人认为自己符合结婚条件，应该准予结婚登记，可依法进行行政复议或提起行政诉讼。

（七）禁止借结婚登记搭车收费

依照《财政部、国家发展改革委关于清理规范一批行政事业性收费有关政策的通知》的规定，自2017年4月1日起取消婚姻登记费，不得收取其他任何费用。但在结婚登记实践中，经常出现假借结婚登记“搭车”收费现象。某些地区的收费项目达30～40项。[1]据CCTV焦点访谈节目报道，山东省淄博市某县的民政部门，竟然向办理结婚登记的当事人收取1700元各种名目的费用。这种“搭车”收费现象令许多经济不发达地区的结婚者不堪重负。婚姻登记机关在办理结婚登记时，应当严格按照国家有关规定，不得收取任何费用。对乱收费行为，当事人可以向物价部门举报，物价部门应

---

〔1〕参见姚红主编：《中华人民共和国婚姻法释解》，群众出版社2001年版，第48页。

当从严查处，责令婚姻登记机关退还多收取的费用，对主管人员和直接责任人员给予行政处分，坚决制止各种乱收费，从根本上减轻当事人办理结婚登记的经济负担。

三、依法制裁违法行为

“结婚”不登记是违法的，这种行为一经出现，有关部门理应对违法行为人进行批评教育，并依法予以适当处理，以维护婚姻登记的严肃性，制止此种违法行为的蔓延。但在司法实践中却恰恰相反，当事人不办理结婚登记自行结婚后无人过问，一些不符合结婚条件的当事人也前行后效，无所顾忌地自行“结婚”，许多地方存在着结婚登记不登记一个样的社会心理状态。笔者认为，结婚登记制度是一种法律制度，应当在结婚登记实践中得以贯彻执行。在一定时期内承认符合一定条件的不登记婚与登记婚具有相同的法律效力，并不意味着放弃贯彻执行婚姻登记制度。恰恰相反，法律应当对事实婚姻当事人规定相应的法律责任，有关基层组织或民政部门应当对不登记就“结婚”的双方当事人，进行严厉又严肃的批评教育，指出其行为的危害性和违法性，对虽然没有办理结婚登记，但符合结婚条件的当事人，责令其补办结婚登记；对既没有办理结婚登记，又不符合结婚条件的当事人，勒令其分居，并建议所在单位或者基层组织给予当事人罚款等行政处罚，至于罚款数额，可以据其违法情节、造成的影响等酌定。只有这样才能维护婚姻法律的尊严，进而维护婚姻登记制度的严肃性。

四、有条件的承认事实婚姻

（一）理由

1. 在我国事实婚姻制度历史久远

从古罗马时代的时效婚到日本的内缘婚，事实婚姻从来就是法律婚姻的衍生物，在东西方法律文化中广泛存在，在我国也是历史久远。事实婚姻的存在与一国的文化传统、风俗习惯密切相关，而在我国悠久的历史长河中，事实婚姻的存在，也正是起源于仪式婚作为合法婚姻成立的标志。在我国古时候，男子不能自专娶，女子不能自专嫁，必须遵从父母之命，媒妁之言。通行于整个中国古代社会的聘娶婚，要求履行礼制要求的程序。早在西周时期就创制了“六礼”（聘娶婚的六个程序：纳采、问名、纳吉、纳征、请期、亲迎）。我国古代的法律婚姻即是符合聘娶婚的六礼的仪式婚。可以这么说，人类在历史发展的长河中，经历过蒙昧时代、野蛮时代，进入文明时代后，婚姻只要具备当时社会认可的形式，取得当时社会的承认后，就成为一个合法的婚姻。通过公示得到社会认可是仪式婚的最核心的部分，并没有要求必须要登记，所以婚姻的公示性价值在此显得尤为重要。

2. 法律应该注重夫妻事实的先行存在

众所周知，妇女、儿童、老人在现实生活中一直处于弱势，由于法律保护的不完善，其权利遭到侵害后，无法得到救济。事实婚姻中的男女双方难免发生纠纷，处于弱势的女方与子女的利益受到损害是经常发生的事情。一些结而不婚的老年人，同居期间一旦发生纠纷，权益更容易受到侵害。若法律坚持否定事实婚姻的存在价值，那么只能眼睁睁地看到这些受到损害的弱势群体的权利不能得到救济。我国《婚姻法》开宗明义的立法宗旨之一，就是坚持保护妇女、儿童、老人的合法权益，对事实婚姻的承认就成为婚姻法的基本任务之一。

另外，有条件承认事实婚姻能够有效防止道德败坏之徒利用法律漏洞玩弄他人感情。由于我国现行婚姻法律制度对 1994 年 2 月 1 日之后形成的没有配偶的人，没有办理结婚登记即以夫妻名义共同生活的关系一律认定为同居关系，不承认其为事实婚姻。如此规定的直接后果不但使当事人的利益得不到保护，有失法律保护弱势群体的立法价值，而且容易使得道德败坏之徒利用法律漏洞玩弄他人感情有了可乘之机。道理很明显，不认可事实婚姻的效力，就意味着当然地免除了当事人为人之夫或为人之妻的一切权利义务；同样的道理，也当然地免除了违反夫妻间权利义务应承担相应的法律后果，道德败坏之徒即使不断更换同居对象，玩弄他人感情，也根本不用担心承担任何责任。但是如果法律有条件地认可事实婚姻，则意味着事实婚姻当事人之间已经存在的同居关系被确认为夫妻关系，那么当事人之间即具有夫妻间的权利义务，如果一方违背法律规定，如存在重婚、与他人同居、虐待、遗弃等行为，其必然应承担相应的民事和刑事责任，这也有利于防止道德败坏之徒利用法律漏洞玩弄他人感情。[1]

（二）条件

（1）当事人2003年10月1日以前同居，群众也认可是夫妻关系的，一方起诉“离婚”，如果起诉时双方都符合结婚条件，可认定为事实婚姻关系；如果起诉时一方或双方不符合结婚条件，应认定为同居关系。

（2）当事人2003年10月1日以后同居，群众也认可是夫妻关系的，一方起诉“离婚”，一律按同居关系对待。

之所以以2003年10月1日《婚姻登记条例》实施时间为界限，主要是基于以下考虑：

80年《婚姻法》施行以后的历次司法解释表明，每一个有关婚姻登记的行政法规实施后，最高人民法院就会发布一个新的司法解释，其中认定事实婚姻的时间界限即是此有关婚姻登记的行政法规的施行时间，例如1986年3月15日《婚姻登记办法》施行之后，89年《若干意见》即以1986年3月15日为分界点，1986年3月15日前以起诉时、1986年3月15日后以同居时是否符合结婚条件作为认定标准；1994年2月1日《婚姻登记管理条例》施行之后，《解释（一）》即以1994年2月1日为分界点，此前符合结婚条件的认定为事实婚姻，此后拒不补办结婚登记的认定为同居关系。所以延

〔1〕参见张丽：“和谐社会中的婚姻家庭制度研究——关于事实婚姻问题探讨”，载《经济与社会发展》2007年第3期。

续这种认定标准，2003 年 10 月 1 日《婚姻登记条例》施行之后，最高人民法院再次出台的新的司法解释，应以 2003 年 10 月 1 日为分界点。对于 2003 年 10 月 1 日以前同居生活的，之所以以“起诉时双方都符合结婚条件”作为认定标准，主要考虑到有的人可能同居时不符合结婚的实质要件，经过一定时间，到起诉“离婚”时，已符合了结婚的实质要件，如果以起诉时作为认定的时间标准，那么能够被认定为事实婚姻的人数就会增多，这样就可以让更多的未登记婚被认定为事实婚姻，从而使更多当事人的权益受到保护。

笔者的上述观点，从有条件地承认事实婚姻的政策过渡到严格不承认的法律主张，一方面，既符合婚姻法对具备结婚的实质要件但没有办理结婚登记的情况应当区别对待的精神，又科学合理的将新的司法解释与有关法律法规、司法解释的内容予以有机衔接。另一方面，既坚持了原则，又适当灵活。在现阶段有利于教育当事人增强法制观念；有利于从实际出发，维护部分已经建立起来的事实婚姻，解除不符合法律规定的同居关系；有利于对妇女、儿童、老人合法权益的保护。

第五章　配偶侵权法律规制研究

第一节　离婚损害赔偿制度研究

离婚损害赔偿制度是指因夫妻一方的重大过错致使婚姻关系破裂的，过错方应对无过错方的财产损失、人身伤害或精神损害予以物质赔偿的法律制度。修改后的《婚姻法》，增设了离婚损害赔偿制度，填补了我国的一项立法空白。该法第46条规定："有下列情形之一，导致离婚的，无过错方有权请求损害赔偿：①重婚的；②有配偶者与他人同居的；③实施家庭暴力的；④虐待、遗弃家庭成员的。"《解释（一）》对离婚损害赔偿问题作了进一步解释。这适应了新形势下调整离婚关系新情况的需要，反映了广大人民群众的意愿，有利于维护合法婚姻关系，保护无过错方的合法权益，制裁过错方的违法行为。但《婚姻法》第46条的规定还存在着过于简约、原则、粗疏的缺陷，《解释（一）》的出台使得离婚损害赔偿具有了一定的可操作性，但就该项制度仍须作理论上的进一步探讨。

一、离婚损害赔偿制度的立法背景及价值

虽然离婚损害赔偿制度在外国法制史上早已存续，但对我国大陆的婚姻法律制度而言，离婚损害赔偿制度却是一种崭新的制度。而这种制度之所以引起人们的关注，更多的是因为人们婚姻观念和婚姻行为的转变。在新中国成立初的革命建设时期，人们的婚姻观念刚刚发生一次大的革命，新的社会主义的、无产阶级的婚姻观代

替了旧的封建主义的、资产阶级的婚姻观，男女平等的观念从制度上正式确立。然而“一穷二白”的国境，使得家庭的经济要求压过了个人在生活其他方面的要求，人们没有更多的精力、财力，去满足个人在性、生理上的需求，而且在当时的道德、社会习俗的背景下，离弃配偶去寻求“婚外恋”绝对是会被视为“小资产阶级情调”的行为，是一种对革命的背弃行径。因为在当时的观念下，婚姻不单纯是一种个人的行为，而是革命、建设的需要，是阶级斗争的需要。同时，数次三番的社会革命也使人们诚惶诚恐，整日担心个人的安全，没有更多地心思放在婚姻生活上。此外，离婚损害赔偿要建立在个人拥有一定数量财产的基础上，而当时的社会形势无法允许个人所有制蔓延，人们无力去支付离婚损害赔偿所要求的金额。可以说，离婚损害赔偿在当时不存在观念和经济基础上的支持。

改革开放、经济搞活的政策无疑为离婚损害赔偿制度的出现提供了政策和制度上的基础。随着我国改革开放的扩大，社会主义市场经济的建立，先进生产力、先进文化在得到引进的同时，一些不良生活方式也乘机涌入，封建思想沉渣泛起。在这种开放的政策环境下，个人的自主意识不断得到加强，婚姻不再被视为是革命的结合，而在一定程度上成为个人意思自主的产物。个人更多地开始关注婚姻生活的质量，开始注重个人在性和生理上的追求与满足，而社会风俗、习惯也随着社会的发展趋势出现了宽松化的迹象。在旧有的婚姻无法满足个人生活的需求时，个人便会试图冲破这种婚姻的束缚，去追求婚姻外的生活。离婚虽然是一种解脱的选择，然而婚姻毕竟不完全是个人自主的产物，而是一种受约束的制度，当体制内无法解决这种冲突时，人们便会寻求体制外的解决方法，部分人在生活富裕之后“饱暖思淫欲”，抛糟糠、包“二奶”、养小蜜、找情人。这里除了对死亡婚姻的反抗外，也不可忽视的是个人经济能力的增强所带来的一种欲望的膨胀，极大地危害了正常的婚姻家庭关系。因此限制和制裁这种破坏婚姻家庭关系的行为，维护健康、文明和先进的婚姻家庭关系就显得极为迫切、极为需要。于是，形成了一股强大的社会舆论，在这种力量的推动下，离婚损害赔偿制度呼之欲出。而个人支付能力的增强，法制建设的逐步完备也为这种制度的出现提供了有力的基础。

早在 1791 年，法国宪法就曾规定，法律视婚姻仅为民事契约。这一规定，使婚姻契约理论逐步深入到立法意识中来，并日益得到许多国家的认同，基于婚姻契约理论，当配偶一方有违婚姻义务致使婚姻离异时，无过错方有权请求损害赔偿。《法国民法典》第 266 条规定：“如离婚的过错全在夫或妻一方，则该方得被判赔偿损害，以补他方因解除婚姻而遭受的物质和精神损害”；《日本民法典》第 15 条规定：“因离婚而导致无责配偶一方的生活有重大损害时，法官可允许其向他方要求一定的抚慰金”；《瑞士民法典》第 15 条规定：“因离婚而致无过失之配偶，其财产权或期待权受损害者，有过失之配偶应予以相当之赔偿”；我国台湾地区民法典亲属编第 1056 条规定：“夫妻之一方，因判决之离婚而受损害者，得向有过失之他方请求赔偿”。

离婚损害赔偿制度之所以早在 19 世纪即登上了人类的立法舞台，是因该制度体现了惩罚、保护、补偿功能，当人类进入 21 世纪时，这一制度依然要担负起维护公序良俗的重任。

（一）建立离婚损害赔偿制度是完善婚姻立法，加强社会主义法制的需要

保护婚姻家庭是我国宪法确立的基本方针，家庭是社会的细胞，婚姻家庭的稳定是社会稳定的基础。《宪法》第 49 条明文规定：“婚姻、家庭、母亲和儿童受国家的保护”。根据我国宪法精神，我国刑法通过惩罚破坏婚姻家庭的犯罪行为，如对暴力干涉婚姻自由、虐待、遗弃、重婚等犯罪行为处以刑罚，保护婚姻家庭关系。《民法总则》第 112 条规定：“自然人因婚姻、家庭关系等产生的人身权利受法律保护”。《婚姻法》第 2 条规定：“实行婚姻自由、一夫一妻、男女平等的婚姻制度。保护妇女、儿童和老人的合法权益”；第 3 条规定：“禁止重婚。禁止有配偶者与他人同居。禁止家庭暴力。禁止家庭成员间的虐待和遗弃”。可见我国《宪法》《刑法》《民法总则》《婚姻法》对夫妻、父母子女等家庭成员在婚姻家庭中的权利是给予保护的，如果夫妻一方违反法律规定，与他人重婚、姘居、通奸，对配偶实施家庭暴力、虐待或遗弃配偶等，侵犯配偶的合法权益，理应承担赔偿责任。但由于80年《婚姻法》无离婚损害赔偿的规定，致使过错配偶实施违法行为，不能依法追究其法律责任，使得法律关于保护婚姻家庭的规定成为一纸空文，有损法律的尊严。因此，建立离婚损害赔偿制度是完善婚姻立法，加强社会主义法制的需要。

（二）建立离婚损害赔偿制度是新形势下保护离婚当事人合法权益的需要

从我国婚姻家庭关系的现状来看，近几年来，夫妻间的侵权行为屡屡发生，家庭暴力呈上升趋势。北京市妇女法律援助分中心从2000年11月至2001年5月，短短7个月内受理的2000余例来访和咨询中发现，婚姻家庭类咨询占总数的80%，其中在796件离婚咨询中，离婚损害赔偿问题相对集中，咨询者希望通过离婚损害赔偿制度，实现对自己权益的保护。中国社会科学院发布的《1995至2005年：中国性别平等与妇女发展报告》表明，在中国2.7亿个家庭里，约30%存在家庭暴力，实施暴力者有九成是男人。据有关部门统计，我国每年约有40万个家庭解体，其中1/4起因于家庭暴力，因夫妻一方违反忠实义务，与他人重婚、姘居、通奸而导致离婚的有增无减，在某些地方已成为离婚的主要原因，占离婚案件总数的60%以上，许多无过错的离婚当事人因过错配偶的违法行为，身心受到严重摧残，如果不能够得到救济，则无法保护其合法权益。据全国妇联1997年对15个省市的信访统计，因家庭暴力引起的信访量已占婚姻家庭信访总量的34.5%。1999年广东省妇联在广州等11个市组织了1589个家庭入户抽样调查，有29.2%的家庭存在程度不同的家庭暴力现象、广东省妇联1996年至1998年接受这方面的投诉分别为219件、235件和348件，1997年比1996年增长

7.3%，1998年比1997年增长48%[1]。自1981年来，人民法院审理的离婚案件数量成倍增长，居高不下，1999年审理119.9万件，比1980年的27.2万件翻了两番多，平均每年增长8.1%。[2]另据有关专家统计，在离异家庭中，青少年犯罪的比例在40%以上。[3]一些深受婚外恋、第三者插足之苦的离婚当事人已发出"如果婚外恋不受法律制约，合法配偶的合法权益就得不到保障"的呼吁，强烈要求填补法律漏洞。修改后的《婚姻法》增设了离婚损害赔偿制度，对受害配偶给予一定补偿，以有效地保护婚姻家庭及妇女儿童的合法权益。所以，建立离婚损害赔偿制度是新形势下保护离婚当事人合法权益的需要。

（三）建立离婚损害赔偿制度是使司法部门有法可依，违法必究的需要

从我国的司法实务界看，由于过去未规定离婚损害赔偿制度，因此，过错方给无过错方造成的损害，离婚时法院都未责令过错方承担损害赔偿责任。笔者2000年6月对济南市中级人民法院民庭的调查：对1998年和1999年涉及婚外恋的124起离婚案卷进行统计发现，在这124起离婚案卷中，无一件责成离婚中的过错方或第三者对无过错方进行损害赔偿，尽管有些已"证据确凿"，但由于法律对此无明文规定，所以执法者对明目张胆践踏"一夫一妻"的行为，显得力不从心、无能为力。这无疑放纵了过错方的违法行为，不利于保护无过错方的合法权益；不利于维护社会主义婚姻家庭关系。在坚决贯彻依法治国的今天，也要依法治家。基于公平正义原则，理应追究离婚过错方侵害无过错方的合法权益所致损害的赔偿责任。面对我国司法部门审理离婚损害赔偿案件无法可依的现状，亟须完

---

〔1〕参见："专家阐述与修改婚姻法相关的六大问题"，载《法制日报》2000年7月13日。

〔2〕参见李平："二十年全国离婚案件情况简析"，载《人民法院报》2000年10月3日。

〔3〕参见："专家阐述与修改婚姻法相关的六大问题"，载《法制日报》2000年7月13日。

善我国婚姻立法，设立离婚损害赔偿制度。

（四）建立离婚损害赔偿制度是离婚自由的保障

离婚不仅使配偶间的人身和财产归于消灭，而且也必将使经济处于劣势的一方陷于离婚后更加困难的境地，一些当事人为避免离婚后的窘迫生活，只好勉强维持不幸的婚姻，为之付出身心上的惨重代价。若建立离婚损害赔偿制度，便可消除无过错方的离婚顾虑，并使其在离婚权益得到保障的同时，获得离婚之损害赔偿，以弥补在财产和身心上所遭受的损失。在离婚案件中，子女80%归女方抚养，而这种离婚案件中，有相当比例是一方有过错而离婚的。在这种单亲家庭里，子女的抚养费、教育费得不到落实，女方再婚的可能性很小，经济上没有补充，生活极为困难，子女生活、教育受到很大影响。责令有过错方承担损害赔偿责任，对于单亲家庭的生活保障，特别是子女的健康成长，会起到积极作用。

80年《婚姻法》没有离婚损害赔偿的规定，只是在84年《意见》中规定，因第三者介入或喜新厌旧而离婚的，处理财物时要注意照顾无过错的一方和子女的利益。由于这种照顾只是夫妻共同财产分割中的参考因素，在数额和范围上也仅局限于夫妻共同财产，而不能涉及过错方的个人财产，所以无论是对过错方的惩罚，还是对无过错方的保护均显得力度不够。而且，以“照顾”代替“赔偿”也模糊了是非、淡化了责任，故这一规定不足以抚平无过错一方的精神创伤，也无法制裁破坏他人婚姻家庭关系的第三者，所以修改后的《婚姻法》增设离婚损害赔偿制度是非常有必要的。

反对意见：

（1）有一种反对意见认为，损害赔偿违反婚姻的伦理本质，并使婚姻关系商业化。[1]理由是：离婚应当被看作是发给当事人的婚姻关系已死亡的诊断书，“既然分离就要彻底”，家庭不是一个商业

---

〔1〕参见最高人民法院民事审判第一庭编著：《最高人民法院婚姻法司法解释（二）的理解与适用》，人民法院出版社2004年版，第243页。

企业，该团体中的每一个成员无权通过法律程序弥补在家庭中失去的利益。

(2) 还有一种反对意见认为，确立离婚损害赔偿制度，有使“爱情转化为金钱”之嫌，将会为高价离婚大开方便之门，受害配偶虽得到金钱，但失去了爱情，所受到的痛苦会更深。故以道德规范来调整婚姻关系更合适。

对上述反对观点的评析：

我国台湾地区学者王泽鉴先生的观点则恰恰相反：“婚姻含有伦理因素，故无疑问，但本身亦为一项法律制度，关系当事人利益之巨，并涉及公益，应受法律之保护。至所谓损害赔偿将使婚姻关系商业化，亦属似是而非。现行法规定人格权遭受侵害者，被害人得以法律规定，请求损害赔偿或慰抚金，损害赔偿不足以使人格权商业化，毫无疑问，婚姻关系亦然”。〔1〕笔者认为，婚姻家庭关系具有强烈的伦理性，用道德规范加以调整，是十分必要的，也是有一定效果的。但由于我国社会生产力不发达，社会经济及其派生的各种社会因素在很大程度上制约着我国的婚姻关系，婚姻主要是生活与利益的结合。若仅以道德规范来调整婚姻关系，显然无法保护婚姻关系当事人的利益。同时也应该看到，婚姻家庭关系是一种民事法律关系，法律规定的婚姻家庭中的权利义务，既需道德规范，也需法律规范，两者相辅相成来保障实现。而对于道德规范不足以制止的第三者插足他人婚姻之中，导致离婚的违法行为，必须适用法律手段加以制裁，以保护无过错方和子女的合法权益，维护社会主义婚姻家庭关系和社会秩序。因此法律应赋予受害配偶离婚损害赔偿请求权，由其自愿行使，如果他（她）感到得到金钱，但失去了爱情而痛苦更深，则可放弃行使此权利。担心会出现“爱情转化为金钱”的现象，这只是表面，未见实质。根据《侵权责任法》第 2 条

〔1〕 最高人民法院民事审判第一庭编著：《最高人民法院婚姻法司法解释（二）的理解与适用》，人民法院出版社 2004 年版，第 244 页。

之规定，公民的姓名权、名誉权等受到侵害的，可以要求侵害人承担赔偿损失的民事责任。在这里也会出现“姓名权、名誉权转化为金钱”的表象，但实际上是用赔偿的财产填补损害、抚慰受害人的精神，并有利于制裁违法行为。夫妻关系中有人格利益因素，既然民法上的损害赔偿不会（没有）使人格权转化为金钱，没有导致人格商品化。那么毫无疑问，离婚损害赔偿亦不会使爱情转化为金钱，也当然不会导致婚姻的商品化。相反，建立离婚损害赔偿制度有利于防止或减少婚姻关系存续期间的过错行为，保障婚姻关系的稳定，提高婚姻质量，进一步提高当事人的人格独立、民主、平等意识，增强权利意识。

二、离婚损害赔偿的理论依据

欲探讨离婚损害赔偿的理论依据，需简要了解夫妻家庭地位的演变及近现代各国离婚法的立法发展趋势。

（一）夫妻家庭地位的演变及近现代各国离婚法的立法发展趋势

1. 夫妻家庭地位的演变——从夫妻一体主义到夫妻别体主义

随着社会的发展变迁，夫妻在家庭中的地位也经历了一个发展变化的过程，从法律上看，这种变化经历了两个时期：其一，以夫权为标志的夫妻一体主义时期，即男女结合后合为一体，夫妻人格相互吸收，但实际是妻的人格为夫吸收，妻子婚后无姓名权和财产权，无行为能力和诉讼能力，一切受夫的支配，这种模式多为古代中世纪法所采用。其二，以夫妻在法律上地位平等为标志的夫妻别体主义时期，指男女结婚后各自保持独立的人格，相互间享有一定的权利，承担一定的义务，各有财产上的权利能力和行为能力，表现为男女法律上的平等，现代各国立法大都采用此种模式。正是因为夫妻关系是建立在人格独立平等的基础上的，夫妻各具有独立人格及财产所有能力，一方才可能对另一方产生侵权可能，从而受害方才能要求另一方给予损害赔偿。

2. 近现代各国关于离婚的立法主义——从有责离婚主义到破裂离婚主义

随着传统婚姻观念的巨大转变，离婚已不再那么令人难以接受了，当代世界各国离婚法的立法发展趋势也从有责主义发展到破裂主义，对离婚的限制大大减少了。从过错离婚到无过错离婚，社会和法律对离婚的态度越来越宽容。依无过错离婚法的基本要求，只要婚姻关系确已破裂，不论有无过错，任何一方都可以获准离婚。造成婚姻关系破裂一方的任何过错，应该与获准离婚无关；即使配偶一方完全无辜，也不曾有违反婚姻义务的行为，法律仍可背其意愿而强制离婚。这就使配偶一方受到精神损害的可能性增大，从而扩大精神损害赔偿的适用余地。如果婚姻不幸破裂并且无可能挽回，那就应该让那个名存实亡，徒有其表的法律外壳解体，不过要做到最大限度的公平，最小限度的痛苦和烦恼。对于精神权益的损害，离婚之精神损害赔偿制度无疑是一个好的救济手段。

（二）离婚损害赔偿的基础法律关系

离婚损害赔偿的适用需要建立在一定的基础法律关系之上，或者基于合同（契约）关系，或者基于侵权关系。从离婚损害赔偿受害人的角度来说，是应当依据合同上的请求权，还是依据侵权的请求权来要求过错方承担赔偿责任，这是必须首先要解决的问题。要解决此问题，关键在于正确认识婚姻的性质。因为离婚损害赔偿责任归根结底是建立在婚姻的基础上，是对婚姻破裂的一种约束和补救。

1. 关于婚姻性质的两种观点

对婚姻性质的看法，学界有两种观点，一种是契约说，一种是制度说。

（1）契约说。契约说是近代资产阶级革命个人主义、自由主义观念的产物。1791 年法国大革命宪法规定：“法律仅承认婚姻为市民契约”[1]。1804《拿破仑民法典》第 146 条进一步规定：“无合意

〔1〕 陈棋炎：《亲属、继承法基本问题》，三民书局 1980 年版，第 156 页。

即无婚姻"[1]，婚姻作为契约的观念逐步占据了历史的舞台。契约说主张，独立的意思主体（即夫及妻），立于平等地位，且由于当事人自由意志（无诈欺、胁迫等情事），而其意思业已合致（愿与对方结婚）者，当即发生权利义务关系（夫妻关系），据以约束（婚姻）当事人，故结婚行为实与财产法上之"契约"，别无异趣。换言之，有独立人格者，其自由意思所连络之法律关系，即为"契约"，而结婚行为正与此相吻合，故除以"契约"的观念，始能表现结婚行为之性质外，别无他途可图。[2]

（2）制度说。从婚姻的形式上看，结婚确实是当事人（配偶双方）意思合致的结果，然而，从婚姻的实质上看，它不仅仅是婚姻当事人意思自主的产物，它更是一种"伦理的实体"，"婚姻不能听从已婚者的任性，相反的已婚者的任性应该服从婚姻的本质"（马克思语）。[3]"从个体上看，结婚似乎是个人的选择，是性成熟的结果，是感情发展的自然。但是，从总体上看，婚姻作为一种制度是为了回答社会中的这些问题而发展起来的。它源于性，借助了性，但发展成为分配生育的社会责任，保证人类物种繁衍的一种方式。它是一种同人类的生存环境有内在结构性关系的制度"。

婚姻性质的"制度说"在20世纪逐步代替了"契约说"的主导地位，这也是法律从个人本位向社会本位演变的结果，是婚姻从极端的个人主义向超个人主义进化的体现。在制度说的观点下，"婚姻虽由婚姻当事人自由意思，即因合意所缔结，但在实体法上之婚姻内容，则不问婚姻当事人效果意思如何，已依人伦秩序这一客观的规范原理有所一定者"。[4]

---

〔1〕史尚宽：《亲属法论》，中国政法大学出版社2000年版，第102页。

〔2〕陈棋炎：《亲属、继承法基本问题》，三民书局1980年版，第156页。

〔3〕石春玲、田耘："婚外恋的道德与法律评价—兼评婚姻家庭法草案相关规定"，载《政法论丛》1998年第5期。

〔4〕陈棋炎、黄宗乐、郭振恭：《民法亲属新论》，三民书局2008年版，第62页。

2. 离婚损害赔偿的基础法律关系

（1）违约责任。在“契约观”下，离婚损害赔偿应被视为违约责任的一种，因为婚姻乃配偶之间的一种契约关系，婚姻的缔结和消灭都适用法律关于一般契约的规定。由此推论，由结婚行为而产生的夫妻之间的权利义务关系，亦即配偶双方的同居义务、忠实义务、相互扶助义务等就是一种契约关系，在配偶一方违反这些义务而致配偶另一方受到损害时，理应按照契约法的规定追究其损害赔偿责任。我国少数学者亦赞同契约说，认为离婚损害赔偿责任是契约责任而不是侵权责任，理由是：其一，契约责任是特定责任，而侵权责任是广泛责任。违约行为违反的是特定义务，侵权行为违反的是一般义务。根据《婚姻法》第46条的规定，可以行使损害赔偿请求权的违法行为有重婚、有配偶与他人同居、实施家庭暴力、虐待、遗弃家庭成员。其规定的前提是婚姻契约当事人之间存在特定的权利义务，该权利义务因约定而产生[1]，因违反义务而受惩罚。以虐待家庭成员的行为来说，过错方的行为是严重违反了夫妻互相尊重、爱护的义务，而不是侵犯了无过错方的人身权。因虐待行为只在家庭成员间构成，侵犯公民人身权则可以是任何人。再以遗弃家庭成员的行为来说，过错方违反的是夫妻互相扶助的义务，若认为是侵权，则侵犯的是无过错方的何种权利呢？其二，违反契约义务人是特定人，侵权行为人是不特定人。契约义务是特定义务，只在当事人之间发生，与其他人没有关系。夫妻间姓名、住所、同居、忠实、扶助等方面的权利义务只在夫妻间发生，于其他人之间不发生效力，而违反这些义务的行为人只能是夫妻，由于其他任何人与婚姻当事人都没有婚姻约定，只负有不侵犯婚姻当事人婚姻家庭关系的不作为义务，故不可能违反该义务。

（2）侵权责任。按照“制度说”的观点，婚姻不仅仅在配偶双方之间发生效力，它更是一种社会制度，承载着分配生育责任，保

[1] 参见郭丽红：“论离婚损害赔偿之诉”，载《河北法学》2002年第5期。

证人类物种繁衍，维系社会伦理秩序的功能。在配偶一方因过错侵害另一方的权利时，就连带着侵犯了婚姻制度的社会功能，理应受到社会的谴责和制裁。故而离婚损害赔偿制度更带有了侵权责任的色彩，因为它不仅是当事人之间的一种评价，更带有了社会评价的意义。相较之契约说，婚姻的制度说更能反映婚姻的本质属性。

3. 个人观点：侵权责任

笔者认为，将契约的一般原理用于婚姻关系有些牵强附会，虽然婚姻的缔结也是建立在男女双方平等基础上形成的一种合意，但在内容等方面与一般契约关系有明显不同，一般契约主要是调整财产关系，而婚姻的缔结体现的主要是人身关系。将离婚损害赔偿的理论依据建立在契约关系之上显有不妥，离婚损害赔偿责任应是侵权责任而非契约责任。理由是：其一，婚姻关系双方当事人的权利义务（如姓名权、人身自由权、对共同财产的处理权、扶养义务、继承权）都是法律直接规定的，而不是由当事人自己的意志和利益决定的。侵权责任的产生正是以违反法定义务为前提，而契约责任是因违反当事人之间的约定而产生的。其二，侵权行为是行为人基于过错而实施的行为，没有过错一般情况下行为人是不承担责任的，离婚损害赔偿责任的发生也必须要求行为人有过错，而契约责任并不以过错为构成要件，所以将离婚损害赔偿作为违约责任显然是不合适的。其三，离婚损害赔偿中，过错方的行为给对方造成的损害很多情况下是精神损害，即离婚损害赔偿所赔偿的主要是精神损害，而违约责任一般并不支持离婚损害赔偿，按照契约责任是无法追究违约方的精神损害责任的，只有按侵权责任才能做到这一点，即使是在违约责任和侵权责任竞合的情况下，要想追究精神损害赔偿责任，无过错方也只有选择侵权责任才能达到补救自己精神损害的目的。将之视为违约责任会使离婚损害赔偿责任的补偿功能丧失大部分意义。其四，依契约法规定，当事人可以在契约中约定对于违约而产生的损害赔偿额的计算方法，而在侵权责任则不可能存在这种可能性，尤其是在婚姻关系存续期间，当事人更不可能做这种约定，否则将有悖于夫妻共同生活的特征，不利于夫妻关系的稳定。[1]此外，在我国《合同法》主要采严格责任原则的情况下，离婚损害赔偿责任视为违约责任也难以体现社会的道德评价，并会进一步导致诉讼的泛滥，不利于维系婚姻家庭的完整稳定。

（二）侵权行为侵害了受害方的何种权利

在侵权行为法的理论上，一般首先考虑的是什么权利或法益受到了侵害，然后再进一步考虑该权利或法益受到侵害后所应赔偿的损害的范围。对前者，一般都认为配偶一方所实施的违法行为侵害的是配偶另一方的配偶权。从我国民事法律制度的相关规定来看，侵权行为所侵害的权利基本上包括人身权和财产权两大类，《婚姻法》第46条规定的4种情形主要是对人身权的侵犯。按照传统民法的观点，人身权又分为人格权和身份权两大类，《婚姻法》第46条规定的4种情形，具体侵犯的是人格权还是身份权，可根据具体侵权行为作具体分析。例如实施家庭暴力的、虐待遗弃家庭成员的是对无过错配偶身体权、健康权、人格尊严权、人身自由权等人格权的侵害；再如重婚、有配偶者与他人同居侵害的是无过错方要求对方在贞操方面对自己忠实的权利，这是夫妻之间特有的身份权。总之，《婚姻法》第46条规定的过错方的行为侵犯的是无过错方的人身权利，要么是人格权，要么是身份权。在修改《婚姻法》的过程中，有许多学者提出了配偶权的概念，而对配偶权的概念，大陆学者却未有一个明确的界定，理论上一度有如下几种表述：配偶权乃"夫对妻以及妻对夫的身份权"[2]；或"配偶权应当是基于合法婚姻关系，在夫妻双方之间发生的，由夫妻双方平等专属享有的要求对方陪伴、钟爱、帮助的基本身份权利"[3]；或"配偶权是指男女结

---

〔1〕参见腾淑珍："离婚损害赔偿的理论依据及其构成要件"，载《政法论丛》2002第2期。

〔2〕张俊浩主编：《民法学原理》，中国政法大学出版社1991年版，第161页。

〔3〕马强："试论配偶权"，载《法学论坛》2000年第2期。

婚后基于配偶身份享有的人身权”。[1]其主要内容包括夫妻姓名决定权、同居权、忠实义务请求权、住所决定权、扶养请求权、家事代理权等。但修正后的《婚姻法》并未明确提出配偶权的概念，只是在“第一章总则”和“第三章家庭关系”中列举出了配偶权的具体内容，如《婚姻法》修正案第3条第2款规定：“禁止重婚。禁止有配偶者与他人同居。禁止家庭暴力。禁止家庭成员间的虐待和遗弃”。第4条则规定：“夫妻应当互相忠实，互相尊重”。本条是一个宣言性的条款，是《婚姻法》宪法类的条款，它本身不可诉，即不能单独以这条规定提起诉讼，去告配偶对自己不忠实。第9条规定：“登记结婚后，根据男女双方约定，女方可以成为男方家庭的成员，男方可以成为女方家庭的成员”。第14条规定：“夫妻双方都有各用自己姓名的权利”。《解释》（一）第17条规定：“夫或妻在处理夫妻共同财产上的权利是平等的。因日常生活需要而处理夫妻共同财产的，任何一方均有权决定”。《婚姻法》第20条规定：“夫妻有互相扶养的义务”。虽然这些条文是从义务角度或从强制性规范角度进行规定的，但义务的对应面即是权利，可以认为《婚姻法》修正案已隐含的承认了“配偶权”，这几条也成为离婚损害赔偿责任的请求权基础。

当然也有学者认为，配偶权没有独立存在的意义，它所分解和派生出来的各种权利都可以在人身权种类中找到归属。特别值得提出的是，2001年2月26日通过的《最高人民法院关于确定民事侵权精神损害赔偿责任若干问题的解释》（以下简称《精神损害赔偿解释》）已将具体人格权由原来的4种扩大到10种以上，而且在列举了具体人格权之后加上了“或者其他人格利益”这样一个弹性很大的条款，实际上已接近一般人格权的概念，即使是一般人格权涵盖不了配偶之间的身份权，也可以采用一般身份权的概念取而代之。

---

〔1〕蒋月：“配偶身份权的内涵与类型界定”，载《法商研究（中南政法学院学报）》1999年第4期。

所以，没有必要另辟蹊径，创设新的权利，与其创设一个有争议的权利概念，倒不如“规定不确定概念和一般性条款，以其自身的模糊形式负载法律的灵活、简短和安全”。〔1〕总之，离婚损害赔偿总体上属于侵权责任范畴，应以侵权责任为其理论依据。

三、离婚损害赔偿的性质、功能

离婚损害赔偿是过错方违反婚姻义务，给无过错方造成伤害，导致离婚而应承担的民事责任，其性质是财产赔偿责任。离婚过错方的损害赔偿是以财产方式为主的救济手段。离婚损害赔偿的目的在于对权利的救济，有以下几项功能：其一，填补损害。过错方违反婚姻义务，侵害无过错方的合法权益，造成了无过错方的损害，虽然不能直接用财产衡量，但是用财产方式补偿受害人所遭受的损害，具有填补损害的作用。其二，精神抚慰。离婚损害赔偿具有慰抚受害方的心灵，减轻其痛苦的作用。虽然人的精神损害是难以用财产补偿的，但是财产毕竟还是有价值的，在一定程度上可以满足人的需要。由侵权人赔偿受害人的精神损害，是对受害人感情、精神损害的一种安慰，平息或中止受害人的怨愤、报复等不良感情折磨，有助于受害人恢复身心健康。其三，制裁过错方、预防违法行为。让过错方承担损害赔偿责任，是《婚姻法》对漠视配偶利益，违反婚姻义务和婚姻行为准则的谴责和惩戒。这种制裁不仅是对侵权人的惩罚，而且对他人也起到警示和预防作用，使行为人预见自己行为将产生的损害后果，以减少这种侵权行为的发生，从而维护婚姻家庭的稳定，提高婚姻质量。

从离婚损害赔偿的功能可以看出，离婚损害赔偿不同于照顾无过错方原则。后者是在离婚分割夫妻共同财产时，多分些夫妻共同财产给无过错方。而前者是一种民事责任，是让过错方承担其过错

〔1〕 腾淑珍：“离婚损害赔偿的理论依据及其构成要件”，载《政法论丛》2002 第 2 期。

行为对无过错方造成的损害后果，以填补受害方的损害，抚慰受害方、惩罚过错方，这与夫妻共同财产分割没有直接联系。

四、离婚损害赔偿责任的构成要件

《婚姻法》第46条规定了离婚损害赔偿制度，但没有对其构成要件作出规定，只是列举了过错方侵权行为的具体形态。从逻辑上讲，离婚损害赔偿作为民事赔偿的组成部分，应当适用一般民事赔偿的构成要件。根据我国民法有关侵权责任的一般原理，侵权责任有四大构成要件，因此离婚损害赔偿责任的构成要件亦有以下四要素：

（一）行为具有违法性

夫妻一方的行为必须是违反法律规定的行为，主要是指违反民法及《婚姻法》的有关规定，损害无过错方应享有的各种权利的行为。

1. 现行法律规定的违法行为

根据《婚姻法》第46条的规定，具体的违法行为有以下几种：

(1) 重婚的。

第一，关于重婚的含义。在婚姻法学理论界主要有以下观点：重婚是“有配偶者又与他人结婚的违法行为”〔1〕；或“有配偶者再行结婚的违法行为，即已经有了一个婚姻关系，后又与他人缔结了第二个婚姻关系”〔2〕；或“已结婚之男女之一方或双方于其婚姻继续中与另外之男女更行结婚时，谓之重婚”〔3〕。这些关于重婚的具体论述虽然略有差异，但对重婚内涵的揭示却是完全一致的，即重婚是两个婚姻关系的重叠，要构成重婚必须先有一个法律承认的具有法律效力的婚姻关系。法律规定中重婚的含义，最高人民法院曾在若干个司法解释中作过多次阐述，如1958年1月27日最高人民

〔1〕 杨大文主编：《婚姻家庭法》，高等教育出版社2000年版，第29页。

〔2〕 巫昌祯主编：《婚姻与继承法学》，中国政法大学出版社2001年版，第54页。

〔3〕 史尚宽主编：《亲属法论》，中国政法大学出版社2000年版，第93页。

法院给北京市高级人民法院的批复中指出：重婚是有配偶的人再与第三者建立夫妻关系，即使没有举行结婚仪式，而两人确实以夫妻身份相对待，对外也以夫妻自居的，即应认为是重婚。1963 年 8 月 28 日《最高人民法院关于贯彻执行民事政策几个问题的意见》指出，重婚是有配偶的男女，未曾办理离婚的法律手续，又与他人结婚的，或者虽未登记，而实际上已构成重婚的。79 年《意见》指出，重婚是指双方或一方有配偶，又与他人登记结婚的，或者虽未登记，但确以夫妻关系同居生活，实际上已经构成重婚的。最高人民法院在 1994 年 12 月 14 日的批复中指出，1994 年 2 月 1 日以后，有配偶的人与他人以夫妻名义同居生活的，或者明知他人有配偶而与之以夫妻名义同居生活的，仍应按重婚罪定罪处罚。

第二，关于"有配偶"的含义。配偶即夫妻，是男女双方因结婚而形成的亲属关系，在婚姻关系存续期间，夫妻双方互为配偶。[1]此处所指的"婚姻关系"是法律上予以承认的、具有法律效力的婚姻关系。我国现行法律予以承认的具有法律效力的婚姻关系包括以下三类：一是办理了结婚登记手续，取得结婚证书的夫妻关系。包括同居时已经办理了结婚登记和后来补办的结婚登记两种情况。二是 1994 年 2 月 1 日《婚姻登记管理条例》公布实施以前，男女双方未办结婚登记而以夫妻名义共同生活，群众也认为是夫妻关系，双方均符合结婚实质要件的两性结合，即事实婚姻中的夫妻关系。对于事实婚姻，最高人民法院曾多次做过司法解释，根据目前的司法解释，归纳起来有以下两种态度：其一，从新中国成立后到 1994 年 2 月 1 日，符合结婚实质要件的认定其为事实婚姻，不符合结婚实质要件的属于同居关系；其二，自 1994 年 2 月 1 日以后一律认定为同居关系。法律承认事实婚姻是具有法律效力的婚姻关系，与合法婚姻一样受到保护。三是未经法定程序宣告无效的无效婚姻和撤销的可撤销婚姻中的夫妻关系。修订后的《婚姻法》第 10 条至

〔1〕 参见杨大文主编：《婚姻家庭法》，高等教育出版社 2000 年版，第 39 页。

第12条确立了无效婚姻和可撤销婚姻制度，《解释（一）》第13条规定“《婚姻法》第12条所规定的自始无效，是指无效或者可撤销婚姻在依法被宣告无效或被撤销时，才确定该婚姻自始不受法律保护。”这一司法解释有两层含义，其一是我国的无效婚姻和可撤销婚姻只适用宣告无效或撤销，不适用当然无效；其二是未经法定程序宣告前，其婚姻是受法律保护的。“有配偶”者，即是指以上三种类型的婚姻关系中的男女双方。

第三，关于结婚的含义。在婚姻法学理论界主要有以下观点：结婚是“男女双方依照法律规定的条件和程序，确立夫妻关系的重要民事法律行为”[1]；或结婚是“男女双方以永久共同生活为目的依法结合为配偶的行为，它是夫妻关系借以发生的法律事实”。[2]

从上述分析可以看出，“重婚”有两种：一是法律上的重婚，二是事实上的重婚，其后婚既可以是办理了结婚登记的婚姻关系，也可以是没有办理结婚登记而以夫妻名义共同生活的同居关系。重婚的具体形式有以下4种：①前婚是法律婚，后婚是法律婚，这样的重婚称为法律上的重婚；②前婚是法律婚，后婚是事实婚或同居关系，这样的重婚称为事实上的重婚；③前婚是事实婚，后婚是法律婚，这样的重婚称为事实上的重婚；④前婚是事实婚，后婚是实事婚或同居关系，这样的重婚称为事实上的重婚。

重婚是对一夫一妻制的严重破坏，对因重婚而引起的离婚纠纷，不论是过错方提出离婚，还是无过错方提出离婚，如调解或判决离婚，无过错方可以请求损害赔偿。

（2）有配偶者与他人同居的。根据《解释（一）》，有配偶者与他人同居是指有配偶者与婚外异性，不以夫妻名义，持续、稳定的共同居住。其本质含义就是过去所称的“姘居”，它有以下几个特征：首先，从主体上来看，它是指有配偶者与婚外异性的同居，同

---

〔1〕 巫昌祯主编：《婚姻与继承法学》，中国政法大学出版社2001年版，第102页。
〔2〕 杨大文主编：《婚姻家庭法》，高等教育出版社2000年版，第50页。

居行为的一方主体是有配偶者，与社会上一些没有配偶的男女之间的同居行为有着本质的区别，如青年男女在恋爱中的试婚同居；符合结婚实质要件的男女未办理结婚登记即以夫妻名义共同生活的同居；一些丧偶的老年人因考虑子女、财产、身体、社会习俗等因素，不以结婚为目的的同居行为，这些同居虽然也是男女之间的婚外同居，违反了结婚的形式要件，但没有违反一夫一妻制，尚不属《婚姻法》的禁止行为。至于与之同居的他人是否有配偶在所不问。“他人”指的是婚外异性，理论界和实务界的一致观点认为同居为男女两性共同居住、共同生活，而不是同性之间的共同居住、共同生活。在我国，无论是法律还是社会习俗对同性恋和同性婚均不予认可，因此，“有配偶者与他人同居”只能是有配偶者与婚外异性的同居，这就排除了同性之间的同居关系。其次，有配偶者与他人同居时对外不以夫妻名义，往往以同事、同学、保姆、表妹、秘书、上下级关系等名义。这就与事实上的重婚相区别，事实上的重婚行为是有配偶者在与他人同居时对外以夫妻名义。以夫妻名义共同生活的表现是多种多样的，如举行婚礼、公开自称或介绍为夫妻、以夫妻名义对外处理事务、生养小孩、申报户口、购置住房等。再次，从同居内容上来看，是持续、稳定的共同居住，而不是临时短暂性的共居一处，这就与通奸、嫖娼及其他偶发性的婚外性行为相区别。至于同居期限并没有明确的规定，尽管有些地方的法院就本地区审理同居关系案件做了时间上的界定，例如广东规定为 3 个月；再如山东省高级人民法院关于新《婚姻法》适用中若干问题的调查报告中指出，因为仅仅有一两次在一起短暂的起居、性生活，是不正当关系的行为，不能算是同居。如果在一起生活时间很短，即使发生性关系甚至怀孕也不宜认定为同居关系。连续稳定的共同生活至少应连续 15 日以上或 1 年累计 30 日以上方可认定为同居关系。但考虑到各地区实际情况不同，如果对同居期限采取一刀切的做法，反而不利于具体案件的审理，也不符合客观实际，甚至容易被一些人钻空子。因此，《解释（一）》并没有对居住期限作出统一规定，这就相应地给法官一定的自由裁量权使法官在审理具体案件时根据个案具体情况自由裁量，这也有利于提高法官的公正执法能力及法律素质。

（3）实施家庭暴力的。根据《反家庭暴力法》第 2 条的规定，家庭暴力是指家庭成员之间以殴打、捆绑、残害、限制人身自由以及经常性谩骂、恐吓等方式实施的身体、精神等侵害行为。从国际上的规定来看，通常是将家庭暴力概括为对“身体、精神、性”等三方面实施暴力行为。《反家庭暴力法》虽然未对性暴力作出规定，但由于对“性”方面实施的暴力，通常可体现为对身体、精神方面造成的损害。因此，不应将性暴力排除在“家庭暴力”的情形之外。家庭暴力不仅仅限于发生在夫妻之间，对其他家庭成员实施的某些行为，也构成家庭暴力。家庭成员之间偶尔发生的争吵、打骂，不能一概作为家庭暴力来对待，暴力行为必须在客观上给对方造成一定伤害后果，才能予以认定。实施家庭暴力，侵害的对象不仅仅是配偶，还包括侵害其他家庭成员的合法权利。侵害的客体也不单纯是配偶权，同时侵害的还有健康权或者身体权。

（4）虐待、遗弃家庭成员的。虐待，是指以作为或不作为的形式，对家庭成员歧视、折磨、摧残，使其在精神上、肉体上遭受损害的违法行为，如打骂、恐吓、冻饿、患病不予治疗等。虐待与家庭暴力有重合之处，也有不同之处：虐待的性质和危害程度要比家庭暴力更为严重，虐待行为具有连续性、经常性的特点，而家庭暴力一次就可能构成。例如，一对夫妻吵架，丈夫一怒之下，失手打死妻子，这种行为属于家庭暴力，但不属于虐待，在刑法上构成过失杀人罪，而不构成虐待罪。家庭暴力只是虐待诸多表现中的一种，《解释（一）》规定“持续性、经常性的家庭暴力，构成虐待”。

遗弃，是指家庭成员中负有赡养、扶养、抚养义务的一方，对需要赡养、扶养和抚养的另一方，不履行其应尽义务的违法行为，如父母不抚养未成年子女、成年子女不赡养无劳动能力或生活困难的父母、配偶不履行扶养对方的义务等。遗弃以不作为的形式出现，该为而不为，致使被遗弃人的权益受到侵害。构成虐待或者遗弃的，有的是犯罪行为，有的不视为犯罪行为，或者不构成犯罪行为。对此，都可以请求离婚损害赔偿，不是必须构成虐待罪、遗弃罪才准许请求损害赔偿。

2. 个人观点：应扩大离婚损害赔偿的范围，把通奸、卖淫、嫖娼、吸毒、赌博或患有艾滋病、性病，故意隐瞒传染给对方等行为也列为离婚损害赔偿的法定情形

依据《婚姻法》修正案第46条的规定，可以请求离婚损害赔偿的过错行为包括重婚，有配偶者与他人同居，实施家庭暴力，虐待、遗弃家庭成员。此规定将离婚损害赔偿的过错行为以列举的方式法定化，亦即只有法律规定的过错行为属于可以赔偿的过错，如果配偶一方具有这4种行为之外的其他过错行为，例如吸毒、赌博、通奸、卖淫、嫖娼等，则在离婚时不适用损害赔偿。[1]笔者认为，这种限制性的列举方法虽然明确具体，可操作性强，然过错行为的范围太过狭窄，且过于刻板，使得离婚损害赔偿责任成为一种严格的责任。现实生活中，对夫妻一方造成严重伤害的过错行为远非法律所列举的4种，而且有的过错行为所造成的伤害，要远远大于法律列举行为所造成的伤害，如长期的通奸行为，就比一般的虐待、遗弃对配偶一方造成的伤害更大，法律对过错行为的严格列举，限制了离婚损害赔偿制度的适用。[2]

在司法实践中，关于请求离婚损害赔偿的法定情形是一个颇有争议的问题，尽管学说见解意见纷呈，但审判实践却已先行一步，提出了这一问题。2003年成都市锦江区法院审结了一起“抚养10年的儿子非亲生，妻子判赔前夫4万元”的案件。该案的案情是：一对夫妻已经离婚，子女由男方抚养，但后来男方发现子女不是自己亲生，而是女方与他人通奸所生。男方感到蒙受了极大耻辱，愤而

〔1〕 参见杨遂全等：《婚姻家庭法新论》，法律出版社2003年版，第262页。
〔2〕 参见叶英萍：《婚姻法学新探》，法律出版社2004年版，第422页。

起诉，要求追索离婚后支付的子女抚养费 1.8 万元和精神损害赔偿费 4 万元。对本案的处理有两种争议的意见：一种意见认为《婚姻法》采取了列举式的方法仅规定了无过错方获得赔偿的 4 种情形，通奸并不属于离婚损害赔偿的法定情形，法官在司法实践中不能做任意扩张解释。另一种意见认为，法律规定不能穷尽现实生活中的一切问题，离婚损害赔偿制度的本意在于保护无过错方的利益，只要是无过错方遭受到了与法律明文规定的 4 种情形相当的精神痛苦，就应当获得精神损害赔偿。审理本案的法官认同后一种观点，认为被告在与原告夫妻关系存续期间，不履行《婚姻法》“夫妻应当相互忠实”的规定，与其他男性发生两性关系且生育了非婚生子女，并对原告隐瞒儿子真实身份的情况，长期未将事实告知原告，致使原告在不知情的情况下，将被告与他人生育的儿子，当成自己的儿子抚养了 10 年，足以能够确认被告主观上是有过错的，对原告造成的损害不仅仅只是抚养费用的损失，在中国这样的人文环境之中，被告的行为给原告造成了较严重的精神损害，被告应当对自己的行为承担民事责任。原告在不知情的情况下，对非亲生子进行抚养，并非法律规定的应由其履行的义务，离婚后原告所支付的子女抚养费，有权要求被告返还。法院支持了原告的诉讼请求，判决被告返还原告子女抚养费 1.8 万元，精神损害赔偿费 4 万元。这实际上已超出了《婚姻法》第 46 条所规定的离婚损害赔偿的范围。

严格地说，离婚损害赔偿制度是对过错行为破坏婚姻家庭关系并导致婚姻破裂结果的赔偿制度。这种过错，不论是何种形式，只要违背了《婚姻法》的基本原则，达到一定程度，导致婚姻破裂，都应予以赔偿。但《婚姻法》第 46 条以示例的方式对众多的过错予以了较大的限制，仅列举了 4 种情形，远远不能包含离婚过错赔偿的范围，这不能不说是立法的瑕疵。这种将其他过错行为推归于道德调整的限制不仅在理论上缺乏说服力，在现实生活中也缺乏相应的支撑。比如通奸对配偶一方造成严重伤害的，就是一个很典型的问题。尽管通奸具有隐秘性、临时性的特点，一般不为他人所知晓，行为人亦不希求夫妻名分和配偶的权利义务，但从实际情况来看，通奸与重婚、有配偶者与他人同居在侵害配偶权方面并没有什么大的区别，特别是长期的通奸或与多人的通奸行为，给配偶另一方所造成的损害，在某种程度上并不亚于重婚和有配偶者与他人同居。通奸这一违背忠实义务的破坏婚姻家庭关系的行为将会给配偶造成以下损害：其一，它侵犯了另一方的配偶权，特别是通奸行为被公开以后，会使配偶另一方在社会生活中所获得的社会评价大大降低。其二，它会造成另一方财产和精神损失。由于通奸的隐秘性，通奸者一般不会张扬地给第三者大量的生活费用和生活、生产物资，因而它在财产上给配偶造成的损失相对较小（并非没有），但因其是隐秘行为，具有较强的欺骗性，其对另一方在精神上的打击更强烈、更突出，造成的精神损害更为严重。通奸与重婚、有配偶者与他人同居的本质区别在于后两者通常是公开行为，而前者是隐秘行为，但隐秘不能成为通奸者免除责任的理由。

综上所述，笔者认为，对包括通奸在内的违背“夫妻应当互相忠实”的其他过错行为引起婚姻关系破裂的，应当灵活使用道德和法律手段进行调整，对重大的、情节和影响严重的其他过错行为，也应适用离婚损害赔偿制度，以体现法律的公平性，体现裁判的公正性。对于通奸造成离婚的，无过错方有权提起赔偿请求，并在处理上应与重婚、同居一样，依照损害的实际后果判决通奸一方予以赔偿。另外，配偶一方的卖淫、嫖娼、吸毒、赌博或患有艾滋病、性病，故意隐瞒传染给对方等行为，给对方造成的精神损害，给家庭造成的危害，有时并不亚于上述 4 种违法行为，如果这些行为不列入《婚姻法》规定的离婚损害赔偿的法定情形，可能有违立法的初衷。所以有必要进一步通过立法或以颁布司法解释等形式适当扩大离婚损害赔偿的违法行为的种类或范围，把卖淫、嫖娼、吸毒、赌博或患有艾滋病、性病，故意隐瞒传染给对方等行为也列入可以请求离婚损害赔偿的过错行为的范围。

（二）必须具有损害事实存在

损害事实是侵权责任的构成前提。即由于过错方的违法行为，使无过错方的人格和身份利益受到损害的事实，包括财产损失、人身伤害、精神损害。财产损失是由于侵权人的违法行为造成配偶的财产损失。表现在侵害财产权上，主要有将夫妻共同财产用作第三者的供养费用，如为第三者置地购房、购买衣物、提供生活费用等。包括直接损失和间接损失：直接损失是现有财产的减损，如侵占受害方的个人财产，造成受害方现有财产的损害和数量上的减少。由于实施家庭暴力或虐待，造成配偶肢体机能受损或丧失，并由此而支出的医疗费等。间接损失是将来可得利益的损失，在婚姻关系中，一方或双方的财产状态并不都是现存的财产，例如配偶一方为了支持另一方的学习或工作，婚后多年承担了抚养照看子女、照顾老人等家庭义务，即所谓牺牲自己而帮助另一方成功，如果另一方事业成功会收入增多，家庭财产就会增多，承担义务较多的一方就会有预期收益，一旦一方在成功之后，有过错离婚，自然会导致无过错方的预期收益的损失。人身损害指由于过错方的行为致使另一方的身体受到损害，如身体机能受损、器质改变（伤残）等。更多的是精神损害，精神损害是指由于侵权人的违法行为使受害方产生精神上的痛苦，具体是指配偶身份的纯正和感情专一的精神利益受到严重的损害，排他的性生活利益受到损害，家庭暴力或精神压抑所致的肉体伤害和痛苦以及名誉、人格尊严、社会地位等社会价值的贬损等。上述违法行为都会不同程度的给受害方带来心灵打击和精神痛苦，精神上的痛苦表现为：悲哀、懊恼、悔恨、羞愧、愤怒、胆怯；外在反常的精神状态表现为：失眠、消沉、冷漠、失望、发怒、狂躁、精神恍惚、悲观厌世等。尤其是重婚和有配偶者与他人同居，一般不会给无过错方带来人身伤害，但对其造成的精神损害却是巨大的，正如有人所说“配偶不忠对婚姻的打击，可与配偶死亡相比”，笔者更认为，有时甚至会超过死亡。

（三）行为人主观上有过错

过错是侵权责任构成要件中的重要因素，过错责任是侵权法归责原则体系中的一般原则，构成离婚损害赔偿的侵权行为，属于一般侵权行为，因此离婚损害赔偿的归责原则为过错责任原则。在此应注意，离婚本身并不构成侵权行为，离婚是对夫妻感情确已破裂的认定，构成侵权行为的是引起离婚的原因。行为人主观上有过错，过错就是行为人实施不法行为时的主观心理状态，有故意和过失两种。在离婚损害赔偿案件中，行为人的过错主要表现为故意，除重婚、有配偶者与他人同居外，实施其他 3 种行为的过错方主观上都是故意的，即明知故犯，现实中不可能有过失。就重婚、有配偶者与他人同居来说，重婚者、有配偶与他人同居者多是故意，但不排除过失的可能，如误认为前婚已经解除而又与他人结婚或同居，在客观上也构成重婚、有配偶者与他人同居行为，虽然主观上并非故意，但由此带来的后果却可能与故意相同，即损害了无过错方的利益。所以认定时应不以故意为限。[1] 根据民法关于过错责任的要求，无过错方应当对过错方的过错进行举证，而婚姻关系中，导致感情破裂的过错责任有时很难区别，行为人究竟有没有过错，是故意还是过失，这就要结合其他构成要件进行考察，在某些情况下，行为人的加害事实本身就足以认定行为人具有主观过错，法官可以不要求无过错方对过错方的过错行为进行具体的证明。

（四）违法行为与损害事实之间具有因果关系

因果关系是指过错行为与损害事实之间的相互联系，即过错行为导致了损害事实的产生，没有过错行为就不会产生这种损害事实。根据侵权法的一般原理，因果关系是归责的前提和基础，是确定行为人责任范围的依据，在离婚损害赔偿中，行为人的过错行为与损害事实之间必须有因果关系，即过错方的过错行为是造成无过错方

---

〔1〕 参见腾淑珍："离婚损害赔偿的理论依据及其构成要件"，载《政法论丛》2002年第2期。

损害的原因，无过错方的损害是过错方过错行为的结果，受害人才能要求损害赔偿。实践中这种因果关系是比较容易判断的，《婚姻法》第46条列举的诸行为不论是作为还是不作为，都必然会导致无过错方的损害。

五、离婚损害赔偿请求权主体

（一）现行法律规定是“无过错方”

根据《婚姻法》第46条的规定，只有无过错配偶，才享有离婚损害赔偿请求权，成为请求权主体。婚姻法上过错概念的使用与民法上一般对过错的认定不同，民法上的过错是行为人应当预见其行为的危害后果但仍然实施该行为的心理状态。而婚姻法上的离婚损害赔偿制度所指的过错，并不是一种主观的过错，而是一种客观的行为过错，即行为人违反婚姻家庭义务，实施了法律列举的违法行为，如违反忠实义务，实施家庭暴力，虐待、遗弃家庭成员。

（1）正确解读“无过错”。什么是“无过错”，婚姻法未作规定，在学术界有不同的认识：

第一，绝对权说。绝对权说认为，这里的“无过错”应是绝对无过错，即离婚损害赔偿请求权人无任何过错，“由于实践中行为人的违法行为及程度往往较难查证，并且基于离婚损害赔偿的功能之一就是预防、制裁侵害配偶合法权益的违法行为”，因此，不允许损害赔偿请求权人有任何过错。

第二，相对权说。相对权说认为，这里的“无过错”应是相对无过错，即离婚损害赔偿请求权人没有实施《婚姻法》第46条规定的4种法定违法行为，而不是无其他过错。如果要求请求权人无任何过错，将使离婚案件的受害人很难提出请求。

目前多数学者同意后一种观点，笔者亦对此观点持赞同态度。因为，从实践来看，夫妻感情破裂往往不是一方所致，而是多方原因造成的。在离婚诉讼中往往双方都有一定的过错，只不过过错的轻重程度有差异，而且夫妻关系是一个权利义务相结合的法律关系，没有纯粹的谁对谁错，很难做到只有一方有过错，另一方完全无过错的要求。例如，在社会上比较热门的“包二奶”现象中，男方当然有过错，但他会在女方提起离婚损害赔偿诉讼中以女方不履行关照义务相抗辩，女方不履行关照义务在民法上也可以认为是一种过错。按绝对无过错观点，女方就不能获得赔偿。所以过分苛求“无过错”这一先决条件，无形中会剥夺许多婚外滥情、家庭暴力受害者请求损害赔偿的权利。

（2）配偶双方均实施了《婚姻法》第46条规定的违法行为之一而导致离婚的，例如一方实施家庭暴力，而另一方与他人同居，或者一方在外“包二奶”，另一方在外“包二爷”，双方是否均享有离婚损害赔偿请求权。有学者主张，应适用过错相抵原则，“当一方提起赔偿之诉时他方可以反诉，并在适当范围内予以过错抵消，抵消不足部分仍可要求赔偿”。〔1〕笔者认为，如果配偶双方均有法定过错行为之一而导致离婚，其违法行为性质相同，只是在数量上可能有“五十步与一百步”之差，由于违法行为数量的多少往往较难查证，婚姻法规定的离婚损害赔偿与一般的民事赔偿不能完全等同，不存在区分过错大小的问题，并且基于离婚损害赔偿的功能之一，就是预防、制裁侵害配偶合法权益的违法行为，故不宜实行过错相抵，亦即双方均不享有离婚损害赔偿请求权。这有利于促使公民严肃认真对待婚姻关系，预防侵犯配偶合法权益的违法行为的发生，也可避免为证明离婚配偶双方过错大小之举证困难。自2011年8月13日起实施的《最高人民法院关于适用〈中华人民共和国婚姻法〉若干问题的解释（三）》（以下简称《解释（三）》）第17条也是这样规定的：“夫妻双方均有《婚姻法》第46条规定的过错情形，一方或者双方向对方提出离婚损害赔偿请求的，人民法院不予支持。”

（二）将“无过错方”改为“受害人”

对请求赔偿的一方作“无过错”的限制还存在一个问题，即审

〔1〕 参见邵世星：“试论离婚损害赔偿的几个问题”；王智：“论新婚姻法过错原则的法律适用”，中国婚姻法学研究会2001年年会论文。

判实践中，确定一方有无过错并非易事。比如就婚外情而言，一方有可能因为另一方的虐待、遗弃而产生婚外情，有可能因为另一方不关心而产生婚外情，亦可能因为另一方懒惰、游手好闲、好逸恶劳、赌博、小偷小摸等产生婚外情，还可能因为另一方婚前的性行为而产生婚外情，甚至还可能因为对方有了婚外情而产生婚外情。在这些情况中，出现重婚、同居、虐待、遗弃等固然是重大过错，但仅仅因为不关心、懒惰这类相对较小的过错就失去损害赔偿请求权，甚至被重婚者、同居者、施暴者以此作为抗辩，使受害者赔偿请求落空，这不能不说有失公允。这样的情况在现实生活和审判实践中是大量存在的，如果在离婚案件中出现大量过错相对较小的一方丧失请求权这一不良状况，《婚姻法》第46条规定的作用就很难正常发挥，很难取得立法本意上良好的预期效果。笔者认为，《婚姻法》规定只有无过错方才有权请求损害赔偿提高了请求标准，故建议将《婚姻法》第46条的“无过错方”改为“受害人”。

（三）其他家庭成员受到侵害时，夫妻一方不能成为离婚损害赔偿的请求权主体

按照《婚姻法》第46条：“有下列情形之一，导致离婚的，无过错方有权请求损害赔偿……”的规定，离婚损害赔偿请求权人显然是针对夫妻双方而言的，对“重婚、有配偶者与他人同居”两种情形没什么问题，但是对“实施家庭暴力、虐待、遗弃家庭成员”导致离婚的，请求权人仍是夫妻一方，就有些令人费解了。如果夫妻一方对其他家庭成员实施家庭暴力、虐待、遗弃行为，另一方（即无过错方）要求离婚，而另一方并不是直接受害人，直接受害人是受暴力侵害的人或受虐待、遗弃的人，而法律却把请求权给了婚姻关系中的无过错方。这意味着法律承认了一人可以对他人的人身权利享有权利，当他人的人身权利受到侵害时，配偶中的无过错方可以请求损害赔偿，这种规定与传统侵权行为法的理论是相悖的，容易造成侵权人责任的无限扩张，是不足取的。笔者建议，把《婚姻法》第46条第3项、第4项改为“夫妻间实施家庭暴力的，夫妻间虐待、遗弃的”，如此，上述问题就迎刃而解了。

（四）夫妻以外的其他家庭成员不能成为离婚损害赔偿的请求权主体

审判实践中，《婚姻法》第46条第3项、第4项即“实施家庭暴力和虐待、遗弃家庭成员”的受害人并不限于夫或妻，有时还涉及其他家庭成员，比如老人、子女。家庭暴力，虐待、遗弃家庭成员的违法行为，所侵害的对象不一定是无过错的配偶，有可能是子女、父母、祖父母、外祖父母、孙子女、外孙子女、兄弟姐妹等。例如有的男子既有外遇，又施暴于妻子、儿女。在河北曾发生过15岁男孩状告生父和第三者的案例，这名男孩要求生父履行抚养义务，同时要求生父和第三者赔偿精神损失。那么，因实施家庭暴力或虐待、遗弃家庭成员而导致离婚的，由此受到损害的夫妻以外的其他家庭成员是否也可以作为离婚损害赔偿的请求权主体呢？在国外，如日本有司法判例在特殊情形下允许未成年子女提出损害赔偿。笔者认为，离婚损害赔偿是因配偶一方实施违法行为而导致离婚，过错方因此造成无过错方的损害而应承担的民事责任，因此离婚损害赔偿的请求权主体只能是婚姻当事人一方，夫妻以外的其他家庭成员不宜作为离婚损害赔偿的请求权人。如果夫妻以外的其他家庭成员因家庭暴力，虐待、遗弃造成损害，受害人可以依据《民法总则》有关保护公民人身权和财产权的有关规定，向人民法院提出侵权损害赔偿之诉，依法追究违法行为人的民事责任，而不是提起离婚损害赔偿。

六、离婚损害赔偿的责任主体

在《婚姻法》第46条规定的4种违法行为中，重婚和有配偶者与他人同居属于共同侵权型，即该类违法行为需配偶一方与第三人共同实施方可构成，这便涉及第三者对该类行为是否应承担责任的问题。对第三者的责任问题，《婚姻法》修正案并未作出明确规定，《解释（一）》第29条规定：“承担婚姻法第46条规定的损害赔偿责任的主体，为离婚诉讼当事人中无过错方的配偶"，亦即过错方，并不包括婚姻关系以外的其他人。因此，如果因为夫妻一方重婚、与他人同居导致离婚，无过错方只能向自己的配偶索赔，而不能向第三者提出损害赔偿请求，也就是说，第三者并不承担离婚损害赔偿责任。

（一）学说评析

我国现行法律中还没有对第三者插足破坏他人婚姻家庭关系的行为予以民事处罚的规定，长期以来，对第三者插足破坏他人婚姻家庭问题，我们更多的是用道德规范来约束，更多求助于批评、教育（包括党纪、政纪处分）和舆论监督的作用；对受害人，仅仅是从道义上同情、支持。众所周知，道德约束、舆论监督、批评教育，毕竟不具有强制性，其对第三者的惩戒必然是软弱无力的，我国现行《婚姻法》中完全无过错离婚制度的建立以及故意侵害配偶权利补救法律的立法空白在实际上减轻甚至取消了某些配偶或第三者侵害配偶权利的法律责任。[1]那么，承担离婚损害赔偿的责任主体，除过错配偶外，是否应包括插足他人婚姻的第三者？对此，学术界有两种观点：

第一种观点认为，第三者是承担损害赔偿责任的主体，应作为共同侵权人而负连带责任。因为离婚损害赔偿的责任主体，是侵害配偶权的行为人，既可以是违背忠实义务的配偶一方，也可以是侵害配偶权的婚外第三人，还可以是这两方当事人，作为共同侵权行为人承担连带的侵权责任。这要根据受害人的请求加以确定。受害人起诉一方当事人的，应当列一方当事人为被告，受害人起诉双方当事人的，应当列双方当事人为共同被告。从世界范围看，许多国家的法律均有追究第三人侵权责任的相关规定，如法国、日本、美国及我国台湾地区的判例都承认破坏他人婚姻关系的有过错的第三

---

〔1〕 参见马强："试论配偶权"，载《法学论坛》2000年第2期。

人应承担赔偿损失的责任[1]。

第二种观点认为，承担离婚损害赔偿的责任主体，只能是实施法定违法行为并导致离婚的过错配偶，因为“离婚及离婚过错赔偿是配偶之间的纠纷，解决的是配偶之间的民事身份及民事责任问题。不宜将第三者的赔偿请求权和民事责任规定进来。”“对于第三者的行为，更适宜以道德来调整”。[2]从世界范围来看，都市化程度对离婚指数、包括出现第三者的频度有重要而又直接的影响。在都市化程度高的地方，人们受教育程度高，职业流动性大，异性接触机会多，这些无论对个人或社会都属解放性的因素，都给婚姻的巩固带来了困难。婚姻关系包含应受社会尊重的个人隐私内容，婚姻难题的解决应主要靠当事人自身的调适能力，而不宜增加法律干预程度。以惩罚第三者来防范对婚姻关系有破坏作用的现象，同样与巩固婚姻的初衷南辕北辙，而且还将对整个社会生活产生诸多不良影响。将会导致社会控制无孔不入地介入私生活，危及个人隐私权。在现代社会，两性之间存在着性关系之外更广泛的关系。但若有了惩罚第三者的规定，两性之间任何交往都可能犯嫌疑而招致粗暴干涉；任何人无论事出有因还是遭无端怀疑，都可能被预设为违法者；为获取证据，窃听电话、私拆信件以及对隐私权更恶劣的侵犯都可能有恃无恐。一种立法，如果立足于防范可能发生的侵权（例如第三者侵权），而不顾及其在事实上会在更大范围内造成对公民侵权并伤及无辜的后果，这种颇似于“宁错抓一千而不漏一个”思路的法律观念是落后而不合时宜的。

综观上述两种观点，笔者认为，第一种观点关注的是损害结果，而未对第三者的主观过错加以区分；第二种观点又过于依赖道德的约束力，对侵犯配偶权的制裁显然是软弱无力的。

（二）离婚损害赔偿的责任主体应包括明知故犯的第三者

笔者认为，第三者与违背忠实义务的配偶一方构成共同侵权行

---

〔1〕 参见陈苇：“建立我国离婚损害赔偿制度研究”，载《现代法学》1998年第6期。

〔2〕 张晓远：“论离婚过错赔偿制度的施行”，中国婚姻法学研究会2001年年会论文。

为，应承担赔偿责任，但对第三者又不宜要求过苛，在主观要件上应要求二者具有共同故意。若第三者不知对方已有配偶而与之重婚或同居，属于上当受骗，她（他）自己本身也处于蒙蔽、受害地位，则第三者就不是离婚损害赔偿的责任主体；若第三者明知对方已有配偶，仍故意放任自己的感情，以破坏他人家庭为目的，与对方结婚或同居，那么，第三者就具备了所有离婚损害赔偿的条件，第三者就应是离婚损害赔偿的责任主体。下面详述其理由：

1. 离婚损害赔偿制度的目的在于加强对婚姻无过错方的保护力度，惩治侵害人

在因配偶一方重婚、与他人同居导致的离婚案件中，给无过错方造成损害的，不仅仅是有过错的配偶，还应包括明知故犯的与过错配偶重婚或同居的第三者，亦即过错方与第三者共同侵害了无过错方的合法权益，客观上实施了共同的侵害行为，造成了一定的损害后果，既然法律赋予无过错方可向有过错配偶主张损害赔偿的权利，那么无过错方为何不可向作为共同侵害人的第三者提出损害赔偿的请求呢？根据侵权法理论，无过错方完全可以向与过错方重婚或同居的第三者请求损害赔偿，因为他们是这一侵权行为的共同加害人，构成共同侵权，他们有责任共同赔偿受害人的损失。但令人不可理解的是，一方面《婚姻法》第46条规定配偶一方实施法定违法行为导致离婚的，无过错方有权请求损害赔偿；另一方面《解释(一)》第29条又限制无过错方只能向有过错的配偶提出请求，而不能向与过错方重婚或同居的第三者主张权利，使那些故意插足他人幸福家庭、毁掉别人幸福生活的第三者逍遥法外，可以心安理得地以他人的痛苦换取自己的快乐。如此规定，不仅不能有效的制止违法行为的发生，达到惩治侵害人的目的，亦不能达到警示、预防的社会效果。正如前述，有人主张“离婚及离婚过错赔偿是配偶之间的纠纷，解决的是配偶之间的民事身份及民事责任问题。不宜将第三者的赔偿请求权和民事责任规定进来。”“对于第三者的行为，更适宜以道德来调整”。笔者认为，离婚解决的是配偶之间的身份问

题，不宜将对第三者的赔偿请求权和民事责任规定进来是有道理的。但“对于第三者的行为，更适宜以道德来调整”的观点，笔者是不认同的，第三者与过错方的共同侵权行为侵害了无过错方的利益，令过错方承担对无过错方的侵权责任，而对第三者的行为却用道德来调整，如此就会陷入一种法理上的困惑和尴尬：同一违法行为，同一侵害事实，却适用不同的处罚方法，作不同的处理，这对过错方亦是不公平的。

2. 对第三者的道德与法律评价

（1）对第三者的道德评价[1]。首先，与自然界普遍存在的两性结合不同，婚姻的本质不是性、爱情，尽管二者可能导致婚姻的主观出发点，但此二内容的实现并非必须通过婚姻这一社会行为，马克思称婚姻是“伦理的实体”，并在《论离婚草案》中指出“婚姻不能听从已婚者的任性，相反的，已婚者的任性应该服从婚姻的本质。”他批评德国的立法“不是把婚姻看作一种合乎伦理的制度”，“他们注意到的仅仅是夫妻的个人意志，或者更确切的说，仅仅是夫妻的任性，却没有注意到婚姻的意志即这种关系的伦理实体”。[2]黑格尔更直截了当地提出“婚姻实质上是伦理关系。以前，特别是大多数关于自然法的著述，只是从肉体方面，从婚姻的自然属性方面来看待婚姻，因此，它只被看成一种性的关系，而通向婚姻的其他规定的每一条路，一直都被阻塞着。至于把婚姻理解为仅仅是民事契约，这种在康德那里也能看到的观念，同样是粗鲁的”。[3]婚姻的这种伦理本质决定了婚姻负载了权利、义务和责任等社会内容，它要求婚姻当事人对其加以珍视和呵护，要求每一个社会成员尊重其神圣性，第三者将自己的行为完全受制于感情或者性欲望这种纯个人化的、偶然的因素，显然是在违反婚姻的本质。其次，爱情是人

---

〔1〕 参见石春玲、田耘：“婚外恋的道德与法律评价——兼评婚姻家庭法草案相关规定”，载《政法论丛》1998年第5期。

〔2〕《马克思恩格斯全集》第一卷，第182~183页。

〔3〕 黑格尔《法哲学原理》，商务印书馆第177页。

类男女关系中特有的具有特殊审美感的两性关系，它是“同一定社会结构中人的道德意识、同人的善恶观、同他的道德和不道德的认识联系在一起的”，“只是人才把道德带进了两性关系”。[1]健康的爱情生活本身不仅是一种社会性的交际和交往，而且产生对社会的责任，有助于培养双方对社会的责任感和对真善美的向往。婚外恋本身是无视道德的产物，有悖于爱情的崇高价值。同时，尽管不能否定所有婚外恋的感情因素，但因我国目前尚处于敏感的社会转型时期，绝大部分婚外恋是在充满着色欲、金钱和权势的土壤里生成的，所谓的爱情不过是赤裸裸的权色交易、钱色交易而已，是对爱情崇高价值的亵渎。再次，婚外恋者为满足个人私欲，将个人利益凌驾于他人和社会整体利益之上。他人业已苦心构筑的婚姻家庭之舟，因第三者的粗暴侵入而瞬间倾覆，给配偶和子女带来的痛苦是极为苛刻的，打击是灾难性的。这种以牺牲和损害他人利益为前提的极端利己行为，有悖于“已所不欲，勿施于人”的起码公德。最后，按照马克思主义的道德观，道德有其自身的传统性，也有随着人类的进步和生产力的发展而变化的时代性。我国作为东方社会的一员，是在没有冲破血缘氏族的情况下进入文明社会的，在这种传统背景下，国人的家庭传统与伦理观念一直很强。同时，我国目前的生产力发展水平还不高，第三者照搬西方早已过时的某些观念显然不符合我国婚姻家庭方面道德的传统性与时代性要求。

（2）对第三者的法律评价。

第一，第三者的行为是违法行为。第三者介入他人婚姻，破坏他人家庭稳定的行为，并不是现在才出现的，古往今来，总有一些人抵制不住婚外偷情的诱惑而去逾越雷池，但现阶段存在的第三者插足现象与以往社会中存在的通奸偷情现象却不能相提并论，因为古代婚姻父母包办是天经地义的，维持婚姻的不是当事人的感情本

[1]［保］瓦西列夫：《情爱论》，赵永穆等译，生活·读书·新知三联书店1984年版，第32~33页。

身，在没有爱情的死亡婚姻的压抑下，男女之间那种出于自愿的爱情，也就只有在婚外偷情中才存在，这样的婚外情是人们追求自由婚恋的一种反映形式，是对包办婚姻的一种反抗，尽管这种追求和反抗是歪曲的、畸形的，但仍然具有一定的进步意义，具有值得同情的一面，而如今的婚外偷情，则是另一种性质了。由于婚姻自由是当今婚姻家庭制度的基础，男女双方完全可以在自愿的基础上结婚或离婚，从前那些强加在男女之间的外在力量已不再是婚姻的决定性因素，对于现实中存在的包办、买卖婚姻现象，国家历来是坚决反对并予以严厉制裁的，这就是说，国家提倡支持自由婚姻并为自由婚姻提供了相应的法律保障，人们完全可以通过正当的合法的途径建立以爱情为基础的婚姻。在这种社会条件下，第三者插足的行为便失去了令人同情的因素，变成了违法行为。因为：其一，我国《宪法》第49条规定："婚姻、家庭、母亲和儿童受国家的保护"。《民法总则》和《婚姻法》亦有相应规定。第三者的违法性就在于违反法律保护婚姻家庭的有关规定。我国刑法规定的重婚罪、破坏军婚罪都是针对此类行为所设的罪名。1983年，《最高人民法院、最高人民检察院、公安部关于重婚案件管辖问题的通知》第3点关于对姘居者应责令其立即结束非法姘居、具结悔过、行政处分、治安处罚、劳动教养的规定；84年《意见》第3条关于"因第三者介入而造成的离婚纠纷，首先要分清是非责任，对有过错的一方和第三者，应给予批评教育，或建议有关组织严肃处理。……"的规定；1989年《最高人民法院关于人民法院审理离婚案件如何认定夫妻感情确已破裂的若干具体意见》第8条关于因一方与他人通奸、非法同居的离婚问题的掌握标准，都表明了法律对第三者的否定态度。认定某种行为是否违法，不仅在于法律上是否规定其为违法，法律是对社会现实的反映，对某种行为违法的认定是以这种行为所具有的社会危害性为基础的。婚外恋、第三者所造成的破坏婚姻、冲击家庭、危害社会的后果是有目共睹的。第三者的入侵带着"血腥"的气息，他们往往以金钱、美貌、权势做砝码，有恃无恐、登堂入室、不达目的誓不罢休。在第三者的强大攻势下合法配偶只有节节败退、以泪洗面的份了。己所不欲，勿施于人。他人业已苦心构筑的婚姻家庭之舟，因第三者的粗暴侵入而瞬间倾覆，给配偶和子女带来的痛苦是极为苛刻的，打击是灾难性的。[1]第三者介入他人婚姻，不仅损害了婚姻当事人的配偶权，妨害了他人家庭的安宁，而且冲击了法律所保护的婚姻家庭制度，这实际上就是对法律的破坏和违反，因而第三者的行为应受到法律的否定评价。其二，第三者插足作为一种对婚姻自由权的滥用，虽然经常打着为了“爱情”的旗号，但他所追求的并不是那种作为合法婚姻基础的爱情，而是一种力图破坏合法婚姻的爱情，社会道德对这两种爱情的评价是截然不同的：作为合法婚姻基础的爱情是道德的，值得颂扬的；而那种力图破坏合法婚姻的所谓的爱情则是不道德的，是应受谴责的。第三者与婚外恋者的遮羞布是断章取义自恩格斯的一句话，也就是“没有爱情的婚姻是不道德的婚姻”。我们知道，男女结婚要领结婚证书，按照民俗还要大张旗鼓的举行婚礼，然后才能组成家庭、生儿育女，这是两性结合与动物的不同，目的在于获得社会的承认。所以马克思称婚姻是“伦理的实体”，婚姻的内容不但满足感情和性欲望，更多的意味着道德和责任，男女结婚后，不可以随心所欲，视婚姻为儿戏，追求婚外爱情和性生活，他人也没有插足别人婚姻、破坏别人家庭的自由。从目前现状看，应该说部分婚外恋还是出于真正感情的，不过我国目前正处在敏感的转轨时期，大多数婚外恋是在充满着色欲、金钱和权势的土壤里生成的，所谓的爱情不过是赤裸裸的权色交易、钱色交易而已，是对爱情崇高价值的亵渎。[2]其三，那种认为第三者插足纯属个人私事、社会不应干预的观点也不能成立。因为生活在社会中的人，其行为必然要受到法律、道德的指导和评价，当该行为在法律和道德允许的范围以内时，便受到

[1] 参见石头：《第三者，法律将向你扬利剑》，载《齐鲁晚报》1998年4月15日。
[2] 参见石头：《第三者，法律将向你扬利剑》，载《齐鲁晚报》1998年4月15日。

社会的肯定，而一旦超过了这个范围，便要受到社会的否定评价，涉及个人情感的行为也不例外。如果一个人放纵自己的某种情感而置道德法律于不顾，实施了法律所禁止实施的行为，那么他的这种行为便不再是个人私事，而是一种公害，社会对此有必要作出否定评价并采取相应的措施予以制止，以维持社会的正常秩序。基于这种认识，笔者认为，第三者的行为是一种违反道德、违反法律的行为，法律应当明确该行为的性质和应承担的法律责任。

有人认为第三者的出现是我国现在大部分婚姻质量不高造成的，在婚外寻求高质量的感情是可以理解的。也有的第三者自述是受对方诱惑陷入“身不由己的爱情”不能自拔，本身不想损害他人利益。理论上一度也有是保护婚姻还是保护感情的争议，现在就这个问题基本达成共识：这就是婚前守贞、婚后忠诚是起码的婚姻道德，即使夫妻感情失和，也应该通过合法途径先解除婚姻关系，然后再去寻求新的爱情。一对处在婚外恋中的男女，谁先诱惑谁并不重要，重要的是双方都是自主的行为，不然与强奸就没有区别了。法律承认和保护人们追求幸福的自由，不过这种自由必须在法律和道德的许可范围内，在不损害他人利益的前提下。在感情和婚姻发生冲突时，法律当然是保护婚姻而不是保护感情，因为感情是一种内在的自我感觉，并不衍生权利义务内容。最新婚姻质量调查表明，我国有84%的夫妻对自己的婚姻表示满意和很满意，自述一般及不满意的只有16%，这说明第三者并不是我国目前婚姻质量不高的结果，而恰恰是造成婚姻不稳定的因素。在针对年轻人的一项调查中问到夫妻感情失和，是否会考虑以寻求婚外恋的方式补偿时，只有7%的人作了肯定回答。这说明对婚姻的尊重是绝大多数人的道德选择。[1]我国《宪法》第49条规定：“婚姻、家庭、母亲和儿童受国家的保护”，一夫一妻制是我国《婚姻法》规定的基本原则，任何公开的、隐蔽的破坏一夫一妻的行为都是违法的。第三者并不是一

---

〔1〕 参见石头：《第三者，法律将向你扬利剑》，载《齐鲁晚报》1998年4月15日。

个法律概念，而是一个社会学概念。令人困惑的是，公众舆论似乎给了第三者以足够的宽容，出现了容忍甚至赞美第三者的做法。过去叫这类人流氓、姘头、相好的、通奸、姘居，现在叫情人、小蜜、婚外情、婚外恋，第三者、婚外恋不过是社会上对通奸、姘居的一种美化了的说法。司法实践中对通奸和姘居者进行批评教育、责令具结悔过、行政处分、治安处罚、劳动教养，构成重婚罪或破坏军婚罪的，还处以刑事处罚。受害配偶可以将对方通奸作为离婚理由，并在分割共同财产时给予照顾。但是刑事和行政处罚方法因其性质的限制而不可能广泛适用，这就影响了执法力度。作为离婚理由或分割共同财产时予以照顾都是以离婚为前提的，第三者恰恰因此而得利。[1]同时，由于与配偶间的复杂的感情障碍，受害方往往不愿意离婚或向背叛自己的配偶采取法律措施，他们更倾向于向破坏其婚姻的第三者进行法律报复，事实上，第三者终止自己的插足行为是挽救婚姻的最大可能。法律应该注意到第三者行为首先是对私人权利的侵犯，要采用私法手段，建立完善的侵权责任体系，赋予受害人以处分权，通过受害人行使权利的能动性来实现法律的制裁和救济功能。

第二，第三者的行为是侵权行为。[2]认定第三者的行为构成侵权需解决如下问题：

首先，第三者的行为侵犯了受害人的何种权利，或者说造成了何种损害。因法理上有“非侵害既存法律体系所明认之权利，不构成侵权行为”的说法，[3]对第三者侵权行为的认定一直存在障碍。有关第三者所侵犯受害配偶之权利，现有谓名誉权、贞操权、一般法益、自由权、夫妻共同生活圆满、安全及幸福之权利、配偶权等

---

〔1〕 参见石春玲、田耘：“婚外恋的道德与法律评价——兼评婚姻家庭法草案相关规定”，载《政法论丛》1998 年第 5 期。

〔2〕 参见石春玲、张迎秀：“婚姻家庭法应当明确规定第三者的民事责任”，载《当代法学》1998 年第 6 期。

〔3〕 王泽鉴：《民法学说与判例研究》（第一册），中国政法大学出版社 1998 年版，第 347 页。

说法,[1]笔者亦持配偶权之观点。配偶权乃“夫对妻以及妻对夫的身份权”,即基于婚姻关系而享有的为夫为妻的权利。换句话说,配偶权是法律明文保护的夫妻关系、婚姻关系的内容,这种权利受到侵害时,受害配偶所受到的损害,包括物质利益的损害和精神利益的损害。物质利益的损害尚不明显,主要包括共同财产支配利益和物质上相互扶助的利益的损失,如过错方把夫妻共同财产送给第三者,第三者侵占受害配偶的个人财产,造成受害配偶现有财产的损害和数量上的减少。表现在侵害财产权上,主要有将夫妻共同财产用作第三者的供养费用。如为第三者置地购房、购买衣物提供生活费用等。侵害配偶权所造成的损害主要是因配偶身份的冲击而导致精神损害。具体包括:身体上的损害,即正常的、以婚姻为保障的、排他的性生活利益受到损害;社会属性上利益的损害,即社会地位、名誉、尊严等社会价值受到贬损,一定范围的亲情亲属关系被破坏;精神痛苦,即因第三者介入而造成的受害人与其配偶间的恩爱情感丧失,自我意识产生消极、否定情感,如嫉妒、烦恼、哀伤、压抑、屈辱、绝望、惊恐等。

其次,行为人主观过错的认定。第三者对其行为的主观过错只能是故意,如非故意,则其本人亦是受害者,无所谓第三者。第三者的主观故意应介于以下三个层次之间,一是第三者明知其行为违法,即对方有配偶而仍然为之,二是明知其行为违法并会致对方配偶以损害而仍然为之,三是明知其行为违法并会致对方配偶以损害而希望或者意欲这种结果的发生。这三种心理状态与现实相对应,有些第三者单纯为满足感情欲望而无意中伤害了对方配偶,有些第三者为满足感情及婚姻欲望而不得已伤害了对方配偶,有些第三者将对方配偶视为其感情与婚姻障碍而加害之。比较轻微的心理状态

---

[1] 参见王泽鉴:《民法学说与判例研究》(第一册),中国政法大学出版社 1998 年版,第 280 页;杨立新:《民法判解研究与适用》(第二集),中国检察出版社 1996 年版,第 321~325 页;邓宏碧:“完善我国婚姻家庭制度的法律思考”(下),载《现代法学》1997 年第 2 期。

是陷入身不由己的“爱情”不能自拔，甚至受对方引诱、进攻而被动接受了对方，不希望、也不愿意看到对方配偶受伤害。毫无疑问，法律保护每个人追求和享受幸福的自由，但是，“任何自由都是有限度的，自由只能是法定范围内的自由，不侵害他人的权利，这正是民事主体行为自由的限度”，[1]被动接受对方，仍不失为自主行为，否则无异于强奸。这里不妨引用日本一受害者上诉书中陈述并被法院认可的理由之一予以说明笔者的观点：“破坏他人家庭的第三者，从年龄、不正当关系的期间等来考察，有足以抑制这一不正当关系的反对动机及机会而不抑制时，两方中的哪一方引诱并不成为问题”。[2]

最后，因果关系的认定。第三者行为与受害人所受损害之间的因果关系较易认定，在未使夫妻关系达到破裂场合，配偶的某些基于配偶权而享有的利益受到损害，而致婚姻破裂时，基于配偶权享有的全部利益受到损害。这里需要解决的是现实中确有夫妻感情出现裂痕而导致一方有第三者的情形，第三者的出现似乎只是一种结果而非原因。这里仍需强调的是法律保护婚姻所衍生的权利而不保护感情，在婚姻面临危机时，配偶双方的婚姻利益并未丧失，且双方并未作出解除婚姻的决定，即说明双方的婚姻仍有存在的意义，是第三者的介入导致了婚姻的最终破裂。同时，第三者入侵所造成的婚姻破裂比之婚姻的自行终结给受害人所造成的损害更为严重。

第三者行为不仅是违反法律和道德，具有普遍的社会危害性的行为，而且是侵犯法律所保护的个体利益即受害配偶的配偶权并造成严重侵害的侵权行为，其对受害人所造成的损害尤其是人身损害是其他权利所不可比拟的，完全符合侵权行为责任的构成要件，是应当承担民事责任的行为。

世界各国早期的法律都对第三者插足行为实行非常严厉的刑罚，

---

〔1〕 郭明瑞、房绍坤、於向平：《民事责任论》，中国社会科学出版社 1991 年版，第 152 页。

〔2〕 罗丽：“日本关于第三者插足引起家庭破裂的损害赔偿的理论与实践”，载《法学评论》1997 年第 3 期。

对通奸者施以肉刑甚至死刑。在一些宗教国家，通奸至今仍需冒葬送生命的危险。我国1979年以前对这种行为以“妨碍婚姻家庭罪”追究刑事责任。随着人类文明的进步，出于对人权的尊重和对自我的关注，各国法律逐渐倾向于以民法方法或其他较为软性的方法对第三者进行制裁。法国规定不得与第三者结婚，瑞典对偷情者电视曝光，日本规定受害配偶可以向第三者提起损害赔偿要求，还有人主张受害子女也可以向第三者要求赔偿。二次世界大战以后，个人主义思想盛行，家庭的伦理观念薄弱，性自由、性解放成为时髦的观念。这种思潮使家庭的存在面临挑战，导致了性放荡、吸毒、艾滋病蔓延等严重后果，很快作为历史的垃圾遭到冷落。1984年4月美国《时代》周刊发表了《性解放走入死胡同》一文，同年5月，法国著名的《费加罗杂志》也赞赏新的性道德——恢复忠实。到了90年代，又兴起了爱的纯洁运动，美国国会通过法案拨款2.5亿美元，支持这一运动，与这种新的思潮相适应，美国司法也作出了反应。1997年8月30日一妇女向第三者索赔百万美元胜诉一案，着实让饱受第三者之苦的受害配偶扬眉吐气了一番。美国北卡罗来纳州的朵萝西在大学三年级时，和另一大学的约瑟夫·哈特梅尔在一次正式舞会上一见钟情，两人于1976年结婚。拥有商业学位的约瑟夫工作十分努力，逐渐升至海岸保险公司总裁的高位，年薪150万美元。至于朵萝西，则沉湎于贤妻良母的角色。两人婚姻幸福美满，共同育有三个儿子，15年来，约瑟夫一直给朵萝西写情诗，他们的结合被邻里亲友誉为“童话般的婚姻”。自90年代初，约瑟夫在家的时间越来越少，不是借口加班就是声称远行。1993年的一天，约瑟夫收拾行装后对妻子说：“我不想在这里住下去了”，朵萝西才如梦初醒。两人离婚后，约瑟夫投入了他的39岁的秘书马琪·考克斯的怀抱。朵萝西义愤填膺，表示决不轻饶抢夺自己丈夫的女人。她援引一项保护家庭不受第三者破坏的法律，以离间感情为由向法庭控告考克斯。朵萝西和她的律师成功的运用15名证人证词使陪审团相信，考克斯在工作和出差旅行期间，利用染头发、穿超短裙和缠绵不断的挑逗迷惑了约瑟夫。遂裁决考克斯赔偿朵萝西100万美元。胜诉后的朵萝西在接受记者采访时说："我希望美国人站出来，大声说婚姻很重要。我告考克斯不是为报仇雪恨，我是为我的家庭挺身而出。我没有理由退缩，我要让考克斯知道侵犯别人的家庭是错误的事"。我国司法实践已经有支持受害配偶向第三者索赔的案例：案中孙立萍有着与朵萝西非常相似的经历，法院判决她的丈夫和第三者共同赔偿精神损失2000元，案件最后以孙的丈夫撤销离婚请求而告终。不要嘲笑婚姻价几何，婚姻是神圣的，婚姻无价！2000元人民币与百万美元也不可比拟。但它向世人昭示：婚姻不可侵犯。[1]

七、离婚损害赔偿请求权行使的时间

（一）观点简介

关于离婚损害赔偿请求权行使的时间，《婚姻法》未作规定，实践中有不同意见：

（1）仅限于离婚时。一种意见认为，离婚损害赔偿仅限于离婚时提出请求，理由是：法律规定虽是保护无过错方，但其应该及时行使自己的权利。如果其在离婚时知道真相而不提，事后再提的，重复诉讼增加成本，就不应支持。而且离婚时一并处理，容易控制财产，判决后能够得到较好的执行。若离婚后再单独提出，对方的财产无法控制，反而得不到。离婚后才发现对方有《婚姻法》46条规定的4种违法行为，提起损害赔偿诉讼，也不应予以支持。因为《婚姻法》46条规定的是导致离婚的情况，其连对方的违法行为都不知道，所以不能认定这些过错是导致离婚的原因，当然也无需赔偿。离婚损害赔偿的立法宗旨在于填补无过错配偶的损害，抚慰其精神并制裁违法行为，仅限于离婚时行使请求权，"既可以避免因时过境迁，法院难以调查取证，也可以促使当事人及时行使权利"。[2]

---

〔1〕 参见石头：《第三者，法律将向你扬利剑》，载《齐鲁晚报》1998年4月15日。

〔2〕 陈苇："建立我国离婚损害赔偿制度研究"，载《现代法学》1998年第6期。

（2）另一种意见认为，可以由无过错方选择，既可以在离婚诉讼的同时提出，也可以在离婚诉讼之后单独提出。理由是：《婚姻法》规定此条的目的是为了保护无过错方，体现对过错方的惩罚。既然保护应该彻底一点，允许其随时提出。而且过错方如果存在4种违法行为中的重婚、同居情形，很多无过错方在离婚时可能不知道，往往离婚后才知道，如果不允许其离婚后再提，实际上无法真正保护其利益。

（二）法律规定

《解释（一）》按无过错方在诉讼中所处的地位不同对离婚损害赔偿请求权行使的时间作了不同的规定，《解释（二）》又对登记离婚后能否再提出损害赔偿请求作出了规定：

（1）无过错方作为原告向人民法院提起损害赔偿请求的，必须在离婚诉讼的同时提出。

（2）无过错方作为被告的离婚诉讼案件，如果被告不同意离婚也不提起损害赔偿请求的，可以在离婚后1年内就此单独提起诉讼。

（3）无过错方作为被告的离婚诉讼案件，一审时被告未提出损害赔偿请求，二审期间提出的，人民法院应当进行调解，调解不成的，应告知当事人在离婚后1年内另行起诉。

（4）当事人在婚姻登记机关办理离婚登记手续后，向人民法院提出损害赔偿请求的，人民法院应当受理。但当事人在协议离婚时已经明确表示放弃该项请求，或者在办理离婚登记手续1年后提出的，不予支持。

八、离婚损害赔偿的适用程序、赔偿范围

关于离婚损害赔偿的适用程序，是否仅限于裁判离婚？或者仅限于协议离婚？或者两者都可以适用？《婚姻法》未予以说明。在国际立法上，我国台湾地区民法仅承认诉讼离婚有损害赔偿请求权，“离婚原因由夫构成者，夫应给妻以相当赔偿或慰抚金。现行民法在裁判离婚，承认损害赔偿或赡养费之请求。而在两愿离婚，如当事

人不协议损害赔偿或赡养费，则不得请求之”。“在韩民法受害配偶惟得对于有过失之他方，请求财产上及非财产上之损害赔偿。无论损害赔偿或赡养费，均以判决离婚为其请求权之发生原因，于婚姻存续中不得为之”。[1]从《瑞士民法典》第151条、《墨西哥民法典》第288条的规定来看，离婚损害赔偿责任仅限于适用裁判离婚的场合，但《法国民法典》规定离婚损害赔偿还适用于由法官宣判的夫妻双方同意的协议离婚场合。[2]而日本民法不仅是判决离婚而且包括两愿离婚均可请求损害赔偿。对此，我国台湾学者认为：“关于此点日本较台湾地区为优。盖离婚不应因判决离婚或两愿离婚之不同而异其效力”。[3]考虑到离婚损害赔偿在一定程度上是为了补偿、慰抚受损害的配偶一方所遭受的财产损失和精神痛苦，并对实施违法行为的配偶另一方予以责罚，不宜将其适用范围限定于裁判离婚，即在协议离婚场合，配偶双方亦可约定损害赔偿，尚未为约定的，无过错的配偶于离婚后的一定时间内（如2年内）仍可请求损害赔偿，以达法律保护弱者之目的。

笔者认为，离婚损害赔偿既适用于诉讼离婚，又适用于协议离婚。离婚损害赔偿请求权是一项实体权力，既然法律明确规定离婚损害赔偿是因上述法定过错行为导致离婚而应承担的法律责任，这种法律责任的承担就不应受婚姻关系解除方式的影响。基于婚姻法的私法性质，在夫妻双方协议离婚的情形下，如果双方就离婚损害赔偿问题已达成协议，法律应尊重当事人的意愿，不必进行干预。因此，在协议离婚中无过错方提出损害赔偿请求的，双方应该就离婚损害赔偿问题与财产分割、子女抚养、债务偿还等问题一并达成协议，不能达成协议，无过错方又坚持自己权利的，应当通过诉讼离婚机制解决。

对于登记离婚后，能否再提出损害赔偿请求的问题，存在着争

---

〔1〕 史尚宽：《亲属法论》，中国政法大学出版社2000版，第516页。

〔2〕 参见陈苇：“建立我国离婚损害赔偿制度研究”，载《现代法学》1998年第6期。

〔3〕 林秀雄：《婚姻家庭法之研究》，中国政法大学出版社2001年版，第116页。

议。一种观点认为，当事人在婚姻登记机关协议离婚时未提及离婚损害赔偿问题，并不意味着当事人就放弃了请求赔偿权，原因可能多种多样，本来离婚损害赔偿的取证就尤为困难，判决支持率就低，如果限制过多过死，就会剥夺当事人请求离婚损害赔偿的实体权利，不利于对其权利的保护。另外，民政部门不可能像法院那样对当事人进行释明，在民政部门工作的程序中也没有征求或记录无过错一方当事人是否还要请求离婚损害赔偿意见的规定。在现行国情下，若要求在协议离婚时明确表示另诉解决的，无过错方多半只能委曲求全而不予提及，否则将面临不能达成离婚协议的风险，这是实践的尴尬，也是法律的无奈。从法律层面来讲，《婚姻法》第46条规定的损害赔偿请求权是法律赋予的权利，除非在离婚协议中明确表示放弃，人民法院不能推定其放弃或以司法解释予以剥夺。还有人认为，鉴于当前法律普及程度不高，特别是农村妇女可能不知自己权益的情况下，民政部门在为当事人办理协议离婚过程中，履行告知义务后，当事人在协议离婚时未提及的，不予受理。另一种观点认为，当事人在婚姻登记机关协议离婚，没有提到赔偿问题，这本身就说明双方对此没有争议，是在心平气和的情况下分手的，意味着双方对自己的权利已经作出了处分，故在登记离婚后，当事人没有再就损害赔偿问题单独起诉的权利。虽然最高人民法院在《解释(一)》中赋予离婚案件中无过错的被告一方，可在离婚后1年内就损害赔偿问题单独起诉的权利，但对于去民政部门协议离婚的当事人而言，是无所谓原告、被告的，如果在登记离婚时没有提出，应视为对自己权利的放弃。

《解释（二)》第27条对登记离婚后能否再提出损害赔偿问题作出了规定："当事人在婚姻登记机关办理离婚登记手续后，以《婚姻法》第46条规定为由向人民法院提出损害赔偿请求的，人民法院应当受理。但当事人在协议离婚时已经明确表示放弃该项请求，或者在办理离婚登记手续1年后提出的，不予支持。"上述规定有三层含义：一是当事人在婚姻登记机关办理离婚登记手续后，仍有权利提出离婚损害赔偿请求；二是当事人在协议离婚时已经明确表示放弃该项请求的，人民法院不予支持；三是有一个时间限制，即在婚姻登记机关办理离婚登记手续后1年内提出，过期则不予支持。1年的规定属于除斥期间，不适用诉讼时效有关中止中断的规定。

关于离婚损害赔偿的适用范围，有一种意见认为，离婚损害赔偿，只是对精神损害的赔偿，不包括对物质损害的赔偿。因为，如果被侵害的是"生命权、健康权、身体权、名誉权或人身自由权"，《民法》上已有规定，要求赔偿也不需要"导致离婚"这一构成要件。如果因为过错方的过错而导致对方物质利益的减少，则属于财产返还的范畴。可以依据《婚姻法》第47条的规定得以解决，而非赔偿问题。并且按《婚姻法》第46条的规定，只要有过错行为，不问结果，受害方即可提请损害赔偿。[1]笔者不同意这一观点，因为：其一，诚然，如果在婚姻关系存续期间配偶一方违法侵害另一方的人身和财产权益，依照我国《民法》保护公民人身权利和财产权利的有关规定，受害配偶有权请求损害赔偿，但是如果受害配偶基于维护婚姻关系的考虑，未在婚姻关系存续期间提出损害赔偿的，离婚时对其所受的物质上和精神上的损害，均应有权依法提出离婚损害赔偿，这才是合理的。其二，《婚姻法》第47条规定："离婚时，一方隐藏、转移、变卖、毁损夫妻共同财产，或伪造债务企图侵占另一方财产的，分割夫妻共同财产时，对隐藏、转移、变卖、毁损夫妻共同财产或伪造债务的一方，可以少分或不分。离婚后，另一方发现有上述行为的，可以向人民法院提起诉讼，请求再次分割夫妻共同财产。"这是对离婚时夫妻一方侵害夫妻共同财产的违法行为的处理措施，而不是赔偿损害，不能援引此条规定予以处理。其三，按《婚姻法》第46条的规定，只要有过错行为，不问结果，受害方即可提请损害赔偿。这并不意味着离婚损害赔偿仅仅包括精神损害

---

〔1〕 参见郑晶：《中华人民共和国婚姻法讲话》，中国政法大学出版社2001年版，第153～154页。

赔偿，而不包括物质损害赔偿。从法律的立法精神来看，在离婚损害赔偿中，精神损害赔偿与物质损害赔偿，两者是并行不悖的，两者相辅相成，共同填补受害配偶的精神损害与物质损害，维护其合法权益，并制裁过错方的违法行为。

《解释（一）》第28条规定："婚姻法第46条规定的'损害赔偿'，包括物质损害赔偿和精神损害赔偿。"对物质损害的内容，我国台湾地区民法规定了生活保持请求权、基于夫妻财产法之请求权、基于夫妻财产契约之请求权，均可因离婚而受损害。离婚诉讼费用，亦包括在内。其他如因强制的夫妻财产分割所受之损失，因谋杀或虐待而致劳动能力之减少，均可包括在内。对于聘金、订婚之宴客费等，则不包括在内。[1]比较特殊的是期待权的损失问题，《瑞士民法典》第151条第1项规定："因离婚，无过错的配偶一方在财产权或期待权方面遭受损害的，有过错的一方应支付合理的赔偿金"，[2]明确承认了期待权的损害赔偿。他国民法典则未见承认。所谓期待权，包括继承权、保险受益权等，因其能否实现尚未确定，与损害赔偿之旨稍嫌远离，似不宜承认。

精神损害则应指无过错的配偶一方因离婚而遭受的精神痛苦、精神创伤。这里笔者并未将精神利益的损害包括进来，乃是基于《婚姻法》修正案将离婚损害赔偿适用的情形限制过窄，并非包括侵犯配偶人格权的情形，并且侵犯配偶人格权与侵犯配偶权亦存在一定区别，不宜混同。[3]

九、离婚损害赔偿金数额的确定和给付方式

关于离婚损害赔偿金数额的确定，立法是否应规定一个统一的标准？我国有些学者主张，立法应当对离婚损害赔偿金的数额统一

---

〔1〕 参见陈棋炎等：《亲属、继承法基本问题》，三民书局1980年版，第252页。史尚宽：《亲属法论》，中国政法大学出版社2000年版，第518页。

〔2〕《瑞士民法典》，殷生根、王燕译，中国政法大学出版社1999年版，第42页。

〔3〕 参见马强："试论配偶权"，载《法学论坛》2000年第2期。

规定一个“下线”或“起步价”或“最低限额与最高限额”，以确保无过错方的合法权益，有效的对法官的自由裁量权加以限制。还有人建议：“广东省人大对精神损害赔偿问题做出了有益的探索，即赔偿起价5万元。这一规定，不妨在过错离婚中，作为给予精神损害赔偿的起价也可采用”。[1]笔者认为，鉴于过错配偶的主观过错程度不同、违法行为导致离婚造成的物质损害和精神损害的手段、情节及后果往往不同，并且我国各地经济发展水平不同，离婚损害赔偿责任主体的经济负担能力亦各有差异，因此，我国立法对离婚赔偿金的数额，不宜统一规定一个“起步价”或“最低限额与最高限额”。离婚损害赔偿金的数额可由夫妻双方协商，协商不成时，由法官酌定，可能更为合理。

对物质损害赔偿金额的确定，依我国台湾地区的判例，应斟酌受害人之身份、年龄及自营生计之能力与生活之能力，并加害人之财力如何而定。此外，过失之大小及所受损害之程度，婚姻存续期间之长短及夫妻财产分割之结果，受害人之过失等，亦应斟酌。[2]这些因素值得我们在司法实践中借鉴之用。笔者认为，原则上物质损害赔偿金的数额，应当按照赔偿实际损失原则，包括直接损失和间接损失来确定。

对精神损害赔偿金额的确定，依我国台湾地区学者的观点，应按所受痛苦的程度，参酌婚姻之存续期间、年龄、地位、因夫妻财产分割所取回财产及所得财产上损害赔偿之多寡及其他一切情事定之。[3]这些因素亦值得我们在司法实践中借鉴之用。不过，具体到我国的司法实践，精神损害赔偿所适用的范围尚窄，依据《精神损害赔偿解释》第1条规定，精神损害赔偿主要适用于人格权受到侵害的情形，这便使得离婚中的精神损害赔偿缺乏可操作的司法规范，

---

〔1〕 李秀华：“妇女婚姻家庭条文与法律实践差距之实证调查与分析”，载《河北法学》2000年第6期。

〔2〕 参见陈棋炎等：《亲属、继承法基本问题》，三民书局1980年版，第252页。

〔3〕 参见陈棋炎等：《亲属、继承法基本问题》，三民书局1980年版，第252~253页。

故对最高人民法院的司法解释尚需作进一步的解释，或由最高人民法院另行对《婚姻法》修正案中的离婚损害赔偿作进一步的解释。对离婚精神损害赔偿的确定因素并可参酌该司法解释的第10条予以确定，包括①侵权人的过错程度；②侵害的手段、场合、行为方式等具体情节；③侵权行为所造成的后果；④侵权人的获利情况；⑤侵权人承担责任的经济能力；⑥受诉法院所在地平均生活水平。笔者认为这些因素尚未能反映出离婚精神损害赔偿之特点，尚须结合前述我国台湾地区学者之论述，共同来确定离婚精神损害赔偿之数额。

至于损害赔偿金的给付方式，笔者认为，可由夫妻双方协商，协商不成时，由人民法院判决。离婚损害赔偿金原则上应一次性给付。如一次性给付确有困难，可分期给付。分期给付的，经权利方请求，法院可责令义务方提供抵押或签订保证合同约定保证人，以担保给付义务的履行。

第二节　婚内损害赔偿制度研究

从修改后的《婚姻法》的有关离婚损害赔偿制度的规定看出，“导致离婚”是提起损害赔偿的前提，即夫妻一方有法定过错并导致离婚才赔偿。虽有过错，但未导致离婚不赔偿，而且必须是判决准予离婚才能赔偿，如果是判决不准予离婚，则不能单独判处赔偿。换言之，《婚姻法》只承认离婚损害赔偿，否定婚内损害赔偿。笔者认为：《婚姻法》应当设立婚内损害赔偿制度。所谓“婚内损害赔偿”，是指法律在不解除婚姻关系的前提下，判决侵权方对受害方损害赔偿。

一、对离婚损害赔偿制度之价值评价

（1）以离婚为先决条件的损害赔偿，排斥了损害赔偿的本质，使《婚姻法》中的损害赔偿（特别是精神损害赔偿）与最高人民法

院《精神损害赔偿解释》中的精神损害赔偿在衔接上出现了间隙。

夫妻之间的关系不同于一般人之间的关系，一方有违法行为，侵害了对方的权利后，彼此之间既有矛盾又存在着共同的利害关系，受害方可能囿于传统伦理观念或者出于为家庭、子女利益、生活出路着想并不愿意放弃现存的婚姻，只要求损害赔偿，而不要求离婚。例如在《婚姻法》修改前的2000年，成都市和武汉市分别发生了婚内损害赔偿的案例：成都市的某对夫妻感情尚好，在2000年7月28日的一次争吵中，丈夫用开水烫伤了妻子的右腿，情节比较严重，医院鉴定为轻伤，而这个丈夫却离家出走，对妻子不加照顾。妻子非常气愤，她可以提起刑事诉讼，追究丈夫的刑事责任，也可以要求离婚。但她考虑再三，于2000年8月初向人民法院提起诉讼，只要求丈夫赔偿医疗费、误工费。结果，法院判决丈夫赔偿妻子的医疗费、误工费。判决后，丈夫受到了很大的震动，回家向妻子承认错误并赔礼道歉，表示“今后不敢了”并精心照顾妻子，夫妻俩和好如初。武汉市某对年过半百的夫妻，因丈夫有婚外情，妻子多次与丈夫发生争吵，丈夫则说妻子有精神病，2000年5月15日强行将妻子送往精神病院，对医生说妻子患精神病多时，妻子在医院度过了恐怖的3天，经医院检查她没有精神病。出院回家后，邻居们因其刚从精神病院回来而对其指指点点，敬而远之。妻子以丈夫侵犯其名誉权为由向人民法院提起诉讼，要求丈夫赔礼道歉，赔偿其精神损失5万元。法院于2001年1月5日判决丈夫向妻子赔礼道歉，赔偿精神抚慰金5000元。法院上述判决的依据是《民法通则》和最高人民法院《关于审理名誉权案件若干问题的解答》，法院的判决分清了是非，明确了责任，从而伸张了正义，对侵权的丈夫起到了教育震慑的作用，这也正是法律的威力所在。而按《婚姻法》第46条以及《解释（一）》的规定，受害方不要求离婚就不能提起损害赔偿的请求，换言之，合法婚姻的损害赔偿诉权因婚姻关系的存续而受到限制，因离婚其诉权限制被解除，这就导致了过错方在实施侵权行为之后，因为婚姻关系的存续，能够或者暂时能够不必为其行为承担法律责任，受害方只能因婚姻关系的存续而忍受过错方的侵权行为，除非离婚，受害方才可要求法律救济，否则就只能任侵权行为的发生，甚至加剧。这对受害人显然是不公平的。我国《民法总则》第179条等相关法条分别规定了侵害公民身体造成伤害以及侵害名誉权等人格权的违法行为人，应当承担赔偿损失的民事责任以及停止侵害、恢复名誉、赔礼道歉等非财产的民事责任。很显然，《婚姻法》第46条以及《解释（一）》的规定与《民法总则》中关于民事责任的规定是相违背的。

《婚姻法》将提起损害赔偿的时机限定为离婚，夫妻一方有法定过错，受害方只要不要求离婚，就不能要求损害赔偿。而按照最高人民法院《精神损害赔偿解释》的规定，因身份权受到侵害是不能提起精神损害赔偿的，受害方并不能依据《精神损害赔偿解释》获得救济，如此在配偶权的保护上就留下了很大的缺陷，受害方如果想得到赔偿必须以离婚为代价，面对如此高昂的成本，受害方不得不放弃赔偿要求，这与过错方必须为自己的过错承担责任的原则是相悖的。[1]

（2）以离婚为先决条件的损害赔偿，不能达到该条款的设计目的。离婚损害赔偿制度的设定目的就是填补损害、抚慰受害方、制裁过错方，亦即要对受害人提供经济上的补救，对违反忠实义务、家庭暴力等的行为人加大经济上的成本，以减少、遏制婚姻家庭中违法犯罪行为的发生，从而维护家庭关系的稳定。《婚姻法》第46条的规定表明，对过错方的制裁与对无过错方的救济手段，只有离婚才能损害赔偿，而这恰恰使“违法者因法律而得利”。现实中，有些受害配偶并不愿意离婚，法律却将离婚作为对其的救济手段。况且只有到离婚时无过错方才可提出赔偿请求，此时家庭已经破裂，对维护家庭关系的稳定不会起到实质性作用。损害赔偿以离婚为代价，对受害人提出损害赔偿请求的条件就过于苛刻，则受害人很难

〔1〕参见陈传海：“略谈离婚精神损害赔偿”，载《法学杂志》2002年第2期。

提出请求，从而体现不出对受害人进行帮助、对行为人进行制裁的作用。

二、反对设立婚内损害赔偿制度的理由

目前，学术界反对设立婚内损害赔偿制度的理由有如下几方面：

（1）家丑不可外扬。夫妻间的矛盾只要没到非离婚不可的地步，就可以只采取自力救济的方式，可以去找单位而不去找法院，还可以采取克制和容忍的方式。[1]

（2）婚内损害赔偿有悖于夫妻共同生活的特征。夫妻间的损害不同于一般的民事主体间的损害，因为夫妻毕竟组成了一个共同体，它有别于其他平等民事主体的性质，夫妻之间的许多问题可以通过道德的方式解决，道德的行为应该由道德去引导和制约，因此夫妻之间应当采用侵权责任豁免理论来解决相互间的损害问题。[2]

（3）婚内损害赔偿的提起，审判实践中难以操作。就中国现有国情而言，在婚姻关系存续期间，城市居民中仅有2.7%、农村居民中仅有1.1%的夫妻有采取分别财产制的愿望，在夫妻双方实行共有财产制情况下，只要夫妻关系继续存在，财产就无法分割，因此即使判决了过错方赔偿，在执行过程中也有难度。[3]

（4）婚内损害赔偿与维护婚姻家庭稳定和睦的价值观念相冲突。婚姻是以感情为纽带，当事人不主张离婚，就意味着夫妻感情尚未破裂，此时法律的价值取向是缓解冲突而不是加剧矛盾。夫妻的感情体现在互让互谅的宽容与体谅上，如果法律准许婚内损害赔偿，就会使人们将家庭内部的矛盾诉诸公堂，期间为了证明自己的主张，势必要将家庭生活中的一些细节，甚至是带有隐私性的细节披露，

---

〔1〕参见巩沙、郝惠珍主编：《新版以案说法——婚姻家庭法篇》，中国人民大学出版社2005年版，第333页。

〔2〕参见巩沙、郝惠珍主编：《新版以案说法——婚姻家庭法篇》，中国人民大学出版社2005年版，第333页。

〔3〕参见巩沙、郝惠珍主编：《新版以案说法——婚姻家庭法篇》，中国人民大学出版社2005年版，第333页。

这样会对夫妻间的感情造成进一步的伤害，也许会促使其破裂。[1]一方一旦提起损害赔偿诉讼，必然导致夫妻矛盾激化，不利于婚姻家庭的稳定。[2]

上述理由确有道理，但也有可商榷之处：

第一，对夫妻间的侵权问题过分依赖当事人的自力救济，夸大了道德规范对婚姻家庭的调整作用。尽管婚姻家庭关系具有很强的伦理性，用道德规范调整婚姻家庭关系，是十分必要的，也是有一定效果的。但是我们也应该看到，若过分地依赖道德，容易出现漠视法律、轻视权利的现象。婚姻家庭关系是一种民事法律关系，法律规定的婚姻家庭中的权利与义务，既需要道德规范，也需要法律规范。道德调整方式缺乏法律的强制性，而对于道德规范不足以制止的重婚、有配偶者与他人同居、家庭暴力等问题，必须运用法律手段加以制裁。将夫妻间的损害赔偿问题完全交由道德调整，不能解决不受道德约束人的侵权问题。也不能因为在实践中存在操作难题就放弃这种制度的建立，法律有无规定决定了法律是否对此问题进行规范，操作是否困难只是规范的技术问题而不是法律有无的问题。[3]

第二，“一方一旦提起损害赔偿诉讼，必然导致夫妻矛盾激化”的结论过于主观。笔者认为，受害方在婚内行使损害赔偿请求权，所起的作用应该是积极的。首先，它能够使过错方认识到其行为的违法性，认识到其行为所带来的后果。其次，可以让过错方知道，受害方念及夫妻感情，并不想因此与过错方离婚。最后，它给过错方一个警醒，让其珍惜夫妻感情，给其一个改过的机会。因此在婚内提起损害赔偿请求并不意味着必然导致夫妻矛盾激化，相反会在

〔1〕 参见扬遂全等：《婚姻家庭法典型判例研究》，人民法院出版社2003年版，第176页。

〔2〕 参见马原主编：《新婚姻法诠释与案例评析》，法律出版社2001年版，第239页。

〔3〕 参见巩沙、郝惠珍主编：《新版以案说法——婚姻家庭法篇》，中国人民大学出版社2005年版，第334页。

一定程度上增加了夫妻间的谅解，促进婚姻家庭稳定。当然，导致夫妻矛盾激化的可能性也是有的，但因此主观地认为“一方一旦提起损害赔偿诉讼，必然导致夫妻矛盾激化”是不确切的，由此否认婚内损害赔偿也是不适当的。

个人权利的保障与家庭的和睦，二者并不矛盾。家庭的和睦应当是建立在对个人的尊重和权利保障的基础上的，否则这样的和睦只是表面的、暂时的，以一方的忍耐和利益的牺牲为前提的。因此，在个人权利和家庭和睦发生冲突时，应当先保障处于基础和前提的个人权利。

三、婚内损害赔偿之必要性

（1）确立婚内损害赔偿制度不仅是完善现行婚姻法的需要，而且也是保障人权，突出婚姻法尊重人、保护人的需要。

现实生活中，受到他人的损害而要求加害者赔偿损失或承担其他相应的法律责任，是习以为常和天经地义的。但是如果损害发生在夫妻之间，加害人是自己的配偶，在一些人的眼里则就另当别论了，受害人即使向有关部门提出要求对方承担民事责任，往往被作为家务纠纷处理。其实在婚姻关系中，尽管夫妻共同生活在一个家庭中，彼此之间存在着特殊的密切关系，但任何一方都是一个单独的生物个体，而且在法律上都具有独立的人格，因此他们最基本的需要都是以个人为单位的。对夫妻一方来讲，从对方那里获得人格尊重、不受侵害以及当受到侵害时应从社会和国家获得必要救济，这是一个最基本的权利要求。这种要求在道德上具有正当性，因而它应当得到法律的支持。从这个意义上讲，确立婚内损害赔偿制度不仅是完善现行婚姻法的需要，而且也是保障人权，突出婚姻法尊重人、保护人的需要。

（2）确立婚内损害赔偿制度是婚姻义务的内在要求。婚姻一旦缔结，就要求当事人负载相应的道德和法律上的义务与责任。此义务与责任乃人伦秩序、道德和法律在婚姻共同体中的预先配置，当事人依法按自己的意愿选择进入婚姻殿堂，则意味着别无选择地对婚姻共同体所载负的责任与义务的承诺，并在婚姻关系存续期间，认真履行其义务、落实其责任。[1]这些义务既有要求当事人积极作为的：如尊重对方人格、相互扶养、共同生活等；也有要求当事人消极不作为的：如禁止重婚、禁止与婚外异性同居、禁止家庭暴力、禁止虐待和遗弃。当夫妻一方违背这些义务，逃避婚姻责任，侵害了对方的合法权益时，法律要求过错方承担相应的赔偿责任，既是对其违反义务的必要惩处，也是维护婚姻义务严肃性和权威性的基本要求。[2]

（3）确立婚内损害赔偿制度，是保护受害方合法权益的需要。从我国婚姻家庭关系的现状来看，重婚、有配偶者与他人同居、家庭暴力及虐待、遗弃家庭成员等违法行为呈不断上升趋势，许多受害配偶，身心受到严重摧残、伤害。但由于没有婚内损害赔偿制度，受害人无法获得必要补偿，极大地损害了其合法权益。从民事侵权责任理论上看，都有请求权时效的限制，一般为自受害人知道或应当知道其受侵害之日起3年内行使。司法实践中，有很多离婚是在侵权行为发生3年后提出的。换言之，有的损害事实发生在3年之前，此时受害人已很难举证，根本得不到离婚损害赔偿，如果有婚内损害赔偿加以补充，受害方从知道或应当知道其受侵害之日起3年内，可单独提起赔偿诉讼，这既与《民法总则》对民事权益保护的时效规定相衔接，又能促使权利人及时行使权利、收集证据，不仅有利于保护受害方的合法权益，而且也有利于有效抑制重婚、有配偶者与他人同居、家庭暴力等违法行为，进而维护家庭乃至社会稳定。

（4）确立婚内损害赔偿制度，符合世界性的否认“婚姻侵权豁

---

〔1〕 参见杨立新、秦秀敏主编：《中华人民共和国婚姻法释义与适用》，吉林人民出版社2001年版，第467页。

〔2〕 参见吴国平、张影主编：《婚姻家庭法原理与实务》，中国政法大学出版社2004年版，第257页。

免原则”潮流。自近代以来，西方各国的立法逐步注重个体利益，夫妻关系立法实行夫妻别体主义（又称夫妻分离主义），即夫妻婚后仍各是独立的主体，各有独立的人格。夫妻双方虽受婚姻效力的约束，仍各有法律行为能力和财产权利。[1]故应认为可以成立侵权行为。夫妻间侵权损害赔偿请求权的行使，也不一定必然会破坏婚姻共同体的圆满、和谐，尤其是在请求保险之情形，不但不违反维护婚姻共同体之目的，甚至可以增进共同体的福祉与实益。因而现代各国婚姻法已废除“婚姻侵权豁免原则”。[2]在我国确立婚内损害赔偿制度，与世界性的否认“婚姻侵权豁免原则”的潮流是一致的。

四、婚内损害赔偿之构成要件

夫妻间侵权损害赔偿的构成要件与一般的侵权损害赔偿要件相同，损害赔偿责任的承担不因夫妻关系的存在而有特别要件。

（1）须有违法行为。即配偶一方实施了使对方人身、财产或配偶身份利益受到损害的行为。婚内损害赔偿的侵权行为与离婚损害赔偿的侵权行为是相同的，即重婚、有配偶者与他人同居、实施家庭暴力或虐待、遗弃家庭成员。

（2）须有损害事实。即由于侵权人的违法行为使受害方的人格和身份利益受到损害的事实。包括财产损失、人身伤害、精神损害。人身伤害、财产损失如由于实施家庭暴力或虐待，造成配偶肢体机能受损或丧失，并由此而支出的医疗费。精神损害是指由于侵权人的违法行为使受害方产生精神上的痛苦，上述违法行为都会不同程度的给受害方带来心灵打击和精神痛苦，尤其是重婚和有配偶者与他人同居尤甚。

（3）违法行为与损害事实之间存在因果关系。即违法行为导致

---

〔1〕参见王洪主编：《婚姻家庭法》，法律出版社2003年版，第105页。

〔2〕王洪主编：《婚姻家庭法》，法律出版社2003年版，第197页。

了损害事实的产生，没有侵权人的违法行为就不会产生这种损害事实，侵权人的上述违法行为是造成受害方损害的原因，受害方的损害是侵权人违法行为的结果。

（4）行为人主观上有过错。过错就是行为人实施不法行为时的主观心理状态，有故意和过失两种。在婚内损害赔偿案件中，行为人的过错主要表现为故意，除重婚、有配偶者与他人同居外，实施其他3种行为的过错方主观上都是故意的，即明知故犯，现实中不可能有过失。就重婚、有配偶者与他人同居来说，重婚者、有配偶与他人同居者多是故意，但不排除过失的可能，如误认为前婚已经解除而又与他人结婚或同居，虽然在客观上也构成重婚、有配偶者与他人同居行为，但主观上并非故意，而由此带来的后果却可能与故意相同，即损害了无过错方的利益。所以认定时应不以故意为限。〔1〕

五、婚内损害赔偿之可行性

婚内损害赔偿发生后，侵权人应以其个人财产对受害人赔偿。受害人获得的赔偿，符合《婚姻法》第18条第2款规定的“一方因身体受到伤害获得的医疗费、残疾人生活补助费等费用”，应属于受伤害方的个人财产。

根据目前婚姻法关于夫妻财产制的规定，夫妻间的损害赔偿因夫妻财产制的不同而采用不同的赔偿方式：

（1）侵权人如有足够的依《婚姻法》第18条应认定为个人特有的财产，〔2〕赔偿金应从其中支付。

（2）侵权人如与受害人依《婚姻法》第19条的规定，〔3〕对夫妻

〔1〕参见腾淑珍：“离婚损害赔偿的理论依据及其构成要件”，载《政法论丛》2002年第2期。

〔2〕《婚姻法》第18条规定：“有下列情形之一的，为夫妻一方的财产：①一方的婚前财产；②一方因身体受到伤害获得的医疗费、残疾人生活补助费等费用；③遗嘱或赠与合同中确定只归夫或妻一方的财产；④一方专用的生活用品；⑤其他应当归一方的财产。”

〔3〕《婚姻法》第19条规定：“夫妻可以约定婚姻关系存续期间所得的财产以及婚前财产归各自所有、共同所有或部分各自所有、部分共同所有。约定应当采用书面形式”。

财产做了合法有效的约定，赔偿可从约定属于侵权人个人所有的财产中支付。

（3）侵权人如既无法定的个人财产，又无约定的个人财产，只有与受害方共同共有的财产，而夫妻对共同财产的共有是共同共有，除了出现《解释（三）》第4条规定的请求分割共同财产的2种情形外，[1]双方在不离婚的情况下，不能分割夫妻共同财产。在这样的情况下如何实现损害赔偿，学术界颇有争议。有观点认为：此种情况下，不存在对夫妻之间发生的损害进行赔偿的前提条件和物质基础。[2]在夫妻共同财产制度下，婚内损害赔偿是无法实现的，受害方所享有的损害赔偿请求权只能成为"空头支票"。[3]但这并不意味着可以免除侵权人的赔偿责任。对此，有学者提出以下赔偿方式：其一，侵权方向受害方支付债权凭证。法院作出婚内损害赔偿判决后，向受害人发一个债权凭证，将侵权人应负担的赔偿视为其对受害方负有的相应数额的债务。该债务的履行时间是侵权人获得个人财产时或夫妻关系终止时。[4]侵权人日后获得个人财产时，受害人凭此债权凭证直接要求侵权人履行赔偿义务。如果侵权人一直未获得个人财产，婚姻关系终止时，在分割夫妻共同财产后，受害人凭此债权凭证要求执行此债权。其二，法院判决确定的赔偿数额先从夫妻共同财产中分离出来，作为受害方的个人财产，亦即减少夫妻共同财产的数额。笔者认为，第一种方式虽然使婚内损害赔偿的实现具有可能性，但债务的履行时间却是一个未知数，因为侵权人获得个人财产的时间或夫妻关系终止的时间都是不确定的。第二种方

---

〔1〕《解释（三）》第4条："婚姻关系存续期间，夫妻一方请求分割共同财产的，人民法院不予支持，但有下列重大理由且不损害债权人利益的除外：①一方有隐藏、转移、变卖、毁损、挥霍夫妻共同财产或者伪造夫妻共同债务等严重损害夫妻共同财产利益行为的；②一方负有法定扶养义务的人患重大疾病需要医治，另一方不同意支付相关医疗费用的。"

〔2〕参见马原主编：《新婚姻法诠释与案例评析》，法律出版社2001年版，第240页。

〔3〕参见王洪主编：《婚姻家庭法》，法律出版社2003年版，第197页。

〔4〕参见王丽萍、李燕编著：《新婚姻法释义与典型案例》，山东人民出版社2001年版，第143页。

式有用其中部分自己的财产赔偿给自己之嫌。笔者认为，在夫妻共同财产制度下，婚内损害赔偿可以通过以下方式实现：强制终止夫妻共同财产制。即在夫妻实行共同财产制的情况下，如果夫妻之间发生侵权行为，双方无离婚的意思表示，但又需要依法由一方对他方进行损害赔偿，首先应裁定终止现行的共同财产制，改为实行分别财产制并对共同财产进行分割，然后作出并执行赔偿判决。侵权方分到的夫妻共同财产就成了他的个人财产，再用分到的此财产向受害方作出赔偿。这种赔偿方式使婚内损害赔偿能即时实现，从而能够最大限度地保护受害方的合法权益。

综上所述，笔者认为，婚内损害赔偿是可行的。《婚姻法》应当设立婚内损害赔偿制度，作为离婚损害赔偿的补充。当然对于婚内得到损害赔偿的，在离婚时就不再享有损害赔偿请求权。

参考文献

一、著作

1. 巫昌祯主编:《婚姻家庭法新论——比较研究与展望》，中国政法大学出版社2002年版。

2. 杨大文主编:《亲属法》，法律出版社2004年版。

3. 杨遂全等:《婚姻家庭法新论》，法律出版社2003年版。

4. 张文霞、朱冬亮:《家庭社会工作》，社会科学文献出版社2005年版。

5. 杨大文主编:《婚姻家庭法》，中国人民大学出版社2000年版。

6. 巫昌祯主编:《婚姻与继承法学》，中国政法大学出版社2001年版。

7. 巩沙、郝惠珍主编:《新版以案说法——婚姻家庭法篇》，中国人民大学出版社2005年版。

8. 罗国杰等编著:《伦理学教程》，中国人民大学出版社1985年版。

9. 邱兴隆:《刑罚理性评论——刑罚的正当性反思》，中国政法大学出版社1999年版。

10. 冯建仓、陈志海主编:《中国监狱若干重点问题研究》，吉林人民出版社2002年版。

11. 王洪:《婚姻家庭法》，法律出版社2003年版。

12. 叶英萍:《婚姻法学新探》，法律出版社2004年版。

13. 姚红等编著:《中华人民共和国婚姻法释解》，群众出版社2001年版。

14. 史尚宽：《亲属法论》，中国政法大学出版社 2000 年版。

15. 王泽鉴：《民法学说与判例研究》（卷一），中国政法大学出版社 1998 年版。

16. 郭明瑞等：《民事责任论》，中国社会科学出版社 1991 年版。

17. 陈棋炎：《亲属、继承法基本问题》，三民书局 1980 年版。

18. 马原主编：《新婚姻法诠释与案例评析》，法律出版社 2001 年版。

19. 杨立新、秦秀敏主编：《中华人民共和国婚姻法释义与适用》，吉林人民出版社 2001 年版。

20. 王利明等著：《民法新论》（下），中国政法大学出版社 1988 年版。

21. 江平主编：《中华人民共和国合同法精解》，中国政法大学出版社 1999 年版。

22. 陈苇主编：《结婚与婚姻无效纠纷的处置》，法律出版社 2001 年版。

23. 杨遂全等：《婚姻家庭法典型判例研究》，人民法院出版社 2003 年版。

24. 王歌雅：《扶养与监护纠纷的法律救济》，法律出版社 2001 年版。

25. 郑杭生主编：《社会学概论新修》，中国人民大学出版社 2003 年版。

26. ［美］贝克尔：《家庭经济分析》，彭松建译，华夏出版社 1987 年版。

27. 吴国盛主编：《社会转型中的应用伦理》，华夏出版社 2004 年版。

28. ［美］Patricia Wallace：《互联网心理学》，谢影、苟建新译，中国轻工业出版社 2001 年版。

29. ［美］汤姆·L. 彼彻姆主编：《哲学的伦理学》，雷克勒等译，中国社会科学出版社 1990 年版。

30. ［美］E. 博登海默著：《法理学——法哲学及其方法》，邓正来等译，华夏出版社1987年版。

二、论文

1. 胡琴："说说'闪婚'"，载《语文建设》2005年第10期。

2. 张兵："论闪婚的视觉化思维——用视觉思维分析当下社会现象"，载《电影评介》2007年第13期。

3. 施磊磊："青年农民工'闪婚'现象的动因探析——以皖北Y村为个案的研究"，载《青年研究》2008年第12期。

4. 许加明、吴健："闪婚现象的成因及家庭社会工作的介入"，载《社会工作（下半月·理论）》2007年第11期。

5. 黄火明："青年'闪婚'现象的社会学探析"，载《中国青年研究》2007年第10期。

6. 康戈："试论'闪婚'现象的成因及引起的法学思考"，载《科技信息》2009年第35期。

7. 包英华："'闪婚'现象引起的法学社会学思考"，载《保定学院学报》2008年第3期。

8. 齐桂玲："青年农民工'闪婚'的社会学解析"，载《淮海工学院学报（社会科学版）》2008年第3期。

9. 任建东："网络家庭兴起的伦理基础及其社会影响"，载《道德与文明》2007年第5期。

10. 王正平、胡中元："青少年'网婚'现象的伦理考量"，载《思想理论教育（上半月·综合）》2006年第9期。

11. 张科："网络婚姻与现实婚姻的比较分析"，载《社科纵横》2005年第3期。

12. 朱巧香："论家庭伦理道德的失范及建构途径"，载《江西社会科学》2002年第5期。

13. 肖诗鸣："'网络同居'热背后的心理学分析"，载《中国青年研究》2006年第3期。

14. 张雪梅："网络婚外恋状况初探"，载《重庆工学院学报》2005年第9期。

15. 段媚媚："网络婚姻的法律问题探微"，载《湖南公安高等专科学校学报》2007年第6期。

16. 吉梦喆、魏永利："网婚在现实婚姻家庭中出现的原因及影响"，载《佳木斯大学社会科学学报》2006年第6期。

17. 凌世敏："家庭'冷暴力'的危害及防治对策"，载《中共桂林市委党校学报》2005年第3期。

18. 项光荣："不见拳脚的'家庭冷暴力'"，载《检察风云》2005年第8期。

19. 成元君："'家庭冷暴力'防治与社会工作干预"，载《江西行政学院学报》2007第3期。

20. 陈焕然、陆利平："变性手术立法刍议"，载《科技与法律》2002年第1期。

21. 苏殿远："美国变性美女酷争婚姻权"，载《法律与生活》2007年第11期。

22. 高伟建："变性人法律问题初探"，载《中国卫生法制》2005年第5期。

23. 邓志辉："变性之后期待社会认同"，载《人民公安》2003年第1期。

24. 梁晓琴等："易性癖诊治前后的几点思考"，载《医学与哲学（人文社会医学版）》2007年第8期。

25. 周悦丽："配偶权、忠实义务与隐私权保护——承认配偶权前提下的分析"，载《政法论丛》2005年第6期。

26. 陆俊杰："法哲学视野下变性权利的期待与规范分析"，载《中国卫生法制》2007年第5期。

27. 唐小艳："论'网婚'对青少年婚姻家庭道德观的影响"，载《中国青年研究》2007年第6期。

28. 余喜、夏欧东："网婚现象的社会心理学分析"，载《中国中医药现代远程教育》2009 年第 4 期。

29. 刘玎、卢宁："学生'网婚'行为的心理学分析"，载《预防医学情报杂志》2006 年第 6 期。

30. 李东："透视青少年'网婚'"，载《科技信息》2007 年第 10 期。

31. 王红林、张黎娜："从法律角度看在校大学生结婚问题"，载《法制与社会》2007 年第 2 期。

32. 王玮："对在校大学生结婚的有关思考"，载《河北青年管理干部学院学报》2005 年第 3 期。

33. 王菁、王小健："试论在校大学生结婚的合法性和现实障碍"，载《徐州教育学院学报》2006 年版第 4 期。

34. 欧阳梦春、曹兴华："受刑人婚姻权的法律保护"，载《湖南社会科学》2007 年第 4 期。

35. 姬新、赵家琪："论服刑人员服刑期间婚姻问题的法律规制"，载《黑龙江社会科学》2003 年第 4 期。

36. 何东平："对服刑人员结婚权利的思考"，载《经济与社会发展》2005 年第 8 期。

37. 肖庆平："在犯罪研究中人道主义精神贯彻的困惑和思考"，载《犯罪研究》2004 年第 6 期。

38. 赵秀伟："试论服刑人员婚姻权利的实现"，载《河南司法警官职业学院学报》2005 年第 4 期。

39. 吴丽娜："论服刑人员的结婚权"，载《广西青年干部学院学报》2006 年第 4 期。

40. 赵云恒："罪犯权利论"，载《中国刑事法杂志》2001 年第 4 期。

41. 赵敏："应理性看待服刑人员的结婚行为"，载《山西警官高等专科学校学报》2006 年第 4 期。

42. 李秀平："犯人结婚解禁前后"，载《法律与生活》2004 年第 16 期。

43. 许莉："我国事实婚姻立法研究"，载《东方论坛》2007 年第 1 期。

44. 黄彤："对婚姻法第八条中'应当补办'之规定的质疑"，载《当代法学》2002 年第 3 期。

45. 关越："关于事实婚姻的几点法学思考"，载《河南省政法管理干部学院学报》2006 年第 2 期。

46. 王旭霞："事实婚姻法律地位之分析"，载《甘肃省经济管理干部学院学报》2008 年第 1 期。

47. 石春玲、田耘："婚外恋的道德与法律评价——兼评婚姻家庭法草案相关规定"，载《政法论丛》1998 年第 5 期。

48. 郭丽红："论离婚损害赔偿之诉"，载《河北法学》2002 年第 5 期。

49. 腾淑珍："离婚损害赔偿的理论依据及其构成要件"，载《政法论丛》2002 第 2 期。

50. 马强："试论配偶权"，载《法学论坛》2000 年第 2 期。

51. 蒋月："配偶身份权的内涵与类型界定"，载《法商研究（西南政法学院学报）》1999 年第 4 期。

52. 陈苇："建立我国离婚损害赔偿制度研究"，载《现代法学》1998 年第 6 期。

53. 石头："第三者，法律将向你扬利剑"，载《齐鲁晚报》1998 年 4 月 15 日。

54. 罗丽："日本关于第三者插足引起家庭破裂的损害赔偿的理论与实践"，载《法学评论》1997 年第 3 期。

55. 陈传海："略谈离婚精神损害赔偿"，载《法学杂志》2002 年第 2 期。

三、网络资源

1. 南方网：http://www. southcn. com。

2. 中国新闻网：http://www. chinanews. com. cn。

3. 法眼网：http://www. findlaw. cn。

后 记

本专著洋洋洒洒二十多万字，却并没有对家事法学的所有问题进行研究，作为家事法学的专著而言，体系是不完整的。笔者不想为了体系的完整，对毫无感触的问题也要面面俱到地讨论，只是将自己有体会、有感触及感兴趣的问题呈现出来。

大学毕业至今，笔者从事家事法学的教学研究工作已有 31 年，在日复一日、年复一年的教学过程中，笔者逐渐对这门课程中的婚姻问题产生了浓厚的兴趣。随着教学时间的增加，笔者发现我国家事法规定的婚姻制度存在着一些缺陷，在实际执行过程中也存在很多问题，于是便开始了对婚姻制度的研究，曾先后在 CSSCI 来源期刊发表学术论文 11 篇，这促使我产生了写作本专著的想法。

感谢同事管洪彦博士对本专著出版的全力支持，感谢中国政法大学出版社编辑们的辛勤工作，最后感谢儿子对我的鼓励与督促。

张迎秀
2018 年 5 月 30 日
于济南千佛山脚下